元華文創

地緣政治學

Geopolitics：An Introduction

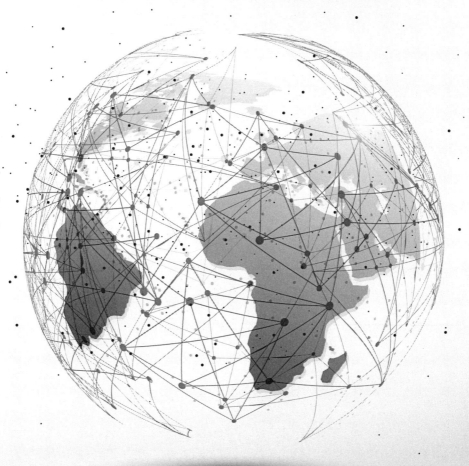

許湘濤——著

本書深入淺出檢視地緣政治學的理論與歷史背景，

並盱衡國際情勢與各國地理條件，為有志於國際情勢的讀者最佳入門書籍。

謝辭

　　本書能夠如期出版，對於身為作者的家屬而言，是一份安慰，也是完成了一個不可能的任務。但這個任務是靠著許多人投注了時間及精力，才得以完成，故在此對所有幫助本書出版的人表達萬分的謝意。

　　首先要感謝的是陳一新教授（淡江大學外交與國際關係學系榮譽教授）特別為本書寫序。猶記本書完稿之初，作者突然離世，留下之遺作正進行校稿之階段；作者的家屬在悲傷之餘，對於如何完成此著作毫無頭緒。但是當家屬冒昧向陳一新教授請教並請其為書寫序時，陳教授當場的允諾著實給了家屬無比的信心及勇氣，此等恩情烙印於心永生銘記！

　　另外也要感謝蘇起教授(政治大學國家發展研究所榮譽教授)為本書寫序。作者與蘇起教授於赴美就讀哥倫比亞大學研究所時相識，蘇起教授時任哥大臺灣同學會主席，作者曾受蘇教授接待與照顧，此恩情深藏於心！今日蘇起教授特別撥冗為本書寫序，家屬對其感恩之心情無法言喻。

　　本書能夠順利的完成另有兩位功臣，張凱銘先生（臺中科技大學通識教育中心助理教授）及游智偉先生（中央警察大學公共安全學系副教授），此二位乃作者生前用心培育的學生。感謝凱銘在忙碌的工作之餘，為本書做文字之校對。也感謝智偉為文章之內文及圖表做校對，並不斷地與出版社聯繫溝通出版的細節，為讓此書達到作者著作之本意。這些工作之耗時及辛苦，讀者或許難以想像；但身為作者的家屬，心中是非常清楚的，若非憑著毅力，此等工作時常讓人興起放棄的念頭。

　　本文最後要感謝的是此書的出版社，感謝出版社實現當初與作者的約定，謝謝參與為此書出版而努力的人員。

　　願此書對此領域有興趣之讀者有益處，也是作者此生為社會微小的貢獻。

陳一新序

　　許湘濤教授 2020 年 4 月 18 日下午突然蒙主寵召，平靜安祥辭世，安息主懷，令人不捨。許夫人雷巧華女士於電話中告訴我此一消息，並希望我能在 5 月 2 日臺中市東海館懷澤廳的安息聚會中為她的先生撰寫一篇見證，祝福他在天國隨天主的同時，也能遺愛人間，繼續照顧他的妻子與子女。此外，許夫人也希望我能為他的遺作《地緣政治學》寫一篇序。

　　許湘濤教授是我哥倫比亞大學政治系的老同學與老朋友。哥大課業繁重，每次在校園中見面都是匆匆交談，雖然只是閒聊數句，但知道他愛國情操溢於言表。他為人謙和，責任感特別強，我在哥大博士論文通過後因急於回國任教，煩情他幫我處理善後事宜，他都一一完成，讓我銘感五內。

　　在他的這本遺作中，許湘濤教授很有遠見地將當今國際上三大地緣政治區塊的形成與互動講得一清二楚。北美、歐洲（含俄羅斯）、東亞三大地緣政治區塊無疑是全球政治、軍事與經濟互動最頻繁與最激烈的區塊，他們的發展也將決定世界權力政治的格局。

　　令人佩服的是，在他的這本遺作中，他念茲在茲的就是臺灣的前途。夾處在北美與東亞兩大地緣政治區塊之間的臺灣，如何在兩大之間勉力圖存與發展，的確令人憂心不已。

　　值得注意的是，許湘濤博士治學與他做人一樣，都是一絲不苟，嚴謹無比，令人佩服。以地緣政治學來說，連他自己都說通常不被認為是政治學的正統次領域，但經他大力整理、闡述與融入自己的獨到意見之後，卻讓地緣政治學的內容斐然可觀，成為政治學的重要次領域之一。我相信將地緣政治學提升為政治學的重要次領域之一，應是許湘濤教授生前的重大願望，也是他對學術界的重要貢獻。

陳一新

淡江大學外交與國際關係學系榮譽教授

謹識於新北市林口區

中華民國一〇九年五月十六日

重領風騷的地緣政治學

　　湘濤兄是我早年在哥倫比亞大學求學時的同學。當時臺灣在紐約念政治學的人那麼稀有，大家都年少輕狂且生活拮据，所以自然相互關懷，後雖各奔前程，也一定把心裡最軟的一塊留給少時老友。沒想到他在東海大學退休不久就離開，實令人萬分不捨。

　　湘濤兄走得早了些，因為他嘔心瀝血寫成的「地緣政治學」目前正是熱得發紅的學問。蘇聯垮台後美國一家獨霸，以為大局底定，「歷史已經終結」。以美國為首的政治學界立時把古今中外幾千年錘鍊出來的地緣政治學打入冷宮，轉而鑽進更細小、更講究操作技巧的純學術領域。不料中國大陸在美國深陷中東泥淖的二十年間快速崛起，如今不僅經濟總量逼近美國，把排名第三的日本遠拋在後（只大陸的三分之一），連在東亞的軍事實力還超越美國。討論「修昔底德陷阱」、「大戰略」、「新冷戰」的專書論文乃霎時湧現，重領風騷。

　　歷史必將證明，地緣政治是永恆的。正如有人的地方就有恩怨，就有江湖，有國家的地方當然就有上下，就有爭奪。這是歷史定律，難以逃脫。很多人以為二十世紀相較於早先任何世紀，人類的進步最快速，物資最充沛，所以人類最幸福。如一九〇三年萊特兄弟才飛上天空，六十多年後人類就登陸月球。幾乎所有領域，不論醫療、製造、能源、糧食等，都在這百年間爆炸性進步。但人性進步了嗎？沒有！不但沒有，反而人的貪婪、殘忍、忌妒、憤怒因為物資充沛而越發失控。譬如美國現在最有錢的三位富豪的財產竟等於全國較窮一半人口（一億六千萬人）的財產總和。再譬如，幾千年「冷兵器」主導的戰爭傷亡最多不過幾十萬，「熱武器」出現後增加到幾百萬。到了二十世紀，人類不僅首次出現把全世界都捲入的巨大戰爭，而且哪一次不是死傷幾千萬人？

　　只要人性沒有進步，江湖就永遠存在。小的在我們生活周圍，大點的在國

家內，更大的就是國際政治。我們除非不關心國家福祉，或世界和平，不然怎能不關心地緣政治學？

湘濤兄以他一貫嚴謹周延的研究態度，放眼全球重要地區，爬梳國內外各種資料，小心翼翼完成此書，不論對初學者或欲求精進者都提供了難能可貴的養分。

故樂為此序，以為推薦，並紀念老友！

蘇起

政治大學國家發展研究所榮譽教授

作者序

　　有些人認為在高科技時代，地形已非障礙，地緣政治學已經過時。然而，人文和自然地理都是人類行為的不可忽略的成分，邊境、族群區域、貿易流通、權力分配等都對政治發生影響。阿富汗、車臣、伊拉克、加拿大魁北克問題都可用地理解釋政治上的分歧或衝突，甚至是一種技術，可以應用在今日的選舉研究，如臺灣各級選舉的藍綠版圖之分。其他如 2014 年 3 月俄羅斯併吞克里米亞(Crimea)和威脅烏克蘭(Ukraine)的事件，讓我們發現地緣政治仍然在這裡起著重要的作用。臺灣在西太平洋的地理位置與其他因素也是一個明顯的地緣政治例證！

　　正如卡普蘭(Robert D. Kaplan, 2009)所說：現實主義要我們認清並擁抱那超乎我們能力所能控制的力量——文化、傳統、歷史、激情——那種藏在文明表面之下，限制著人類行動的力量，包括最具有決定性的地理。但是，擁抱地理並不是要接受它做為一個我們無能為力的力量。相反地，它只能和緩地在接受命運的安排下限縮人類的自由和選擇。更重要的是全球化不但沒有消除地理的重要性，反而把它強化了。大眾傳播和經濟整合使得世界更縮小，也更易動亂。在這些地區，地方的、種族的、宗教的自我意識日益堅決。也因為它們都固定出現在某些特殊的地帶(terrains)，所以根據地理來解釋是恰當的。就像斷層決定了地震一樣，地理的邏輯也可以用來顯示衝突與不穩定如何影響政治。當前的經濟危機所釀成的動盪削弱了社會秩序，只有天然疆界可以限縮它。[1]

　　本書首先探討了全球的地理空間的形勢，即自然地理 (physical geography)，進而延伸至人文地理 (human geography)，將有助於吾人對全球化議題的理解。另外，本書亦舉出東亞、俄羅斯等實例，特別是臺灣，以說明地緣政治學之應用。本書另有兩個特色，其一為術語及專有名詞均儘量附加英

---

[1]　Kaplan, *The Coming Anarchy, Shattering the Dream of the Cold War* (New York: Random House, 2000). Pp.37-41, 51-57.

文，以便讀者在閱讀英文資料時能掌握其意義。另一項特色是本書彙整了地緣政治學常用的術語，將有助於讀者對地緣政治學的理解。

　　雖然地緣政治學向來並非政治學和國際政治學門的主流，但是它作為補充的地位卻是難以忽略的。因此，本書的出版將可大幅填補國際政治學較少涉及之處。本書利用課餘時間寫作，倉促緊迫，疏漏難免；作者學淺識薄，不足之處，敬祈不吝指正。

目　次

引 言

　　美國在科索沃戰爭(Kosovo War, 1998/02-1999/06)中轟炸塞爾維亞 (Serbia) 的 B-52 戰略轟炸機和隱形戰機從美國本土起飛，飛行了五千五百英里，向塞爾維亞的目標投下炸彈，32 個小時後回家晚餐。由於空中加油機的協助和從義大利及航空母艦起飛之戰鬥機的護航，在不費一兵一卒的情況下，美國領導的北約打敗了塞爾維亞。人們相信美國可以在世界任何地方打贏一場戰爭。如果時間和距離可以輕鬆地克服，則是否意味著戰略和戰術上的「地理的終結」？

　　2001 年 911 事件後，美國展開了追捕賓拉登(Osama bin Laden) 打擊蓋達組織(al Qaeda)的行動。在這個戰略方程式裡，最關鍵的是巴基斯坦(Pakistan)，烏茲別克 (Uzbekistan)，吉爾吉斯 (Kyrgyzstan)，塔吉克(Tajikistan)：要用到巴基斯坦的機場、空軍基地，和巴基斯坦的情報；它的帕什屯省(Pashtun)緊鄰阿富汗東南的喀布爾(Kabul) 和坎大哈(Kandahar)。烏茲別克的南部可提供機場和和通往阿富汗中北部的陸路，並可經由 Mazar-e-Sharif 往阿富汗的中西部。吉爾吉斯的馬納斯(Manas)國際機場可做為美國及盟邦的空軍基地。塔吉克可直接通往北方聯盟(Northern Alliance)〔註：一個由阿富汗伊斯蘭國各派系聯合建立的軍政聯盟，共同抵抗塔利班(Taliban)。〕 所控制的潘吉斯山谷(Panjshir Valley)，這是一條險峻的通道，距喀布爾不到 35 英里。並且，俄羅斯可由此輸送武器給北約盟國。

　　糾結的地緣政治網絡使華府必須考慮盟國內部的問題，它們有些本身是恐怖主義的支持者，故軍事之外，也得考慮它們的政治利益。例如，巴基斯坦是反對北方聯盟的，因其為後塔利班(Post-Taliban)政府所主控〔註：Karzai 當選總統 2004/10〕，而塔利班是巴基斯坦的敵人。但，印度可能又是北方聯盟的支持者。所以，即使像美國這樣的超強也可能力不從心。[1]

---

[1] Saul Bernard Cohen, *Geopolitics of the World System* (New York: Rowman&Littlefield Publishers, Inc.,

　　因此，地理仍然有用處，它的用處在於：戰略與戰術的軍事意義，政治意義，和文化上所定義的領土意義；它的用處也在於空間上的資源分佈，人民，和物理系統(physical system)。但 1999 的科索沃和 1991 的伊拉克都不能證明只靠高科技就能得勝。俄羅斯的外交介入是塞爾維亞願意談判的重要原因。在伊拉克，美國的禁飛區和經濟制裁沒有傷到海珊(Saddam Hussein)一根汗毛，也沒傷到共和衛隊(Republican Guard)的主力，反而發展出了伊斯蘭國(Islamic State/IS)大禍，直到 2019 才剿滅。

　　以下介紹現代地緣政治學發展的歷史和各種定義、幾個基本概念，以及實務面的分析架構，亦即各國或地區的地緣政治特徵、有效領土、空曠地帶、邊界狀況、展望和簡要的歷史背景。

2003.) pp.1-2.

第一章　定義和基本概念

第一節　地緣政治學的各種定義

　　現代地緣政治學的真正價值是把國際關係最基礎的地理因素拿來作學術性的分析，及作為政治互動的指引。作為一種科學，它被批評為缺乏經驗基礎而在學術上無法立足，又被指稱只為某些國家之特定需要而服務。此外，因其注意焦點是現實政治，而被批為缺少倫理道德。其後，又被納粹德國扭曲成一門偽科學，毫無科學根據。冷戰期間，地緣政治學被分成兩大學派：一派以國家為中心，另一派則注重世界觀。

　　地緣政治學是時代的產物，其定義與時俱進。最早定義地緣政治學一詞的是瑞典的基倫(Rudolph Kjellen)，他在 1899 年把地緣政治學描述為「做為一種地理有機體或空間現象的國家理論。」德國的地緣政治學(*geopolitik*)之父豪斯霍佛(Karl Househofer)則認為「地緣政治學是一種關於所有政治過程之空間決定論的學說，它植基於廣泛的地理基礎，特別是政治地理。」在二次大戰前夕，美國的政治地理學家惠特西(Derwent Whittlesey)把地緣政治學貶為「一種教條，一種信念，認為國家因其在太陽底下的位置是而有與生俱來的權利。」哈桑(Richard Hartshorne)則將地緣政治學定義為「為特定目的而運用地理，使其超越知識之追求。」[1]

　　美國政治學家沃許(Edmund Walsh)堅信美國的地緣政治學應植基於國際正義，並可追溯至亞里斯多德(Aristotle)，孟德斯鳩(Montesquieu)和康德(Kant)，結合人文地理和應用政治學。[2]

---

[1]　以上四段引文轉引自 Saul Bernard Cohen, *Geopolitics of the World System*. Maryland, USA: Rowman & Littlefield Publishers, Inc.,2003. P.11.

[2]　Edmund Walsh, "Geopolitics and International Morals," in *Compass of the World*, ed. H.W. Weigert and V. Stefansson, 12-39 (New York: Macmillan, 1944).

對帕克(Geoffrey Parker)來說，地緣政治學是「從空間或地理觀點來研究國際關係。」並認為：「地緣政治的首要工具是政治地圖，而其研究途徑在於理解其所揭露的現象，以及理解產生其形態的過程，以此觀點檢視其特質。世界政治舞臺的組成部分是客觀的空間，各組成部分的互動則被視為是空間的現象。」[3]阿格紐(John Agnew)則定義地緣政治學為「檢視地理假設、命名(designations)和理解，使其得以安排世界政治。」杜阿泰(Gearold O'Tuathail)這位批判性地緣政治學的代表人物則辯稱「地緣政治學沒有一個單一的無所不包的意義或定論……它是一種論述。一種文化上和政治上，對地理和國際關係各式各樣的描述、呈現和寫作方式。」[4]

政治家和學者常把地緣政治學視為一種整合地理和國際政治的載具，可用來定義地緣政治學，但並非一個思想學派，而是一種分析的方式(mode)。其內容之多樣性與地理環境之規模與政治權力之運用有關，也經由權威之流動而認定其空間架構。

本書基本上採用柯亨(Saul Bernard Cohen)的定義，地緣政治學一方面是地理環境(settings)與觀點(perspectives)，另一方面是各種政治過程之間的互動。環境由地理特性(features)和各種模式(patterns)以及它們所形成的多層次的區域(regions)所構成。政治過程包括各種勢力在國際層次的運作，以及在國內場域運作而影響其國際行為者。在地緣政治的架構中，地理環境與國際政治間的關係為動態互動，各自互相影響著。地緣政治學就是要處理這個互動的各種結果。[5]

第二節　基本概念

柯亨在他的鉅著 *Geopolitics of the World System*(2003)提出了兩組五個基本概念做為分析的起始。第一組是：①國際體系的層級(level) ②空間(space) 和③範域(realm)。

---

[3]　Geofffrey Parker, *The Grand Strategy of Philip II*. New Haven[Conn.], Yale University Press, 1998. p.5.

[4]　*Ibid.*, pp.11-12. 前三段引文出處同此。

[5]　*Ibid.*, p.12.

1. 國際體系的五個層級

　　柯亨認為地緣政治觀點是動態的(dynamic)，隨國際體系及其運作環境之變化而變。冷戰期間的兩極體系(bipolarity)隨著蘇聯的解體而成為美國獨霸的單極體系(unipolarity)，至今，由於中國的崛起和俄羅斯的復興，以及其他地區核子強權的興起，如伊朗、印度，國際體系已成為多極體系(multipolarity)。衰敗國家(failed states)如敘利亞、伊拉克和恐怖主義也使國際體系更複雜。另外，一些次國家層級的巨型城市(metropolitan or megalopolitan)如倫敦、巴黎和德國的魯爾區(Luhr basins)也儼然具有抗衡本國政府的實力！

　　此外，有因內部衝突而被撕裂的地區，又因外力介入更加分崩離析的破碎地帶(shatterbelt)。至於位於地緣政治區域(geopolitical regions)內或之間的較小的碎片地區(fragmented areas)，則被稱為擠壓地帶(compression zone)。

　　目前的國際體系有五個層級，如以(一)美、俄、中為一級強權，則(二)依序有伊朗、印度等次級強權，(三)第三層級國家則以文化力為憑藉。(四)第四等層級國家則對外毫無招架之力，最後的 (五)第五層級國家則只能依賴其他強權，苟且偷安。[6]

　　地緣政治的動力(dynamism)會影響國家和區域對自身和世界的觀點。以臺、韓與中國為例，大量製造業外包至中國南方和中部沿海，即「黃金海岸」(golden coast)，將迫使臺、韓與日、美重新思考他們與中國的長遠關係。反過來，中國也被迫必須向世界開放它自己的黃金海岸。[7]

　　在開發中世界，區域強權主宰鄰近國家，並劃出自己的勢力範圍。雖然有能力從事戰爭，但它們不願那麼做；而只願做調人。和一級 (主要)強權抗衡的是二級 (區域)強權。有時，當它們力量足夠，也有野心時，它們就會動武或使用經濟力。第三級國家興起時，會運用它們特有的意識型態或文化力來影響鄰國，即使它們不具有實現其價值的軍事力。第四級國家通常無力對鄰國施壓。第五級國家則需依賴外力以求生。[8] 歷史上，超強平衡之時期為只有短暫的四十五年。也是科學、技術、經濟、意識型態變動最快的時期。

6　*Ibid.*, p.5.

7　*Ibid.*, p. 3.

8　*Ibid.*, pp.4, 5.

2. 空間層級與 3. 地緣戰略範域

本質上，人文和生物的體系的演進有三個階段：①原子化和無差別化，②差別化和專殊化，③整合。應用此原則於地緣政治地圖是複雜的，因世界各部分均處於不同之發展階段。更因不同之空間排序(spatial orders)而益形複雜。大致而言，該排序可發生在宏觀(micro)，中間(meso)和微觀(micro)層級(level)。宏觀層級(macro-level)包含數個戰略範域(strategic realms)，中間層級(meso-level)包含數個戰術區域(tactical regions)，微觀層級(micro-order)涵蓋國家與次國家單位的地區(states and subnational unit areas)。

據此，我們可以把全世界的空間分成三個層級：①宏觀層級(macro-level)即戰略範域。②中間層級(meso-level)即戰術區域。③微觀層級(micro-level)包括國家和次國家單位之地區。

在宏觀層級上，我們可以把戰略範域分成四個部分：①以美國為首的貿易取向的海洋範域(Trade Dependent Maritime Realm)，橫跨美國東西兩洋。②以歐盟為主包括北非洲、印度、日本的海洋歐洲及馬格里布(Maghreb)戰略範域。③中國及中南半島則自成一個東亞範域。④俄羅斯的勢力範圍亦自成一個歐亞大陸範域。

戰略範域也包含地區(areas)和破碎地帶(shatterbelt)。聚合的範域(converging realms)可因互利合作而有中介區域(intermediating regions)如過境走廊/橋樑(bridges)或通道/門戶(gateways)

在地緣戰略範域內，經濟差距可因核心強權之剩餘能量的流注而縮小。在範域外，特別是未加入範域者，所獲之能量較少。如南美，次撒哈拉(Sub-Sahara)非洲，是為輸家。冷戰結束後，該區成為「地緣戰略邊緣的小角落(quarter-sphere of geostrategic marginality)」如索馬利亞(Somalia)，哥倫比亞(Colombia)……可謂國之不國。

冷戰結束後，南美、次撒哈拉非洲成為一個地緣戰略邊緣地帶的四分之一勢力範圍／角落(quarter-sphere of geostrategic marginality)。印度的中立地位使其擁有獨特的地緣政治認同(身份)。

我們可以把上述文字更清楚地用表格來表示：

一、人文和生物的體系演進有三個階段：
(1) 原子化和無差別化　　　　註：世界各部分在不同之發展階段有 　　　不同之空間排序
(2) 差別化和專殊化
(3) 整合
二、空間排序(spatial orders) 可發生在
(1) 宏觀層級(micro-level)即戰略範域(strategic realms)：①以美國為首之貿易取向的海洋範域(trade dependent maritime realm)，橫跨美國東西兩洋。②以歐盟為主包括北非洲、印度、日本的海洋歐洲及馬格里布(Maghreb)戰略範域。③中國及中南半島自成一個東亞範域。④俄羅斯的勢力範圍亦自成一個歐亞大陸範域。 戰略範域也包含⑤地區(areas) ⑥破碎地帶(shatterbelt)。 聚合的範域(converging realms)可因互利合作而有：⑦中介區域(intermediating regions)如：⑧過境走廊／橋樑(bridges) 或⑨通道/門戶(gateways)。
(2) 中間層級(meso-level) 即戰術區域(tactical regions)
(3) 微觀層級 (micro-level) 即國家與次國家單位的地區 (states and subnational unit areas)

　　其實他還有更多其他的概念做為分析的工具，這裡已經出現了幾個，下文還會陸續顯示。

　　全球化並未模糊國家疆界與認同。全球化也未能使地理和地緣政治告終，反而使地緣政治更複雜。地緣政治並未凌駕地理，只是對個別地理環境和變遷進行適應和調整。全球化並未到達世界每一角落，只以沿海部分為主，各地感受不一。民族國家更要處理許多的內外壓力與勢力，如移民、難民與恐怖主義。

　　全球化的反效果也出現在許多方面。例如，中產與新富階級的獲利，造成

了新的社會緊張。中國的資訊「有」「無」之地理差距終將導致政治分裂和隔閡。

俄羅斯利用科技加強控制，但科技也會暴露政府的貪腐。

第三節　地緣政治的結構(Structure)

1. 地緣政治的結構(模式＋特性)

第三節的主題是：1.地緣政治的結構(structures)和2.結構內部的發展過程(developmental processes)。地緣政治的結構是由地理與政治力(forces)的互動所型塑(formed)的。發展過程則引導著在結構裡所發生的變化。

地緣政治的結構是由地緣政治的「模式(patterns)」與「特性(features)」所組成的。模式意指地緣政治單元(units)的形狀(shape)、大小(size)、和政治單元的物理/人文的地理特徵(characteristics)，以及把它們綁在一起的網絡(networks)，這些網絡使某些地緣政治單元和其他地緣政治單元區隔開來。特性意指政治地理的一些節點(nodes)、地區(areas)、和邊界(boundaries)，它們賦予各單元的獨特性(uniqueness)並影響其凝聚力(cohesiveness)和結構效能(structural effectiveness)的程度(measures)。

地緣政治結構的成熟度(maturity)反映在其模式與特性有多大程度支持該單元之政治凝聚力(cohesiveness)。發展的研究途徑(developmental approach)主張結構是經由幾個接續的階段(successive stages)：從①原子化(atomization)/無差別化(undifferentiation)到②分殊化(differentiation)，專業化(specialization)，最後到③專業化的整合(specialized integration)。過程中的革命或劇變(cataclysmic breaks)可導致去發展(de-development)並重新開始一個循環(cycle)。也可能迅速轉向更高的階段。

結構首先包括了：

(1)地理環境(geographical settings)

地球上的兩個主要的物理/人文的地理環境是海洋的(maritime)與大陸的

(continental)。環境提供不同的地緣政治結構發展的舞臺(arenas)。在這兩個環境裡演化出來的文明、文化、政治制度基本上在它們的經濟制度、文化、傳統、精神和地緣政治前景上都有根本性的差異。

(1)海洋的環境向開闊的海洋敞開，或是因位在海岸線上，或是從內陸地區通往海洋。大多數住在該處的人可因溫暖的天氣與適度的雨量而受益，並易於和世界其他部分接觸，且常獲內陸物理阻隔之屏障。海洋貿易與移民在這種環境裡興盛，實因人種、文化、語言的多樣性。它們也加速了經濟專殊化的過程。由此產生的貿易制度具有開放的，政治上自由化的效果。

(2)大陸的環境特徵為極端的氣候和距海遙遠。這種環境因山岳、沙漠、高原或純因距離遙遠等阻隔效應而與世界其他部分缺乏密切之互動。歷史上，他們的經濟多為自足式的，其政治制度較不受其他思想等因素之影響，並傾向封閉和獨裁專制。都市化與工業化在大陸地區遲於沿海地區，至今亦然。

地緣政治的結構由兩種力量形成：離心力(centrifugal)與向心力(centripetal)。在國家層次上，兩者均與對領土性質的心理與生理感受有關。離心力是政治動機使人民想把領土與他們所認為的外人分離開來，外人也許要把不同的政治制度，語言，文化，或宗教強加之。在此情況下，有清楚界線的空間就可定為防禦的機制。向心力促進政治統一，因人民對特定領土的無法脫離的連結而強化。這種領土性可表現在人民對特定土地之象徵性或實質的聯繫。人民可能為保存其獨特之認同而脫離另一個國家，也可能因商業、防禦、或聯盟之故而在該區域與其他國家統一。當分離與統一糾纏不清時，就常失去平衡。平衡的帝國體系被 WWII 摧毀，然後全球失衡。歐洲統合，日本復興又加入美國戰略同盟以對抗蘇中之共產黨世界霸權。

思想、移民、貿易、資本、通訊、武器的流動可超出，也可停留在範域，地區、國家的結構層次。國家也可從一個層次移到另一個層次。這種變動反映出政治權力、意識型態、經濟、文化、種族、宗教、國力(national forces)、國家安全、領土野心的互動。二次大戰後的重組(restructuring)即為一例。前蘇聯的殞落，讓中國成為一獨立的地緣戰略範域，強化其在世界事務中之角色。今天，在蘇聯解體之後，俄羅斯和中共加入了資本主義體系，但仍與美國在政治和戰略上相抗衡。剛果共和國(Democratic Republic of Congo/DCR)之崩潰讓奈及利亞(Nigeria)擴大其角色，成為區域強權，影響力從西非進入中非。

儘管功能和規模有所差異，所有結構均有某些共同之特性：

(2)地緣政治的特性

特性包含有下列各項：

(1)歷史的或原質的核心(nuclear cores)。國家發源於此地區，國家觀從此處開始發展。核心的物理環境與政治-文化系統之間的關係，其演化可以鑲嵌在其中並持續作為國家或地區認同及意識型態的一個重要成分。

(2)首都或政治中心(capitals or political centers)。首都是在政治上定義為領土之內，治理人民行為的各種活動之政治與象徵的焦點。它的功能雖然本質上是行政的，一個首都的風貌(landscape)—其建築形式，建築物，紀念碑，布局(layout)—在動員對國家的支持時，有很大的象徵意義。首都地點之選擇有不同的原因，可因其相對於其餘國家空間的地理中心位置，或其地點具有防衛性，或因其位於邊疆前沿，而為防禦重點，或作為領土兼併的跳板。

(3)精華地帶(ecumenes)： 人口和經濟活動最密集的地區。傳統上與密集之交通網絡一致，反映出經濟之集中。在今日後工業資訊時代，精華地帶的邊界可擴大至包括由現代電訊所連接的地區，因此精華地帶會較少與交通集散地綁在一起。因精華地帶是國家經濟最先進的部分，通常也是最重要的政治地區。

(4)有效的國家領土(effective national territory/ENT)和有效的區域領土(effective regional territory/ERT)。人口中度密集，有資源富足之基地。作為有高度發展潛力之地區，它們可為人口成長與擴散，及經濟擴張提供出路。它們的發展程度是未來力量的指標。

(5)空曠地帶(empty areas)。基本上人口稀薄，人口大量移殖之展望不高。依其位置與發展程度，它們可提供防禦縱深，或武器試驗場。某些則因礦產資源而重要。

(6)邊疆(boundaries)。這些地帶與政治地區有別。它們是條狀的，多在廣大的邊境內。劃界可為衝突之根源。

(7)不順之域(nonconforming sectors)。可為國內少數民族分離主義之地區，及區域內孤立或「流氓」(rouge)國家/團體。

2. 地緣政治的層級順序

地緣政治的結構大多依循層級順序之空間層級來組織：

(1)地緣戰略範域(geostrategic realm)—包含在宏觀層級(macro-level)內；

(2)地緣政治區域(geopolitical region)—這是範域之再劃分，即中觀層級(meso-level)，包含戰術區域(tactical regions)；

(3)民族國家(national states)，準國家(quasi-states)，以及最低層次的國內和國家間的領土再劃分(territorial subdivision)，或稱微觀層級(micro-level)。

外在於這種結構的排序(ordering)是區域(regions)或國家串(clusters of states)，它們不在範域(realm)或區域架構(regional frameworks)內。它們包括：

(4)破碎地帶(shatterbelts)，因競逐範域內大國之壓力而激化其內部碎裂；

(5)擠壓地帶(compression zones)，因區域內鄰國之干預和內部之分裂；

(6)通道/門戶(gateways)，是範域、區域、國家間之橋樑(bridge)。

地緣政治特性的發展程度和它們互相關聯所形成的模式，是決定地緣政治範域或區域成熟階段的基礎。

由這些特性與模式所產生的結構變化，可比做板塊與次板塊之運動所帶來的變化，最終重獲新的平衡狀態，或謂等邊「isostasy」的均衡(equilibrium)。這些地緣政治結構是由歷史性的文明建造過程，和長短期地緣政治力量的重構(re-configured)所形成的。

地緣戰略範域，事實上，是覆蓋在大部分地球表面的主要之結構板塊。它們的運動可造成一些地區(areas)犧牲另一地區而加入某一範域。當運動是革命性的，新的範域就會形成。範域之間因接觸而形成之破碎地帶可因此一運動而分裂成各自獨立的次板塊(subplates)，或完全融入另一範域。當區域(region)或中型板塊(medium-sized plates)在範域內轉移時或從一個範域轉移至另一範域時，也可改變其形狀和邊界。壓縮地帶或區域次板塊(regional subplates)可因區域板塊內之轉移而形成或消失。

近數十年，大多數地緣政治板塊之激烈轉移均發生在地緣戰略層次。二次大戰後，世界分成兩極和層級分明的結構。冷戰結束意味著平分秋色的革命，隨著蘇聯崩潰及其帝國之瓦解，海洋範域(maritime realm)壓過了歐亞大陸範域(Eurasia continental realm)，從後者的西部邊緣撕下了巨大的(substantial)一塊

(portion)。此外，大陸板塊早已因中蘇分裂而裂成兩半，東亞已崛起成另一範域。隨著俄羅斯的衰弱，中國得以離開心臟地帶，經由國際貿易與科技的力量部分趨向海洋範域。

另一種觀察結構在不同層級分裂與再分裂的方式是把世界視為一顆鑽石，而非一片草地。大風的力量把草吹成不可知的體積與形狀。鑽石則順著裂痕形成新的形狀。地緣政治邊界則順著物理的，文化的，宗教的，和政治的裂痕而組成。這些邊界隨著政治核心間權力平衡的轉移而改變，新的邊界則隨著明顯的裂痕而浮上檯面。這點可參見杭亭頓(Samuel Phillips Huntington)的文明斷層線(fault line)，如圖。

Samuel P. Huntington

and Islam, on the other, has reemerged. The most significant dividing line in Europe, as William Wallace has suggested, may well be the eastern boundary of Western Christianity in the year 1500. This line runs along what are now the boundaries between Finland and Russia and between the Baltic states and Russia, cuts through Belarus and Ukraine separating the more Catholic western Ukraine from Orthodox eastern Ukraine, swings westward separating Transylvania from the rest of Romania, and then goes through Yugoslavia almost exactly along the line now separating Croatia and Slovenia from the rest of Yugoslavia. In the Balkans this line, of course, coincides with the historic boundary between the Hapsburg and Ottoman empires. The peoples to the north and west of this line are Protestant or Catholic; they shared the common experiences of European history—feudalism, the Renaissance, the Reformation, the Enlightenment, the French Revolution, the Industrial Revolution; they are generally economically better off than the peoples to the east; and they may now look forward to increasing involvement in a common European economy and to the consolidation of democratic political systems. The peoples to the east and south of this line are Orthodox or Muslim; they historically belonged to the Ottoman or Tsarist empires and were only lightly touched by the shaping events in the rest of Europe; they are generally less advanced economically; they seem much

3. 結構的四個層級(levels)

(1)地緣戰略範域(The Geostrategic Realm)

在全球結構(global structure)的空間等級(spatial hierarchy)裡，最高層級是地緣戰略範域。這些範域是世界的各個主要部分(parts)，它們大到足以擁有許多特質與功能而有全球影響力的，以及可作為主要強權、國家、和它們所組成之區域(regions)的戰略需求。它們的架構(frameworks)是由連結人民、貨品、和思想的循環模式(circulation patterns)所形成，並由戰略要地和海洋通道所聚控。

一個範域之所以獨特的首要因素是它被海洋性(maritimity)或大陸性(continentality)所形塑的程度。今日世界有三個地緣戰略範域：貿易上依賴大西洋和太平洋的海洋範域；歐亞大陸的俄羅斯心臟地帶；混合大陸與海岸的東亞範域。

範域一直是帝國首次出現時，國際生活的一個因素。現代以降，地緣戰略範域曾被英國海上霸權和沙俄陸上霸權的範域所切割。美國創造了一個混合的範域，包含跨大陸強權和影響加勒比海，及大部分太平洋地區。今日依貿易成形的海洋範域(trade-dependent maritime realm)，含大西洋及太平洋諸盆地及其內海，是國際交換所形成。重商主義，資本主義，工業化引起海洋傾向的國家和經濟與政治的殖民主義。近接海洋便利了循環流通，溫和的海岸氣候加上宜居的內陸，提供了有助於經濟發展的生活條件。開放的系統最終在這個範域的領先國家發展了起來，便利了民主政治的爭取，跨越海洋的活動催生了多元社會。

興盛的國際貿易與投資、大量的人口移動，定義了過去 150 年的海洋範域。1890 年代中期至一次大戰(WWI)，歐洲及後來的美國，帝國主義創造了全球貿易體系，起初使用軍事力量，接著用革命性的交通與通訊進步加以強化。WWI 和 1930s 大蕭條使該系統被打碎。

二次大戰(WWII)後，在美國領導下，重建了世界經濟。1970s 前，進入國際貿易的財貨回升到 1914 前的水準。1990s，這部分貿易猛增，大部分歸因於關稅及貿易總協定（General Agreement on Tariffs and Trade/GATT, 1948-1994）及後續之世界貿易組織（World Trade Organization/WTO, 1993-）。

世界領先進出口者為七國集團(Group of Seven/G-7)成員,均為海洋範域國家——美國、日本、德國、法國、英國、義大利、加拿大。中國因其南部海洋地帶與中部沿海地帶之經濟力,亦迅即加入。歐亞大陸盆地,含俄羅斯心臟地帶,直到 20 世紀中,主要運輸型態為陸地和內陸河流。自足式經濟、專制型政府,使其成為共產主義和威權主義之溫床。

歐亞範域之大陸性有物理的也是心理的條件。俄/蘇歷史上均深陷其中。即使科技已改變以前之現實,早期心理仍在。蘇聯解體與北約東擴再度強化俄羅斯被外界包圍封閉之感受。雖然俄羅斯國際貿易在 2000 為其 GDP 之 14%,俄羅斯的自足性質仍無法掩蓋。GDP 多為石油與天然氣出口,這幾年更有能源價格動盪起伏之因素。

俄羅斯心臟地帶之範域的邊界實質上已有改變。西邊與東歐國家不再受莫斯科控制。心臟地帶與海洋範域之間的邊界(boundary)成為地帶(zone),而不只是一條線(line)。北約對東歐,波羅的海諸國入會申請之謹慎,反映出對俄羅斯在東波羅的海與黑海之戰略利益的承認。

沿歐亞範域之邊界是前蘇聯外高加索及中亞諸共和國,雖已獨立,但仍在俄羅斯戰略監控之下。西方欲追求該地區之石油與天然氣財富,及在阿富汗之反恐戰爭均需俄羅斯之合作才能成功。

冷戰時代,甚至在中蘇分裂之後,中國多數時間位在大陸型歐亞軌道內。然而,過去二十年內,強勁的海洋經濟與趨向移進了大陸性格又政治封閉的中國。本質上為農村地區又零星散著重工業的內地與內陸取向的人民,比較支持獨裁專制的共產黨;南、東部、及中部沿海地區的人民則長久以來受到外在世界的影響。廣東/香港,福建,上海歷史上都是中國對外貿易和文化交流的焦點。該地區也是大規模移民的源頭。

1970s 末,毛之後歷任領導人取消了嚴厲限制的政策,東南沿海地區再度成為中國經濟成長的主要引擎;和勞力密集之消費品製造業、高科技及金融服務業進入世界的入口。這使中國超越日本成為世界第二大 GDP(雖然就現代生產力而言,日本仍然僅次於美國)。沿海地區總稱「黃金海岸」再度使中國環境注入海洋成分,使中國破除歐亞大陸性之枷鎖,而自成一個地緣戰略區。

美蘇勢力撤出東南亞使中國得以將大陸-海洋東南亞地緣戰略範域向南延伸,涵蓋越、柬、寮,構成東亞範域內另一地緣政治地區。中國更可將東亞範

域邊界逼進至亞洲其他部分。西藏、新疆也可與南亞及中亞相接。

美蘇撤出中南半島使中國得以將勢力延伸到新的大陸—海岸東亞地緣戰略範域，南下至越、柬、寮。此三國位於東亞範域內，構成另一個地緣政治區域。東亞範域的邊界被中國推展到亞洲其他部分，直到與南亞、中亞接壤的西藏與新疆。東北太平洋是海洋、歐亞、東亞範域會合之處，北韓屬東亞範域。若朝鮮半島統一，則可成為三個範域之間的通道(gateway)，也可能成為擠壓地帶(compression Zone)。

(2)地緣政治區域(The Geopolitical Region)

地緣政治結構的第二層級是地緣政治區域。大多數區域是範域的再細分，雖然有些區域介於兩者之間，或與兩者無關。區域由地理的連續性(contiguity)和政治的、文化的、軍事的互動而連結，也可能由歷史的移民和人民的混雜和民族興起的共同歷史而連結。

海洋範域的區域是北、中美洲，海洋歐洲及馬格里布(Maghreb)，環太平洋。南半球大陸即南美洲和次撒哈拉非洲被海洋範域統轄，經濟上亦依附之。然而，對主要的海洋強權而言，它們只有邊際性之戰略價值，因此不緊隨在地緣戰略軌道內。歐亞大陸範域有兩個地緣政治區域：①俄羅斯心臟地帶，②外高加索(Trans-Caucasus)與中亞。東亞範域亦可分成兩個區域：中國大陸與東南亞(越、柬、寮)。

南亞在三個範域之外另成一獨立之地緣政治區域，當與中東連鎖時就形成「不穩定之弧」(arc of instability)。南亞次大陸之大陸性質強烈反映在其貿易模式。印度的國際貿易約 86 億至 1.8 兆，僅占 GDP 的 5%。巴基斯坦為 280億，僅 1%稍高。

中東破碎地帶與東歐，未來或為破碎地帶或通道，屬區域性地緣政治層次。

區域的發展階段差異甚大，從凝聚至原子化均有。首要例證為海洋歐洲及馬格里布，其核心為歐盟十五成員國，經由區域性法律、貨幣、規則，已開始創造「歐洲的」文化與認同。但前景依舊不明。

相形之下，次撒哈拉非洲幾無地緣政治之凝聚力。歐洲殖民主義結束，隨後之冷戰、衝突、戰爭、革命肆虐產生去發展(de-development)與原子化

(atomization)現象。早期獨立時創立次區域聯邦,如東、南非共同市場(Common Market for Eastern and Southern Africa/COMESA)之努力已失敗,更無法成為地緣政治區域。

區域貿易與經濟協議有助於打造區域統一。正如共同市場最終成為歐盟;北、中美洲自由貿易協定(North and Middle American Free Trade Agreement)強化了北美地緣政治區域的地緣政治肌腱。但是提議中的美洲自由貿易區(Free Trade Area of the Americas)卻不太可能導致西半球區域的統一,因為文化、政治、社會傳統之差異過鉅。

南美洲,最有希望的區域統一是由巴西、烏拉圭、巴拉圭、阿根廷合組的貿易集團:南錐共同體(Mercosur)。在巴西領導下,該集團可發展充分之政治與經濟凝聚力而崛起為另一地緣政治區域。

範域與區域之區別在於戰略與戰術。在區域與範域運作之國家有時可與兩個區域與或範域保持聯繫。例如,澳大利亞(Australia)是環亞太地區的一部分,亦屬海洋範域,亦因與該範域另兩區域相連繫而受益。戰略上,它在海洋世界網絡裡是一個關鍵性的連接點。文化上、政治上、種族上它與英國保有歷史的根源,它在 WWII 時又與美國有關聯。

隨著這些國家的持續發展,地緣政治區域已成為國際體系裡比較重要的力量。較大之歐洲國家、日本、中國已有足夠的力量和行動的獨立性,關注於區域環境並更有效率地組織它們自己,而對全球議題更為決斷。地緣政治區域崛起為權力架構,藉由權力平衡體系之強化加強了全球穩定。當中國堅主其戰略獨立時,蘇俄對東亞範域的霸權控制就瓦解了。結果是兩個前盟友開始對彼此在南半球、東南亞,東非和臺灣的行動有所節制。

歐盟在限制美國在海洋範域的霸權也有類似的重要性。為反映其全球權力之減損及其對美國經軍之依賴,戰後歐洲開始重建一系列經政機制,企盼從區域統一重拾其力量。西歐做為地緣政治再生的權力中心,已能對有戰略重要性的地區重建其影響力,如中東、次撒哈拉非洲、東歐。

環亞太地帶(Asia-Pacific Rim)已因該地區各國之間的互補性而發展出其地緣政治的統一性。日本為軸心。在世界上所有的地緣政治區域,南亞是唯一獨立於三個主要範域之外的一個。它有意成為世界平衡者,但結果混雜。印度想投射其自身為一個獨立力量以達成和平、平衡的世界,但還差得遠。抗拒美蘇

或美中壓力，不加入其陣營，印度採行中立，並成為亞非集團領袖，在世界事務中尋求「第三條路」。

破壞印度想成為平衡者之希望者，不僅是超強拒絕其提供之角色，且它發現英國統治者離開時，整個南亞大陸在政治上已分崩離析。印度也為了喀什米爾和東孟加拉而捲入與巴基斯坦的戰爭，又不成功地干涉斯里蘭卡。印度力求在世界局勢中扮演平衡者之角色，儘管這些挫折，印度成功地在冷戰期間從未完全加入超強的陣營。然而因其依賴蘇聯的軍事、經濟、外交的支持，使它常向蘇聯傾斜。後冷戰時代的印度，雖然一直和中國有爭執和衝突，但迫於形勢，今日仍然重申要加強印中戰略夥伴關係。

一個合理的問題是地緣政治區域的角色被強化時，能否成為一個因素，分裂世界體系，而非使其統一。例如，曾有人擔心歐盟有共同的貨幣，農業集團的壓力，反對區域外來的移民，和獨立的軍隊，築起對外在世界的隔離。雖然這些關切有其理由，但抵銷的力量也很大。如歷史、文化、政軍的紐帶。

(3)破碎地帶(Shatterbelts)

一些深刻碎裂的區域常是全球不穩定的源頭，也是有戰略意義的區域，馬漢(Alfred Mahan)，斐格萊(James Fairgrieve)，哈桑(Richard Hartshorne)是研究這種區域的先驅。早在 1900 馬漢就指出了在亞洲的北緯 30-40 度之間是英俄相爭的不穩定地區。十五年後，斐格萊用衝擊地帶(Crush Zone)來描述海權國家和歐亞心臟地帶之間所競爭的小型緩衝國家。這些國家散佈在北歐、東歐一路到巴爾幹半島、土耳其、伊朗、阿富汗、暹邏(Siam=Thailand)和韓國。二次大戰期間，哈桑曾分析從波羅的海(Baltic)到亞德里亞海(Adriatic)的東歐，並主張戰後在該區域建立聯邦(federation)。

柯亨對破碎地帶的操作型定義是：有戰略意義的區域，內部既深陷分裂，外部又受制於地緣戰略範域中大國間的競爭。1940 年代末，有兩個高度碎裂的地區：中東和東南亞。這不是偶然的。二戰後，海洋世界與大陸世界沿著歐洲的易北河(Elbe River)清楚地分成兩半，東、中歐落入蘇俄勢力範圍，亦非偶然。

破碎地帶的另一特徵是它給位於不同地緣戰略範域之競爭中的全球性大國提供了旗鼓相當的遊戲場，冷戰時代最常見的地區是加勒比海，南美洲，南

亞,非洲。它們多是內部分裂深刻又被地緣戰略範域內之大國競逐所緊盯咬不放。

不是所有的動亂之地都是破碎地帶。南亞雖然有許多衝突,但不是破碎地帶,因為印度主宰了這個區域,而且沒有受到美國,俄國,中國的嚴重威脅,更不用說巴基斯坦了,同樣地,加勒比海也不是破碎地帶,雖然古巴,尼加拉瓜(Nicaragua),格瑞那達(Grenada)的共產黨或左派政權曾引發叛亂,但當時的蘇聯並未威脅到美國在該地區的主宰地位。

破碎地帶及其邊界是變動不居的。1970s 和 1980s,當蘇聯、古巴和中國的滲透曾經深入非洲次撒哈拉地區,並和美國,歐洲競逐影響力時,次撒哈拉地區就成了破碎地帶。蘇聯解體後,飽受戰火摧殘的非洲次撒哈拉地區就不再是破碎地帶了,而成為西方強權的戰略上的邊緣地帶。東南亞也在美國輸掉越戰後,被海洋範域和東亞範域切割。現在,在全球化和美中越和解的大氛圍下,以及美國重返亞太的政策引導下,這兩個範域又連結起來了。

中東仍然是一個破碎地帶,約有六個的區域性和地方性國家虎視眈眈,更有大國的侵擾行動。但是,情況已開始改變。埃及已不再視以色列為敵人,美國也不再介入,例外情況是派少量部隊攻打恐怖組織伊斯蘭國(ISIS)。

柯亨認為未來最可能成為破碎地帶的區域是從波羅的海到東歐和巴爾幹半島一帶。第二個可能的區域是從外高加索到中亞,該區域位於心臟地帶範域內,但是對西方國家的石油利益誘惑不小。這些區域是否成為破碎地帶,要看西方國家願否過度投射其力量以滲入這些地緣戰略區域。如果西方國家這麼做而不考慮俄羅斯的安全感受,莫斯科就會迅速反應而將這兩個區域變成破碎地帶。這些區域是世界政治的樞紐,而且必然是在戰略考量之中,而非僅只暫時的危機處理而已。要是阿富汗和巴基斯坦內爆,西巴基斯坦就可能捲入中東破碎地帶。其他的內爆地區可能會是印尼和南美的安地斯山北部區域。

(4)擠壓地帶(Compression Zones)

這些擠壓地帶常動盪不安並在鄰國競逐之下,但並非大國相爭。有非洲之角和中非。

4.民族國家

　　世界地緣政治的關鍵是民族國家。但全球化使國家沒落，成為行政管理的工具。全球化並非獨立之力量，而是民族國家的僕役。國家雖自我限制，仍是政經軍文領域的決策者。

　　本書視世界由核心地區組成，它們在空間裡依層級安排，其功能依權力和距離而異。各節點(nodes)相聯絡之模式深受區域環境和古今源流之影響而超越區域甚或範域。主要核心為美國、歐盟、日本、中國，其次為韓國、臺灣、新加坡。它們自成一地緣政治空間星座(configurations)。

5.國家權力的排序

　　國家體系由五個順序(orders)或層級(levels)的國家所組成。第一層級有美國、歐盟、日本、俄羅斯、中國。它們有全球延伸力，是三個地緣戰略範域的核心。

　　第二層級的國家為區域強權，它們可延伸至各自地緣政治區域之外，甚至以特殊方式到達世界其他部分。第三、四、五級國家通常僅限於自己的區域。在評估國家的戰略重要性時，決策者需認清自己的權力層次，並記住低層級的國家或團體有能力顛覆體系，如恐怖主義。

　　三種評估國家等級的方式：

　　(1)此處排序方式包括價值和政治行為特質，而超乎傳統之人口、面積、經濟資源、軍事支出和科技。但不採計個人癖好等因素，如北韓獨裁者或狂妄之塔利班，甚或以戰爭威脅，或支持恐怖主義，來影響世界事務。但此類流氓國家需要有資源，如石油，或需有保護者提供支持。如蘇聯時期的古巴。

　　(2)二級地區或國家曾有其重要性，但隨著主要強權退出該地區，或不符合其國家利益而消退其重要性。二級強國是相對於鄰國有其軍經力量。它在區域運輸，交通和貿易，有其中心或節點角色。和上述因素同樣重要的是該國之野心或執著不僅在施加影響力予他國，而是以地區目標和價值說服他國。如埃及之提倡泛阿拉伯主義。

　　(3)另一種衡量的標準是該區域強權有能力獲得主要大國的支持而不成為

衛星國，或能組成區域內政軍聯盟，貿易聯繫，或意識型態之連繫。印度即鼓吹第三世界中立的概念而增加其既有力量。

雖然二級國家可能有區域霸權野心，它們的目標仍受限於地緣政治的現實。印度和巴西是例外。它們或有廣泛之區域影響力，霸權的實際影響力只在鄰近國家。第三級國家可以特殊方式影響區域事件。它們可以在意識型態或政治立場上與鄰近區域強權競爭，或以特殊資源，但它們缺乏人口，軍力，或經濟力量。此類國家有沙烏地阿拉伯(Saudi Arabia)，衣索比亞 (Ethiopia)，古巴(Cuba)，安哥拉(Angola)，敘利亞(Syria)，智利(Chile)，哥倫比亞(Colombia)，委內瑞拉 (Venezuela)，利比亞 (Libya)，北韓 (North Korea)，馬來西亞(Malaysia)，辛巴威 (Zimbabwe)，象牙海岸(Cote d'Ivoire)，匈牙利(Hungary)。四級國家有蘇丹(Sudan)，厄瓜多爾 (Ecuador)，贊比亞(Zambia)，摩納哥(Morocco)，突尼西亞(Tunisia)只對近鄰有影響力。五級國家如尼泊爾(Nepal)只邊際性地參與外部事務。記住：層級次序是流動的和短暫的。

6. 通道／門戶國家與地區

通道/門戶國家(gateway states)藉提供/促進人員、財貨、和思想之交流以連繫世界不同部分。目前有十八個國家可歸類為通道。如表 1-1。

表 1-1　**國家擴散**(State proliferation)

目前的區域	目前的通道	潛在的通道	後殖民地國家	抗拒／分離的國家
北、中美洲	Bahamas	Bermuda	Cayman Islands	E Nicaragua
	Trinidad	British	French Guiana	
		Columbia*	Guadeloupe	
		Quebec*	Martinique	
		Aruba		
		Curacao		

目前的區域	目前的通道	潛在的通道	後殖民地國家	抗拒／分離的國家
		St. Martin		
		No. Mexico*		
		Puerto Ricot		
南美洲				S. Brazil*
海洋歐洲及馬格里布	Andorra	Gibratar**	Canary Islands*	Crete*
	Luxembourg	Azores	Eaeroe Islands+	Greenland
	Malta	Catalonia*	Mandera Islands*	N, Ireland++
	Monaco	Vasconagadas*		Scotland
	Finland			Sicily
	Tunisia			Brittany
				Corsica*
				Flemishland**
				Trentino-Alte
				Adige*
				Wales*
				Wallonia
				Kabylia
				(Algeria)*
環太平洋	Taiwan	Guam	American	Ryukyu Islands
	Singapore	S.W. Australia*	Samoa	S. Philipinest
			French	Aceh

目前的區域	目前的通道	潛在的通道	後殖民地國家	抗拒／分離的國家
			Polynesia	Irian Jaya
			New Caledonia	S. Molucca
心臟地帶		Russian Far		Chenchnya*
				Tuva
				Yakutia*
				Abhazia**
中亞	Caucasus -			
中國		China Golden Coast*		Tibet
				Xinjiang
南亞	Indonesia			
		Pakhtoonistan		Baluchistan
		TamilNadu		Kashmir++
		Tamil Eelamt		Nagaland
				Kalisyan*
				Unified Cyprus++
中東	Bahrain	Mt. Lebanon		Arab Palestine
	Cyprus			S. Iraq
				Kurdistan
				Unified Cyprus++

目前的區域	目前的通道	潛在的通道	後殖民地國家	抗拒／分離的國家
	Latvia	Crimea++		Kosovo*
	Finland			
	Slovenia			
次撒哈拉非洲	Djibouti	Zanzibar	Mayotte Island	Cabinda
	Eritrea		Reunion Island	*Cape Province*
				Somaliland
				S. Sudan
				Shaba
				S. Nigeria

* Quasi-state(Statelet)

**Condominium

+Two stages: Quasi-state to independence

++ Two stages: Condominium to independence

第四節　民族國家與世界秩序

1. 民族國家的擴散

90 年代上半世紀，民族國家的數量增加了三倍，從 1945 的 86 個增加到 1991 的 165 個，目前 200 個。經由公投或衝突，未來半世紀，國家實體可達 250-275 個。現存國家也可能退化成鬆散之邦聯。

國家的擴散是兩股力量的結果：①要求獨立與②現存主權國家之分裂。還有四十個未獨立，或為軍事基地，或太奢侈，或於已有利。另有一些潛在的新

國家，它們是「抗拒-脫離」(rejectionist-separatist)之地區如發生內戰、游擊戰、積極或明顯追求獨立以達成完全獨立或半獨立(quasi-independence)。這些地區大多在歷史上據核心地區，維持語言、文化、宗教、部族特色，經濟活躍，有資源基礎，如：印尼亞齊(Aceh)的石油、天然氣，印尼西巴布亞省(Irian Jaya)的銅、黃金，肯亞砂埧省(Shaba)的銅、錫、鈾、鑽石、肥沃草原，新疆的石油、天然氣，南奈及利亞的石油、天然氣，印度旁遮普(Punjab)的稻米，有印度穀倉(granary of India)之稱。錫克(Sikh)教信徒想另立為卡立斯坦(Kalistan)準獨立的國家，可解印度東部旁遮普省的長期衝突。

另外，有兩種特殊情況的國家：

(1)準國家(quasi-states)某些地區只能有合乎形式的主權(qualified forms of sovereignty)，成為準國家。它們通常缺乏獲得完全獨立的軍事能力。一些準國家採取合作公寓(condominium)(共居)的組織形式，兩個大國共同監督國防外交等功能。政治上自由活動的寬鬆度，如可成為聯合國會員國，如蘇聯時期的白俄羅斯與烏克蘭。此種地位特別適合魁北克(Quebec)，巴斯克自治社區(Vascongadas/Basque Country)，加泰羅尼亞/巴塞羅那(Catalonia/Barcelona)，蒙特內哥羅(Montenegro)，臺灣，中國的黃金海岸，喀什米爾(Kashmir)。奈及利亞西南動亂的約魯巴(Yoruba)和東南的伊博(Ibo/Igbo)可合組南奈及利亞，加入聯合國。

二十一個潛在通道的國家如中國的「黃金海岸」，俄羅斯遠東，蒙特內哥羅可連接戰略區域及其鄰國。若桑吉巴(Zanzibar)脫離坦尚尼亞，則可以其作為邊境之歷史角色連接次撒哈拉非洲、中東與南亞之邊境通道。獨立之波多黎各(Puerto Rico)可為南美與北美的橋樑。若巴斯克，加泰羅尼亞/巴塞羅那，直布羅陀(Gibraltar)獨立，則有助於歐洲整合。

(2)衰敗的國家(failed state)：分裂、戰爭蹂躪，缺乏內聚力的國家，政府崩解至無政府狀態。如阿富汗，波士尼亞，東帝汶。解決之道有：全面的發展計劃，尋找合作的新機制，與聯合國，其他國家或組織調解分離爭端。

(1)可能的發展

現今區域（二級）國家如伊拉克、奈及利亞、巴基斯坦，領土可能消失，淪為三級國家。①伊拉克可能分成：北方庫德(Kurd)，南方什葉(Shiite)，巴格

達為中心之遜尼(Sunni)。②奈及利亞：穆斯林和北方原教旨豪薩(Hausa)人及南方石油豐富之約魯巴與伊博族。③巴基斯坦：北-西普什圖(Pashtu)，部落地區，和南、西普什圖。④阿富汗：普什圖尼斯坦(Pakhtoonistan)；北方的喀什米爾(Kashmir)；凱達(Quetta)為中心之西南方游牧民族。⑤巴基斯坦之旁遮普省(Punjab)與印度洋岸之信德省(Sind)。

(2)區域強權雖分不變

①加拿大可分成：魁北克和英屬哥倫比亞(British Columbia)，②南非可分出：開普頓省(Cape Province)，③澳大利亞可分出：西-南澳大利亞(South-West Australia)，分家後準國家經濟發展會更盛，因經濟更自由，政治緊張減低。

土耳其的庫德斯坦(Kurdistan)若獨立，不會影響土耳其在安那托里亞高原(Anatolia)中心和海岸邊緣之核心地位。

印尼如被剝奪蘇門答臘(Sumatra)北部尖端之亞齊(Aceh)，南摩鹿加(South Moluccas)和西巴布亞(Iriyan Jaya)，仍將繼續從爪哇(Java)和中、南蘇門答臘發揮其區域影響力。無需應付三分離地區之叛亂，雅加達(Jakarta)政府可專心建立更有凝聚力的國家和全力發展經濟。然而，若整個蘇門答臘都隨著亞齊離去，印尼將退回人口過剩的爪哇核心和附屬小島。若失去蘇門答臘的石油、天然氣和其他礦產（占全國總量 70%），印尼將淪為三級國家。

海洋歐洲的國家擴散有正面影響：區域專殊化與整合。也有負面影響：影響力減弱。例：英國失去蘇格蘭(Scotland)（公投未過），西班牙失去加泰羅尼亞。

印度領土變更不影響其強權地位，反可因脫離地區不再消耗軍經資源而更強化力量。最南方之泰米爾納德邦 Tamil Nadu 種族和語言與印度不同，與北方之喀什米爾衝突所耗甚巨，若與巴基斯坦共組主權國家，對印度有利。

半獨立之錫克(Sikh)國，卡利斯坦(Kalistan)，可解除與印度之衝突。錫克好戰份子之宗教為印度教 Hinduism 與蘇菲主義 Sufism 之結合，他們為求獨立已在印度的旁遮普省(東)和哈里亞納邦 Haryana 製造恐怖。印度不能讓它獨立之原因是它的戰略位置鄰接旁遮普省(西)，為巴基斯坦之心臟。若讓其獨立，可解數十年之衝突，對印度有利。印度極東北方之那加蘭邦 Nagaland 若獨立對印度經濟及安全無妨害。若無這些分離地區，印度可為有凝聚力之國家，更

能因大幅減輕國防支出而現代化其經濟與服務業。

若圖瓦(Tuva)為獨立實體，車臣、雅庫特(Yakutia)、俄屬遠東為準國家，對俄羅斯強權地位幾無影響。其實，俄羅斯若放棄在車臣長期之衝突，將可更強大，但莫斯科已於 1999 第二次車亞戰爭全勝，使其歸順。南西伯利亞之圖瓦，與蒙古接壤，說土耳其語，信佛教，長久以來尋求獨立，莫斯科若准其獨立，無損俄羅斯國家利益。雅庫特、俄屬遠東之準國家地位可正常化早已存在之自治情況。

中國之西藏、新疆若脫離，將有負面之戰略影響，也將失去新疆之石油與天然氣。臺灣若為準國家，可解兩岸衝突，但臺灣主流民意是反共的。

中國的「黃金海岸」若為準國家，可使東南沿海區域工業成功並加速經濟發展。華北與內陸亦可不再受限於北京，且可因黃金海岸工業產生之資本剩餘而得利。

這是最廣闊的(extensive)層級發生在宏觀順次序(macro-order)或稱存在於。或稱存在於中間次序(order) middle 間。(overriding factor) (subsumed)（2017/7/28 新聞報導）。破碎地帶又稱為"Crush Zone" 或"Shatter Zone"

2. 地緣政治與一般體系(General Systems)

把世界視為一個一般體系可提供一分析模式，分析政治結構與其地理環境之關係。這些互動產生地緣政治力量，形成地緣政治系統，顛覆之，進而導致新層次的均衡。要瞭解系統的演進，應用衍生自社會學、生物學、心理學等理論之發展的研究途徑是有用的。

發展的研究途徑認為系統以各種可預期的結構方式演進，是對外力開放的，其層級、規模和不定形是重要的特徵，並且它們是自我修正的。

1860s，英國社會學家史賓賽(Herbert Spencer)假設國家與土地是社會組織與物質機制的結合。加上生理學家維爾納(Heinz Werner)和奧地利心理學家貝塔朗非(Ludwig von Bertalanffy)奠定了空間結構的地緣政治理論。該理論是全體觀的(holistic)，是關注互聯之部分的秩序與過程，是應用政治領土層級之所有層次，從次國家到國家到超國家。將這種演進原理應用至地緣政治結構，系統循以下階段演進。①最早期是不分殊的(undifferentiated)或原子化的

(atomized)。如封建時代，領土各部分是不互聯的，其功能是一致的(identical)。②分殊化(differentiation)。各部分有可辨別之特徵，但仍是孤立的。後威斯特法利亞 post-Westphalian 歐洲，或 1950s 後殖民主義國家，直到 1970s，所有國家均思自足並彼此映似。③專殊化(specialization)，接著是④專殊化的整合(specialized integration)。不同領土部分之互補產出，其交換導致系統整合。系統各部分是層級式排序的，效率累增，一層次完成某一功能後，其他功能交給不同層次的某些單位。促使系統平衡之動力是較不成熟的部分提昇至較高層次。

目前，世界地緣政治區域依以下階段運作：

(1) 專業整合的海洋歐洲和馬格里布；

(2) 專業化的北、中美洲，環亞太；

(3) 分殊化的俄羅斯心臟地帶，中國，中東，南美洲，東歐，南亞；

(4) 不分殊或原子化的外高加索及中亞，東南亞(Indochina)，次撒哈拉非洲。

地緣政治體系與物質體系相似之處在於它們可能耗盡物質與人力資源，那是它們權力的基礎，除非它們能夠從外部取得能源再生其體系。過去，帝國可剝削殖民地和征服以重生。今天，可由交換以取得能源。蘇聯崩潰是因消耗超過收益。新加坡則由出口服務與產物換取商品與理念。大多數海洋國家經由國際交換以維持能量。大陸國家特別封閉，能量日益減少，既不能影響外在世界，也不能維持國內系統。

3. 均衡、動盪、與世界秩序

新的世界秩序為何？主要強權能集體行動，穩定及強化國際體系嗎？

美國高科技武器的全球優勢，卻不能昇華為泛美和平。美國未能達成反恐聯盟。聯合國安理會加印度仍有穩定全球體系的重要角色。

我們如何看待全球穩定是一個概念與觀點的問題。與其討論「世界秩序」，不如講「全球均衡」，因全球穩定是均衡過程的函數，而非秩序。秩序是靜態的。它講的是固定的安排，正式的處理或排序，需要強力的規則，精確定義劃界之所在。它要由霸權或共識設計出藍圖，在詳盡規劃之結構裡各適其

所。本質上，秩序意味著外在的規範。

　　均衡是動態的。均衡是開放系統中，相對影響力與力量之間的動態平衡。在新重量與刺激帶來動盪後，重獲平衡。在理想狀態下，可經由自我修正重獲平衡，正如亞當斯密 Adam Smith 所言，看不見的手，或人民的理性自利來調整。

　　當然，由於統治菁英的自利，自我調整常常不會發生。由於缺乏理性，戰爭、恐怖主義、經濟貪婪、環境惡化可能因此達到臨界點。太過份時，就會反彈、修正、出現新規則。動盪帶來改變，改變帶來平衡。蘇聯瓦解不是全球洪水的催化劑(Immanuel Wallerstein, George Modelski 如此假設)，蘇共消失只引起啜泣，沒有大爆炸。共產黨政權只是自由化更開放，結束時只引起小小震顫。

　　後冷戰不同於冷戰期間之處不在於戰爭或內亂較少或較不致命，而在於地理位置改變。冷戰結束後，衝突地點轉向巴爾幹半島和前蘇聯邊緣。只有次撒哈拉非洲未變，中東衝突只限於以巴、阿富汗、蘇丹。全球恐怖主義遍及各地，不分強弱大小。變遷與動盪糾纏不休，這是動態均衡過程的不幸特徵。由於影響範圍的重疊與全球貿易和通訊，層級更有彈性，國家與區域體系更開放。同時，權力擴散與分權使體系更複雜，但衝突已限於地區內，國際恐怖主義除外。一二級強權要合作解決衝突，維持動態均衡。

第二章　現代地緣政治學的發展

　　第一次世界大戰(Word WarI, WWI)前後是現代地緣政治學最蓬勃發展的時期。以下略述現代地緣政治學發展的五個階段，和重要的人物與事蹟。

第一節　階段一：競逐帝國霸權（1850-1950）

　　該階段理論家所秉持之原則與法則反應出他們的國家觀與經驗，其特徵為：①現代地緣政治學的奠基與帝國霸權之競逐，②激烈的民族主義和國家擴張主義，③深受社會達爾文主義(Darwinism)影響。

(1)拉采爾(Friedrich Ratzel, 1844-1904)

　　德國政治地理學之父，自然科學家，他首先有系統地研究空間(space)與位置(location)，所以他無疑是現代地緣政治學的奠基者。國家被視為固定在土地(soil)上的有機體，其精神亦來自與土地之聯繫。他的地理法則關注在空間(space, *raum*)──一群生活在此空間的人其政治性格與此空間相互依存，與位置(location, *lage*)──使空間具有獨特性，邊界(frontiers)是國家的皮膚或外圍器官(peripheral organs)。[1] 這種國家成長的有機論(organic theories of state growth)正適合德國的觀點。

---

[1]　轉引自 Saul Bernard Cohen, ,*Geopolitics of the World System* (New York: Rowman&Littlefield Publishers, Inc., 2003) pp.12-13.

Friedrich Ratzel (1844-1904)

(2)馬漢 (Alfred T. Mahan, 1849-1914)

美國海軍上將馬漢，海軍史家，海軍戰爭學院第二任校長，主張歐亞為中心的全球觀點。經由巴拿馬(Panama)與蘇伊士(Suez)運河連接而投射出去的北半球陸地是世界權力之鑰，在該半球，歐亞是最重要的組成部分。俄羅斯是亞洲陸權之主宰，其位置使其無法被攻擊。然而，俄羅斯的封閉又是其缺點，因海上運動仍優於陸地運動。

他與史派克曼(Nicholas J. Spykman, 1893-1943)的觀點有共同之處，即：亞洲第二、三平行線之間有一個關鍵的衝突地帶，是英(海權)俄(陸權)交會之處。英美同盟掌握環歐亞之關鍵基地將主宰世界。他預測美英德日同盟將有一天對俄中採取共同之對策。美國邊疆史終將結束，眼光已轉向成為世界強權的新角色。美國將成為歐洲權力與文明的前哨，其太平洋沿岸與島嶼將成為大西洋與歐洲範域的延伸。美國因此位處於兩個全球架構重疊之處，一為西半球，一為東半球(亞洲)。馬漢(Mahan)(海權)與麥金德(Mackinder)(陸權)的世界觀正好相反。

馬漢(Alfred T. Mahan)擁護「藍海戰略（blue water strategy）」，強力支持美國兼併菲律賓(Philippines)，夏威夷(Hawaii)，關島(Guam)，波多黎各(Puerto Rico)控制巴拿馬運河區(Panama Canal Zone)；輔導古巴(Cuba)。他的著作幫助

美國結束孤立主義，並大力影響麥金萊(William McKinley, 1861-1865)和小羅斯福(Theodore Roosevelt, 1901-1909)政府的外交政策。特別是小羅斯福採納了馬漢建立強大海軍之呼籲並擴大了地緣政治觀。

　　馬漢的巨著 *The Influence of Sea Power Upon History, 1660-1783* (1890)將海洋視為文明的「公產」（commons），他認為海權經常是全球政治鬥爭的決定性因素。馬漢在 1902 製造「中東」（Middle East）一詞來表示阿拉伯和印度之間的地區，對海軍戰略有特殊重要性。馬漢將印度洋和太平洋視為地緣政治命運的絞鍊，因為它們讓一個海洋國家得以將力量投射到歐亞大陸邊緣，而將政治影響深入中亞。馬漢的思想解釋了為何印度洋是 21 世紀地緣政治競爭的心臟，也說明了為何至今仍為中印戰略家的必讀。

Alfred T. Mahan (1849-1914)

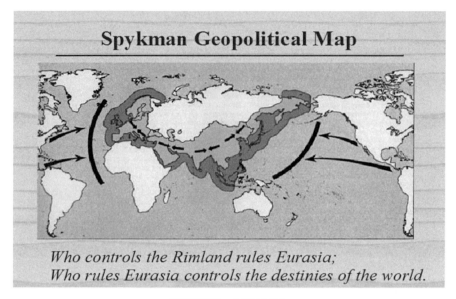

Who controls the Rimland rules Eurasia;
Who rules Eurasia controls the destinies of the world.

亞洲第二、三平行線

(3)麥金德(Halford Mackinder, 1861-1947)

麥金德在英國把地理學建立成一門大學學科。他預見了維多利亞時代(Victorian era, 1837-1901)保守主義的結束,當海權不再是世界霸權的保證時,他關切的是大英帝國政商工業的領先地位。隨著跨大陸鐵路的來臨(The Union Pacific 1869, Berlin-Baghdad via Anatolia 1896, Trans-Siberian, 1905),他認為歐亞大陸國是英國世界霸權的威脅。

對麥金德而言,地理的現實在於:位置的中心便利性(centrality)和思想、財貨與人民有效運動的利得。1904年時,他把歐亞大陸的內核地區(inner area)理論化為世界政治的樞紐地區(Pivot Area)(下圖),其特徵為河水流向內陸(interior) 或北極,不為海權所滲透。他警告:統治世界最大的大陸塊將成為世界的主宰,因為鐵路比船隻更有時間與距離的優勢。一個歐亞大陸的國家如俄羅斯、德國甚或中國,尤其是俄德聯盟,控制了樞紐地區,就會將海洋世界擠到側翼。十一年後(1919),英國地理學家斐格萊(James Fairgreeve, 1870-1953),引進了心臟地帶(Heartland)一詞,認為中國有絕優的位置來主宰歐亞大陸。

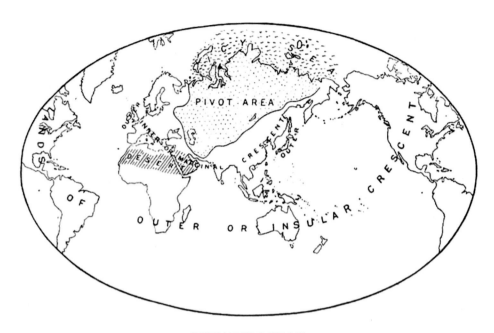

樞紐地區與心臟地帶

Halford Mackinder (1861-1947)

　　他在 1904 對倫敦皇家地理學會的一篇演說「歷史的地理樞紐」（The Geographical Pivot of History）是地理學的原型。他的主題有一個優美的總結：「人而非自然是發動者，但是大部分時候是自然在控制著。」他的主題是：俄羅斯、東歐、和中亞是樞紐(軸心)，世界帝國的命運則是圍繞著它而開展。在後來出版的一本書裡，他把這個區域稱為心臟地帶(heartland)。圍繞著它的歐亞大陸是四個邊緣地區(marginal regions)，其上有四大宗教。這不是偶然，因為信仰是地理的函數。有兩個季節雨的地區(monsoon lands)：東部面臨太平洋的地區是佛教(Buddhism)的發源地，南部面臨印度洋的地區是印度教(Hinduism)的發源地。第三個是西面受大西洋滋潤的歐洲，是基督教的發源地。最破碎的是中東，伊斯蘭教(Islam)起源於此。由於地近非洲而缺少濕氣，人口稀少(1904 時)。

　　他察覺到歐洲各帝國已無空間可供擴張，因此它們的衝突將是全球性的。無論如何模糊，他已預見到了兩次世界大戰。

　　麥金德視歐洲歷史為亞洲的「附屬」，因為歐洲文明只是對抗亞洲入侵的結果而已。他寫道：歐洲成為一個文化現象，只因地理之故。錯綜複雜的山脈，河谷，半島；北地冰封，西困大洋；南面也為大海和撒哈拉沙漠所堵；東面則遭遼闊的俄羅斯威脅。在如此一個受限的地貌裡，遊牧的亞洲入侵者從無遮的大草原一波波地傾洩而來。Franks, Goths, Roman 各省在抵抗這些入侵者時奠定了現代法國的基礎。同樣地，歐洲列強隨著對抗亞洲遊牧民族而茁壯。麥金德認為，是塞爾柱土耳其(Seljuk Turk)對耶路撒冷基督教朝聖者的虐待，才使得歐洲開始了集體的現代史。

　　同時，俄羅斯雖有森林的保護，仍在 13 世紀時受到蒙古金帳汗國的肆虐，入侵者瘋狂毀損也改變了俄羅斯。但是由於歐洲對此所知不足，俄羅斯乃得以崛起而參與世界的競爭，但此時的俄羅斯卻難以接近歐洲文藝復興的薰陶。由於俄羅斯曾被殘酷地征服，所以俄羅斯沈迷於領土的擴張。

　　麥金德又寫道：哥倫布時代的關鍵發現只是強化了地理這個殘酷的事實。中世紀的歐洲人大都局限在陸地。但是繞過好望角通往印度的航路被發現後，歐洲人突然可以接近整個南亞洲邊緣地帶，新世界的戰略發現更不在話下。麥金德告訴我們：當西歐以他們的艦隊鋪蓋著海洋時，俄羅斯正以同樣驚人的速度在陸地上擴張。21 世紀中期以後，美俄在阿富汗、伊拉克、中亞、高加索

的鬥爭主宰了歐亞大陸。中國的人口則挫敗了俄羅斯的東進。

　　地理決定論橫跨一世紀，因為它認識到人類最深刻的鬥爭不在思想，而在於對領土的控制，特別是在歐亞大陸的心臟地帶與邊緣地帶。當然，思想是重要的，它們也延伸了地理。然而，思想也得堅守某種地理的邏輯。共產主義和蘇聯的大陸權相吻合，自由主義在英美海權國家和海島國家生根。這種決定論可厭但又不可忽視。

　　在從前，散居的地理可做為安全機制，現在，空無的空間日益消失，地球的有限容量已成為不穩定的力量。今天的歐亞大陸正在縮小，縮小歐亞大陸的力量之一是科技，尤其是軍事上的應用，崛起的強權將這種力量賦予國家。使得地理不但不能做為緩衝墊，反而成為無處可躲的囚徒。例如，從以色列到北韓的許多國家都在發展彈道飛彈和毀滅性軍火，無人可免於危害。

　　另一個力量是人口成長。18 世紀英國哲學家馬爾撒斯(Thomas Malthus)，一位極為決定論的思想家，他把人類視為一個物種，而非自主的個人，只反應物理環境。隨著世界糧食與能源的價格波動，馬爾撒斯日受敬重。過去三十年，喀拉蚩（Karachi）或加薩（Gaza）的貧民窟已成為大城市。年輕人為爭奪稀少的資源而衝突。未來二十年，阿拉伯世界的人口將倍增，地下水將枯竭。

　　麥金德的理論要大加修正了。因為歐亞大陸的地圖已縮小，也住滿了人，區域研究(area study)所刻意劃分的區域已消除了；麥金德把歐亞大陸劃分為一個軸心(pivot)和附屬的邊緣地帶(marginal zones)也不管用了。美、俄、中、印都能從非本土攻擊敵人。與麥金德的理論相反，歐亞大陸已經重塑成一個有機體了。

　　競爭深化了連結，轉變中東、中亞、印度、太平洋成為一廣大的連續體，使麻六甲海峽（Strait of Malacca）成為兵家必爭之地。回教國家捲入其中，因地緣之故，而非宗教。旬山主義(Zionism)有思想力量，但以巴土地之爭，說到底，仍為地理決定論。歐亞大陸亦然。

　　國家控制事件之力量已淡化，甚至摧毀消失。對於弱小國家尤其明顯，如臺灣。邊界崩潰，更易滲透，只餘河流、山脈、沙漠、和其他長存之地理事務。地理景觀之物理特徵，可能成為唯一可靠之標誌，使吾人了解未來之衝突狀態。就像地殼裂縫造成物理上之不穩定，歐亞大陸也有一些地區容易產生衝

突。這些地區是「破碎地帶」(shatter zones)，常常內爆（implosion）或爆炸，或維持脆弱的平衡。它們都在歐亞大陸的內核(inner core)：大中東也，在地中海和印度次大陸之間，全球強權政治主要轉變之處。科技進步和人口爆炸使大中東更動盪。否定地理的事實只會帶來災難，而使我們自己成為地理的犧牲者。

在 *Democratic Ideals and Realities*(1919)一書中，麥金德開始採用心臟地帶(heartland)一詞。其名言：誰統治東歐，就將主宰心臟地帶；誰統治心臟地帶，就將主宰世界島；誰統治世界島，就將主宰世界。「Who rules Eastern Europe commands the Heartland: Who rules the Heartland commands World-Island: Who rules World-Island commands the World.」(1919)。麥金德將世界視為一封閉系統，只有武力能改變權力平衡，雖然他也主張機會平等，各國均衡發展經濟。他擔心國聯(League of Nations)會變成不平衡的帝國(unbalanced empire)，墮落成為主宰世界的強權。他力主小國要聯合起來，阻止暴君稱霸，他是今日北約(NATO)的先驅。他也預見了二戰後北大西洋和亞洲心臟地帶強權聯合起來遏制德國。

麥金德在 1943 年時已放棄其名言，主張區域多元，各擁資源。心臟地帶已不含中西伯利亞，僅餘歐亞森林與草原帶。拉采爾之概念基於國家自給自足，封閉空間，極權統治。麥金德則強調國家合作，帝國民主化成為國協，保存小國。[2] 他曾任國會議員、駐南俄高級專員。主張優惠關稅以保護英帝國統一。其思想影響達半個世紀，幾代戰略決策者。其觀點亦影響寇松爵士(Lord Curzon, 1859-1925)之南亞與南俄政策，德國在兩次大戰期間之現實主義政治，及二戰後西方之圍堵戰略。寇松為英國政治家，曾擔任印度總督。

(4)杜黑和空權論

杜黑(Giulio Douhet, 1869-1930, 義大利人) 1921 出版制空論(*Command of the Air*)。制空權的定義是：一種態勢，能阻止敵人飛行，同時能保持自己飛行。主張先發制人，襲擊敵方並摧毀敵人的抵抗意志。他的基本觀點是：①立體戰場，②加強空軍建設，③總體戰：轟炸平民、運輸動脈等，可癱瘓人民意

---

2   Alford J. Mackinder, "The Geographical Pivot of History" London, 1904. Geographical Journal 23, no. 4(1904), 421-44. Reprinted in Mackinder, *Democratic Ideals and Reality* (London: Constable, 1915), 329-46.

志。(但反而可激起人民的抵抗意志和決心，並對有險可守、廣土眾民者無效。)事實上，經過二次大戰的驗證，空中轟炸的效果仍然有限，起決定作用者仍為陸軍。

Giulio Douhet(1869-1930)

(5)克哲倫(Rudolph Kjellen, 1864-1922)

克哲倫在 1899 年確定了地緣政治學(geopolitics)一詞。他是瑞典國會的保守黨議員。他把地緣政治學視為「關於國家的科學」，自然環境則提供了權力單位追求「殘酷之進步法則」所不可或缺的架構。他認為地緣政治學是理解國家的五個學門之首，餘為經濟(economy)地緣政治學、民主(demo-)地緣政治學、社會的(socio-)地緣政治學及官僚的(crato-)地緣政治學。由於他主張動態的有機論，所以他主張空間決定政治過程。更且，只有戰爭才能創造大國，所以他首先把地緣政治學視為戰爭的科學。[3]

---

[3]　轉引自 Saul Bernard Cohen, *Geopolitics of the World System* (New York: Rowman & Littlefield Publishers, Inc., 2003), 20.

Rudolph Kjellen (1864-1922)

(6)包曼(Isaiah Bowman, 1878-1949)

領銜的美國地理學家包曼，視國家間關係為一種演化性的鬥爭。不相信國際聯盟可為新世界之架構，認為不同之聯盟可因不同之功能而出現，用來促進合作，解決紛爭。

實用主義者，基於邊界、資源、少數民族，一個各部分不斷轉變之世界，無組織、不穩定、危險的，需要調解國際團體以減少危險。需要注意主權國家之利益，協調國際行動。呼籲成立國家間之結合以保障世界和平。這正是威爾遜總統(Woodrow Wilson/1913-21)所面臨之問題。[4]

Isaiah Bowman(1878-1949)

---

[4]　Isaiah Bowman, *The New World* (Yonkers-0n-Hudson, N.Y.: World Book, 1922), 1-2. 8, 11.

(7)布勞岱爾(Fernand Braudel, 1902-1985）

　　法國歷史學家布勞岱爾是另一位自由主義思想家，他的 *The Mediterranean and the Mediterranean World in the Age of Philip*(1949) 把人口學和自然帶進歷史，幫助吾人恢復地理的適當地位。他說明了：永久的地理力量造就持久的歷史走勢，預定了政治事件和區域戰爭。他舉例說明地中海沿岸貧瘠不良的土壤，加上旱潦不定的氣候，激發了古希臘和羅馬的征伐。換言之，我們自以為可以掌控自己的命運，看看今天的氣候變遷，北極融冰，石油與水的資源短缺，我們必須再次強調布勞岱爾的環境解釋事件。

Fernand Braudel (1902-1985)

第二節　階段二至階段五(1860-2020)

1. 階段二：地緣政治學(*Geopolitik*)(1860-1950)

　　該階段的德國的地緣政治學與第一階段幾乎重疊，但是因為它的偏激概念而自成一個階段，它也只有一個代表人物：豪斯霍佛（Karl Haushofer, 1869-1946）。德國在 WWI 慘敗，又受辱於凡爾賽條約(1919)，失去了許多土地；國內也有左派共產黨和右派法西斯軍國主義及保守貴族的圍困。在取消凡爾賽條約，恢復失土，復興德國的號召下，*Geopolitik* 就成為一門為德國服務的偽科學。

■ 豪斯霍佛 (Karl Haushofer, 1869-1946)

前軍事指揮官。生存空間(*Lebensraun* =living space) 加上自給自足(autarchy)成了德國 *Geopolitik* 的口號，導致衝突與總體戰(total war)。*Geopolitik* 主張：拉采爾的大國家(large states)，麥金德的世界島，和泛區概念(panregion)，並主張：德國的東西向擴張為不可避免。為主宰世界島，必須掌控蘇聯並摧毀英國海權。德國若控制歐洲(含東歐)，就能迫使蘇聯妥協。主張泛區主義：泛美、泛歐非、泛亞，美、德、日各為核心。曾有各種考慮：德俄同盟、泛俄-南亞結合、日中俄集團。德俄條約(1939)是基於德俄日形成歐亞泛區以主宰世界島之考量，希特勒侵俄又是另一考量。

德國學派不管這些矛盾，因 *Geopolitik* 不講客觀性，只想滿足國家與帝國之目標。各種思想如(*blut und boden*/blood and soil)和 *rasse und raum*(race and space)均依據意識型態，故有猶太人大屠殺和對斯拉夫人之殺戮。

希斯(Rudolph Hess)原為豪斯霍佛在 WWI 期間之副官，隨後為豪斯霍佛在慕尼黑大學(University of Munich)之學生。1923-38 豪斯霍佛因希斯而與希特勒(Hitler)接觸。豪斯霍佛的學說生存空間*(lebenstraum)*因此而融入我的奮鬥*(Mein Kampf)* 一書。希斯於 1941 逃往英國，豪斯霍佛的影響力也隨風而逝。豪斯霍佛曾因失寵而短暫入獄，其子參加謀刺希特勒之將軍集團陰謀(July 20 Plot)被黨衛軍(Schutzstaffel)殺害。豪斯霍佛與妻(猶太人)於 1946 自殺。[5]

(Karl Haushofer, 1869-1946)

---

[5] 轉引自 Saul Bernard Cohen, *Geopolitics of the World System* (New York: Rowman&Littlefield Publishers, Inc., 2003), 21-22.

2. 階段三：美國的地緣政治學

(1)史派克曼(Nicholas Spykman, 1893-1943)

荷蘭裔的美國戰略家史派克曼的靈感基本上來自麥金德，但結論與之相反。史派克曼提醒美國要注意德國主宰世界的危險，他覺得英美海權同盟結盟蘇俄陸權才能防止德國控制歐亞海岸線，並進而主宰世界島。

史派克曼認為歐亞沿海島嶼(包括海洋歐洲、中東、印度、東南亞、中國)都是控制世界的鑰匙，因其人口稠密、資源豐富且可利用它們的內陸水道。所以他說：「誰控制邊緣地帶，誰就統治歐亞大陸；誰統治歐亞大陸，誰就控制世界的命運。」(Who controls the Rimland rules Eurasia; who rules Eurasia controls the destinies of the World.)，史派克曼的邊緣地帶(Rimland)就是麥金德的新月形邊緣地帶(Marginal Crescent)。

不過，要完全掌握邊緣地帶仍有困難，因心臟地帶和外圍強權(Offshore powers)仍可壓倒邊緣地帶。美國在越南的失敗即為一例。

史派克曼將印度洋和太平洋沿岸視為主宰歐亞大陸之鎖，也是扼制俄羅斯陸權的天然工具。在他去世前(1943)，他就預料了中國的崛起，以及美國必須防範日本，即使美國正在作戰解放歐洲。史派克曼也警告：戰後一個整合的歐洲強權的崛起終將成為美國的麻煩。這就是地緣政治決定論的先見。[6]

Nicholas Spykman (1893-1943)

---

[6] Spykman, Nicolas, *America's Strategy in World Politics* (New York: Harcourt, Brace, 1942), 457-72. Spykman, Nicolas, *The Geography of Peace* (New York: Harcourt, Brace, 1944), 38-43, 51-56.

(2)其他理論家

①George Renner(1900-1955)：在 1942 主張穿越北極(Arctic)冰原（ice field）已經把歐亞心臟地帶和英美心臟地帶連成一個新的北半球心臟地帶。北極做為世界舞臺的軸心，是心臟地帶之鑰匙，因此可以控制全世界。② Alexander P. de Seversky(1894-1974)：生於俄國，航空世家，1927 歸化美國。觀點相近。但他未能預見能互相毀滅之多極強權的世界。主張戰略轟炸，著有 *Victory Through Air Power* (1942)，連續四週暢銷五百萬本。但他未能預見能互相毀滅之多極強權的世界。③英國的 Sir John Slessor(1897-2018)力主空投核子武器以阻止全面(總體)戰(total war)。

George Renner(1900-1955)

Alexander P. de Seversky(1894-1974)

3. 階段四：冷戰時代的國家中心論(state-centered approach)vs.普世(univeralistic)/整體(holistic)論

(1)國家中心論的地緣政治學有五種理論

理論一：George Kennan 在 1946 警告蘇俄擴張主義的歷史必然，反共主義視之為圍堵(containment)的理論基礎。[7] Churchill 的 1946 鐵幕(Iron Curtain)演說和 1947 的杜魯門主義(Truman doctrine)使其正式成形。早期的支持者有 Dean Acheson, Paul Nitze, John Foster Dulles, Dwight Eisenhow, 後來加入的有 Henry Kissinger, Richard Nixon, Zbignew Brzezinski, Alexander Haig, 使圍堵成為美國外交政策的基石。它的缺陷是蘇中後來跳過邊緣地帶，直接滲入亞非拉。

理論二：於是西方不自限於圍堵，乃採取遏制(checking)，本來支持自由與民主化的美國於是改取現實主義，支持右派獨裁者以阻擋共產主義。

理論三：骨牌理論(domino theory)首先由 William Bullit(1891-1967)於 1947 提出。他擔心蘇共權力將經由中國擴散至東南亞，這是 Kennedy 和 Nixon 介入越戰的原因。科索沃(Kosovo)戰爭除了人道主義的考量，也是要阻止阿爾巴尼亞(Albania)的復國主義(irredentism)威脅到馬其頓(Macedonia)、保加利亞(Bulgaria)和希臘。北約於 1998 年空襲南斯拉夫，理由相同。

理論四：連鎖(linkage)是 Henry Kissinger(1923-2018)於 1979 提出的地緣政治理論，他也一手把權力平衡帶進地緣政治。連鎖基於網絡(network)，美國介入其中一點終將影響超強之平衡。連鎖亦可用於與蘇聯和中共之和解(detent)，及聯中(accommodation)制蘇。

理論五：圍堵與防蘇之鑰匙在於美國能控制關鍵(linchpin)國家，其地理位置使其可施加軍經影響力，或軍事上據有重要之地緣戰略地位。關鍵國家為德國、波蘭、伊朗、巴基斯坦、阿富汗、南韓及菲律賓。它們可以有效圍堵俄羅斯，保護歐洲和日本，必要時可防中共。其弱點為：①忽略中國和印度的地緣政治的內在位置和力量，並②低估強權與弱小不穩定國家結盟的代價。

---

[7]　George, Kennan, "The Resource of Soviet Conduct", *Foreign Affairs* 25 (1947): 556-82.

George Kennan（1904-2005）

(2) 普世觀的地緣政治學(Universalistic Geopolitics)強調普世/整體的世界觀和地理空間的動態性。

　　有三個研究途徑：①多元中心的國際權力體系，②經濟上單一的世界體系，③環境和社會有序的地緣政治。彼得泰勒(Peter Taylor, 1944-2018)和華勒斯坦(Immanuel Wallerstein, 1930-)不看東西衝突，而看南北經濟差異，中心與邊陲。[8]另有法國的拉科斯特(Yves LaCoste)創立「new」*geopolitique*，和雷克呂斯(Elisee Reclus, 1830-1905)關心生態和環境、貧困和資源耗竭，主張取消國家，全球合作。[9]

---

[8] Peter J. Taylor, *Political Geography*, 2d ed. (Harlow, England: Longman Scientific and Technical; New York: Wiley, 1989), 2-41; Immanuel Wallerstein, "European Unity and Its Implications for the Interstate System", in *Europe: Dimensions of Peace*, ed. B. Hettne, 27-38 (London: Zed, 1988). Wallerstein, "The World-System after the Cold War", *Journal of Peace Research* 30, no.1(1993), 1-6.

[9] 轉引自 Saul Bernard Cohen, *Geopolitics of the World System* (New York: Rowman&Littlefield Publishers, Inc., 2003), 27.

Immanuel Wallerstein（1930- ）

4. 階段五：後冷戰時代：競爭(competition)或適應(accommodation)？

(1)樂觀者如福山(Francis Fukuyama, 1952-)：馬列主義漸成過去，西方的自由民主與市場資本主義的勝利預示著一個普遍的同質的狀態。在這種天下定於一、理想化的世界觀裡，地緣政治已無用處。其後修正為：文化與經濟不可分。[10]

(2)冷戰結束使布希(George Bush)總統倡議：新世界秩序(new world order)。1990 他在國會演說，認為美國已是全球霸權，可更安全地追求和平。[11]

(3)哈佛大學商學院的卡普蘭 Robert Kaplan(1940-)則認為：現在是無政府狀態的地緣政治。他指出世界分裂成北富南貧，尤其是非洲、一片混亂，這種情形被稱為是人類的 *Last Map*。

(4)布里辛斯基(Zbigniew Brzezinski, 1928-2017)：美國要在歐亞大棋盤裡取得優勢，力阻俄中伊朗聯手，並避免俄羅斯戰略控制「近鄰(near abroad)」國

---

[10] Francis Fukuyama, *The End of History and the Last Man?* (New York: Free Press, 1992), 199-208, 286-99; Fukuyama, *The Great Disruption: Human Nature and the Reconstitution of Social Order* (New York: Free Press, 1999), 10-26, 187-93, 249-82.

[11] George H. W. Bush, "Toward a New World Order", 11 September 1990, *Public Papers of the Presidents of the United States, George H. W. Bush, 1990* (Washington, D.C.: Government Printing Office, 1991).

家。季辛吉則簡化地認為：美國要確保沒有崛起的強權與其對抗。[12]

(5)杭亭頓 Samuel Huntington(1927-2008)認為文明斷層線(fault line)將是戰爭線。但美國要分而治之，讓不同的文明互鬥，但不要在美國國內鬥。

(6)批判的地緣政治學(John Agnew 和 Gearoid Ó Tuathail)質疑權力如何運作並如何可被挑戰？他們提出論述(discourse)的分析方法：修辭學(rhetoric)，隱喻(metahpors)，象徵主義(symbolism)，女性主義(femeinist)。可以用各種研究途徑（approaches）來研究國家安全，社會運動，激進的和參與式的民主等課題。

美國的聯中抗蘇使得中共在蘇聯解體後迅速崛起，但中共並未在成為世界第二大經濟體之後，走向政治的民主化，反而更加集權專制，使得世界局勢益加詭譎多變。人類文明的前途更為崎嶇難行，競爭或適應，不容樂觀，需要更多的努力！

Francis Fukuyama(1952-)

---

[12] Zbigniew Brzenski, *Game Plan* (New York: Atlantic Monthly Press, 1986), 52-65.

Robert Kaplan(1940-)

Zbigniew Brzezinski（1928-2017）(*photo* 2014)

第三章 冷戰與地緣政治的重構(1945-2020)

第一節 時期一：1945-1956 核子僵局與核子嚇阻：劃定圍堵圈

　　這段時期有幾件大事：柏林封鎖(1948)，蘇聯原爆(1949)，韓戰爆發(1950)，蘇聯試爆氫彈(1953)，北約 (NATO,1949)成立，北約擴大(1952)，希臘、土耳其加入，南斯拉夫與希臘、土耳其簽軍事條約(1954)。華沙公約(Warsaw Pact ,1955)成立。杜魯門主義(Truman Doctrine)加馬歇爾計畫(Marshall Plan)援助歐洲，美國參加韓戰與美國試爆氫彈(1952)，這些都是二戰後美蘇間一連串的大事。期間還有一些國際政治上的合縱連橫：1954，曼谷(Bangkok)成為東南亞公約(South East Asia Treaty Organization/SEATO)總部所在，締約國有美、英、法、澳、紐、巴基斯坦、泰、菲。弱點是：僅巴、泰位於東南亞。1977，美軍撤出越南，東南亞公約解散。東南亞立刻成為破碎地帶。

　　1955，英、美、土、伊拉克、伊朗、巴基斯坦組巴格達公約(Baghdad Pact)，1959，伊拉克退出，公約崩解。其餘另組中央公約組織(Central Treaty Organization，CENTO)。

　　東巴/西巴，同屬中東與南亞國家，地理上，人格分裂。

　　蘇俄防禦網外推 (根據二戰經驗)，波蘭為蘇聯防禦罩之鑰。蘇聯主要領土目標為德俄之間的波蘭和東歐，1945，雅爾達(Yalta)密約和波茨坦會議(Potsdam Conference)承認中歐、芬蘭極北、南歐之附庸(Vassal)共產黨國家為蘇聯之勢力範圍。蘇聯在此建立警戒線(cordon sanitarie)，預防德國再軍事化。

　　印度中立(1950s)，防蘇、中、美。主因為：與蘇聯在意識形態上的差異，害怕中共威脅印度的領土完整，懷疑美國要在戰略上主宰印度並在全世界

推行美國式的資本主義。

1953，緬甸孤軍被聯合國迫離。

1946-1954，法軍與越共纏鬥多年，1954，奠邊府(Dienbienphu)之役，法國同意停火，劃 17°線為界。但越共仍從河內打到西貢，越戰使越南成為破碎地帶。

印尼蘇哈托(Sukarno)總統時期(1949-66)，共產黨叛亂，印尼成為破碎地帶。

1951，簽訂美日安保條約，預防蘇聯侵略北方四島。

1955-1956，簽訂中美共同防禦條約。

1953，38°停戰線使兩韓分裂。蘇聯因韓戰援建中共空軍，卻使中共從衛星國成為夥伴，終於在史達林(Stalin)死後與蘇聯分裂。

北極覆蓋著心臟地帶的北緣。當雙方均可利用長程轟炸機和巡航於北極冰帽下的潛艇以核子武器互相嚇阻時，冷戰的平衡就繼續維持著。

1956，時期一結束，美蘇核子恐怖平衡，中蘇分裂開始。

第二節　時期二：1957-1979 共黨滲入海洋範域

1. 共黨深入海洋範域

1957 蘇聯發射史波尼克(Sputnik)，1958 美國發射探險家 1 號(Explorer I)，同年，蘇聯發展洲際彈道飛彈(Intercontinental ballistic missile/ICBM)。1961，美國核子試爆。1961，建立柏林圍牆。1962，古巴飛彈危機。1968，蘇聯入侵捷克。1961，發生豬灣(Bay of Pigs)事件。1965，美國介入越戰，又介入推翻印尼的蘇哈托總統，以上三件事加深了蘇聯的疑懼。美國的介入越戰，卻激起了美國民間的反戰浪潮。

1956，赫魯雪夫(Nikita Khrushchev)鞭史，並要求經濟管理的分權。1960，中蘇分裂。中共與阿爾巴尼亞(1960s 末)反對布里茲涅夫(Brezhnev)與西方和平共存。最後，中蘇邊界爆發衝突。

1956，蘇聯解散共產國際情報局(Cominform)，支持所有帝國主義之敵

人，即使反共和民族主義亦可。華沙公約(1955)擴大版：成立經濟互助委員會(Council for Mutual Economic Assistance/COMECON)，做為對西德再武裝的反映。波蘭(1968)、匈牙利(1956)起義遭蘇聯鎮壓。

2. 滲透區域

1969-1971 美蘇和解 (détente)，舉行限制戰略武器談判(strategic arms limitation talks/SALT) 簽訂限制戰略武器條約。

蘇聯在世界關鍵航道建立政軍據點：①中東及非洲之角(Horn of Africa)：東地中海與蘇伊士運河(Suez Canal)，紅海，曼德(Bab el-Mandeb)海峽，亞丁灣(Gulf of Aden)。②東南亞與亞洲沿海；麻六甲(Malacca)海峽與南海。③加勒比海(Caribbean)：佛羅里達海峽(the Florida Straits) 及猶加敦海峽(Yucatan Channel)。

1960s 中共核子試爆，發射人造衛星。1972 尼克森(Nixon)與中共和解。

3. 破碎地帶

蘇聯滲入海洋範域造成了三個破碎地帶：

(1)中東與非洲之角

早在 1955，蘇聯(USSR)即援助埃及、敘利亞。1972 停止援埃，因埃及準備攻打以色列。美國支持以埃雙方在大衛營(Camp David)展開和平談判。

1969，蘇聯勢力滲入索馬利亞(Somalia)，其戰略目的為完全控制地中海南端，並從而監控美國及其盟邦在阿拉伯海和印度洋的活動。蘇聯在北非的進逼和支持伊索比亞(Ethiopians)促使索馬利人轉向埃及、沙烏地阿拉伯、伊朗和美國求援。

1979 初，回教領袖何梅尼 Khomeini 推翻伊朗國王巴勒維 Shah，爆發人質事件，美國大使館被困 446 天。

在這段期間裡，中東各國頻繁轉換結盟。

(2)次撒哈拉非洲

西歐地理上接近西非和中部非洲，具優勢，尤其是法國、比利時和英國。它們更在經濟和文化上與這些地區有著長久、強大的聯繫。

1960s末，中共協助坦贊尼亞(Tanzania)建坦贊鐵路(Tazara, Railway)，從三蘭港(Dar es Salaam)直達贊比亞(Zambia)。儘管蘇聯力圖滲入非洲，但成效不彰。一則各國戰亂不斷，二則非洲諸國經濟上仍依賴西方。因此，地緣政治上，非洲仍然是一個破碎地帶。蘇聯一直有其雙重戰略目標：支持馬克思主義政權和反殖民主義的民族解放運動，以及在非洲之角和印度洋沿岸取得根據地以威脅海洋範域的海道。

(3)東南亞與亞洲沿海

1954，南北越分裂，越戰開始。美國耗費一千五百多億，打了十餘年的戰爭，仍然無法阻擋共產黨的勢力。中、蘇都支持越共，中共卻在越戰結束後三年的1978，與越共翻臉。蘇聯取而代之，給予援助，換取了金蘭灣(Cam Ranh Bay)海軍基地，得以監控南中國海。

1966，印尼共產黨企圖政變，被蘇哈托(Suharto)將軍鎮壓，75萬華人被殺。蘇哈托趁勢奪權，推翻蘇卡諾(Sukarno)總統。1966，美國協助蘇哈托創立東南亞國協(Association of Southeast Asian Nations，ASEAN)，成員有美國，馬來西亞，菲律賓，新加坡，泰國後加上越南，柬埔寨，寮國，汶萊(Brunei)，為反共的區域性集團。

4.其他地緣政治區域

(1)南亞

1959 印度與中共在拉達克(Ladakh)和阿薩姆(Assam)爆發邊境衝突，1962又發生有限戰爭。中共對印度有威脅性，印度傾蘇。1966，蘇聯調解印巴衝突，雙方撤軍。五年後，蘇聯又支持印度打孟加拉(Bangladesh)。

1962 緬甸(Burma/Myanmar)的軍事執政團(military junta)奪權，從不結盟走向完全孤立。

(2)拉丁美洲

　　1959，卡斯楚(Castro)奪得古巴政權，因其位在美國的後門，使蘇聯得以挑戰美國的安全。1961，豬灣事件後，蘇聯總理赫魯雪夫更大膽地在古巴建飛彈基地。1962，發生飛彈危機，美國總統甘迺迪(John Kennedy)對蘇聯進行海上封鎖，要求拆除飛彈。更因遠離蘇聯本土，卡斯楚得以自由行動，不受約束。但美國仍在關塔那摩(Guantanamo)駐有海空軍，使美國得以監控向風通道(Windward Passage)和加勒比海和大西洋之間的航道，並從北方固守巴拿馬運河。

5.武器競賽

　　整個時期二，蘇聯在軍事和核子武力方面幾與美國齊平。在 1960s，美蘇的軍費支出是並駕齊驅的。例如，從 1956 到 1970 期間，美國的國防經費總計為$861.7billion 而蘇聯為 812.8billion。1970s，雷根(Reagan)政府建軍反共，對外武器銷售超過蘇聯。蘇聯龐大之建軍費用卻對其經濟與社會造成沈重負擔，軍備競賽已使蘇聯開始露出疲態。

第三節　時期三：1980-1989 共產黨勢力撤退

1.共產黨勢力從海洋範圍撤退

　　1970s，美蘇限制戰略武器談判(Strategic Arms Limitation Talks/SALT I&II)，禁止生產新的洲際彈道飛彈(ICBMs)與新建發射基地。

　　1980，蘇聯侵略阿富汗，美國杯葛莫斯科奧運。

　　時期三是蘇聯陷入最低潮的時期。它在阿富汗血腥而徒勞無功的戰爭，使其元氣耗盡。雷根政府撕毀和緩(détente)協議，又大幅增加美國軍費，促發了蘇聯追趕不上又贏不了的軍備競賽。在時期三結束之前，美國的軍費支出是2,750 億，蘇聯則是 1,900 億，已大幅落後。美國更在現代戰爭所必備的高科技和電磁通訊方面遙遙領先，就如其後的波斯灣戰爭(Gulf War)所見。

此時的蘇聯經濟已急劇惡化，生活水平低落，民生消費品短缺，農業無法滿足國內需求。其國民生產毛額(GNP)僅為美國的六分之一，已無法同時支撐大炮和奶油。

2. 新興的主要強權

時期三開始出現多極體系，歐盟、中共、日本已被承認為全球權力中心。它們的經濟成就和北約的武力已對蘇聯在東歐的地位構成了壓力、蘇聯的統治經濟(command economy)和衛星國的穩定已開始損壞。

在時期二、三，中共與蘇聯共享歐亞大陸範域，中共初為蘇聯衛星國，後為敵對競爭者。中蘇緊張有意識形態分歧和邊界爭端的原因，更因雙方均為封閉的政經體制，增添了彼此的猜疑。

1970s 以後，美國退出東南亞，越共統一越南，中共對蘇聯的戰略地位開始改變。1979 美中建交，鄧小平建立四個沿海經濟特區，外資湧入，國際貿易激增。美國更在此時提供日、臺、韓、星、中國以資金與科技，擴大其製造業及出口。

中共的經濟改革影響了它的外交政策，開始與海洋範域國家改善關係，抵消了它傳統上的大陸性傾向。其戰略性效果則為：東亞崛起為世界第三個地緣政治範域，和全球權力方程式的新平衡者。

3. 蘇俄勢力消退

(1)東南亞

東南亞北部仍為破碎地帶，然，兩個外部干預者為中蘇兩共之對抗，以及中共對越共的戰爭，還有越共在高棉(原柬埔寨)和寮國的干預。中共與越南另有南海的領土爭端。

相形之下，海洋範域的環亞太地區如：新加坡、馬來西亞、和泰國卻因與日本緊密的經濟聯繫而受惠，就連亞洲外海的印尼也在工業和貿易方面迅速進步。

(2)中東

在此時期，蘇聯的影響力大幅削減，最大的挫敗是埃及的加入西方陣營。另一個挫敗是兩伊戰爭(1981-1988)後的蘇聯盟邦伊拉克的衰弱，當時，伊拉克原擬乘伊朗內亂而出兵奪取阿拉伯河(Shatt-al-Arab)水道，卻反被打敗。諷刺的是，戰後美國卻支持伊拉克。

敘利亞十分仰賴蘇聯的武器，以支持它在黎巴嫩的軍事存在，以及它和以色列的持續衝突。不過，敘利亞和歐盟有堅強的經濟聯繫，而蘇聯經濟已搖搖欲墜。

1990，南、北葉門統一。統一後，蘇聯卻失去了南葉門馬克思主義政權提供給它在紅海和亞丁灣的軍、情據點。

(3)次撒哈拉非洲

非洲之角的伊索比亞為饑饉和內亂所困，危及蘇聯在紅海的基地，而蘇俄和古巴對伊索比亞的經援已經減少，伊索比亞遂轉向西方尋求經濟援助。

西非許多國家的馬克思主義政權一個個被推翻，經濟上轉向西方。莫斯科和古巴堅定支持的共產黨政權僅餘安哥拉和莫三比克。當蘇聯和古巴的影響力衰退時，莫三比給轉向津巴威求援，極左的津巴威政權卻派兵保護通往莫三比給貝拉港(Beira)的鐵路和油管。

(4)拉丁美洲

1980s 末，拉丁美洲的共黨政權開始消散。尼加拉瓜(Nicaragua)傾蘇的桑定(Sandinista)政府在大選被推翻。格林納達(Grenada)的馬克思主義政權在政變中被推翻，美國隨即進佔該島。

哥倫比亞的左派叛亂和秘魯的毛派游擊隊是內生取向的，且蘇聯和古巴在該地區的影響力只能延伸至安底斯山脈以西，沒有外援的游擊隊只能依賴毒品走私尋找財源。

4.阿富汗戰爭

1979，三萬俄軍進入阿富汗，最多時達十萬，俄軍死 1.5 萬，3.7 萬傷；一百萬阿富汗人死亡，五百多萬逃難。1985，戈巴契夫(Gorbachev)實行開放

(glasnost)改革(perestroika)，但為時已晚。1988-1989，俄國撤軍，聖戰士組織
(Mujahedeen)隨即襲取政權。蘇俄耗竭政軍經資源，又被視為帝國主義。

第四節　蘇聯超強崩潰：進入廿一世紀

1989 年末，東歐民主運動潮湧、柏林圍牆倒塌，俄心臟地帶之歐洲邊緣
被撕掉一大塊。歐亞大陸範域內縮，核武無用。若蘇聯及早改弦易轍，設計與
中歐、中共的同盟政策，或可改變冷戰的走向。

地緣政治因素形成事件，但非決定性的。政治領袖的政策與決定才能確立
全球的地緣政治結構。

1. 時期四(1990-2020)的三個標誌

1990s 的三個轉變標誌了這個時期：

(1)蘇聯解體，僅餘美國一個超強。但中共的崛起對美國和全人類構成了
一大挑戰。

(2)全球動亂、衝突持續，但範圍與地緣政治意涵有限。

(3)全球化與區域化有更大空間，但效果有正有負。缺少強權控制，加上
通訊、運動和資本的快速流動，國際恐怖主義更甚，高科技融入國家專制集權
主義。

這些轉變影響了世界地緣政治結構。前蘇聯與前南斯拉夫的內爆縮小了歐
亞範域，東歐與中亞的地位也大大地改變了。在東亞範域，俄羅斯壓力的減
輕，使中共與環亞太的關係變得更專斷，也把東南亞帶進了它的地緣戰略軌
道。在海洋範域，北約和歐盟的擴大，影響了海洋歐洲與美國，以及海洋範域
與俄羅斯心臟地帶範域，之間既存的平衡。

在這個時期裡，次撒哈拉非洲和南美洲在地緣戰略上變成了海洋強權的邊
緣地帶。西方強權的消極，使中部非洲破碎成擠壓地帶，在南北鄰國的夾擊
下，內部分裂加速。

(1)美國的國際挑戰

　　而此時的美國正面臨著第一個國際挑戰。1990 年 8 月伊拉克侵略科威特，美國組織並領導的聯軍，運用前所未有的電子空權在 1991 年 1 月摧毀了伊拉克的主要軍事設施、港口和城市。

　　1991，索馬利亞陷入部落間的戰爭，又遭逢世紀末有之乾旱，美國迅即派軍前往保護救濟物資和恢復秩序。

　　美國這些舉措被認為是美國在經濟、軍事和資訊霸權背景下的泛美和平(*Pax Americana*)所保證的一個穩定的新世界秩序。然而，隨之而來的動盪，標誌了國際體系正在進行一個基本的結構變遷。美國既不能預防，也不能結束 1990s 的衝突。

　　1994，美軍在摩加迪休(Mogadishu)遇伏，死 16 傷 75，美國迅即撤軍。接下來，前蘇聯的喬治亞，亞美尼亞，亞塞拜疆和南斯拉夫解體後的克羅西亞(Croatia)，波士尼亞(Bosnia)，科索沃(Kosovo)都發生流血衝突。

　　這些冷戰後發生的動亂只限於某些地區，它們的地緣政治範圍有限，不威脅全球穩定。但波斯灣戰爭及全球恐怖主義除外。不過，也有人預言世界將永無寧日。無論悲觀或樂觀，他們的判斷都沒錯。

　　持平而論，也應注意冷戰後的政權和平轉移和領土重組。包括：獨立國協，前蘇聯的中亞，南斯拉夫分拆為斯洛維尼亞(Slovenia)和馬其頓(Macedonia)，捷克(Czechoslovakia)分出斯洛伐克(Slovakia)。還有德國的統一，東歐和蒙古共黨政權的平穩轉型，以及南非的和平轉型給黑人政府。

(2)全球化的效果

　　後冷戰轉型的另一重要成份是全球化與再全球化。經濟與文化的互動網絡給開發中世界帶來繁榮。國際資本流動促進了投資和製造業的外包。資訊革命擴大了個人的視野，也更能挑戰故步自封的權威。

　　但這些因素也有其負面效果，尤其是在一個開放的體系，如毒品走私和武器管制會變得更困難，貪污腐敗和資金外逃更盛。文化全球化更加深了傳統社會裡的裂痕。

　　冷戰過後，全球各階層的實體包括聯合國都更全面地投入戰爭罪行，侵犯人權，恐怖主義等國際性的議題。

2. 千禧年的全球恐怖主義

　　2001.9.11,對紐約世界貿易中心的自殺攻勢,震撼了美國人民與政府。美國一向自恃有兩洋的保護,無懼於敵人對本土的攻擊。但是,這個幻覺在 911 當天瞬間破滅!

　　恐怖主義是一個古老的現象。它的目的很多,手段和工具各異。時至今日,最恐怖的是生物、化學和核子武器等大規模殺傷武器。

　　重要的是恐怖主義一詞常常與極端主義(extremism)和仇恨犯罪(hate crimes)並論,定義上,莫衷一是。在地域上,除了有國內、國外之分;身份上,另有個人與團體,潛藏與公開之別。即以美國歷屆政府所認定之實體而言,其名單即可多可少,時有增減。

　　例如,1996 美國反恐死刑法(U.S. Anti-terrorism and Death Penalty Act of 1996)規定,須由國務卿認定威脅國家利益與安全的國外恐怖組織才是恐怖組織。2000 認定 29 個組織。恐怖組織並非無中生有,美國國務院認定者有:古巴(2016 取消認定)、北韓、伊朗、伊拉克、利比亞、蘇丹、敘利亞。2017.11 美國總統川普(Donald J. Trump)認定北韓是支助恐怖主義的國家。

　　值得注意的是,恐怖份子和恐怖主義國家現在均熱衷於生物、化學和放射性武器,以及令人癱瘓的電腦攻擊。即以我們所熟知的伊斯蘭國(Islamic State/IS)而言,自成立以來,已在 30 多個國家,進行了 150 多次恐怖攻擊,造成 2,000 多人死亡。

　　而美國為了打擊恐怖主義也付出了數千名士兵傷亡的代價,所以,川普總統一上任就改變了政府的政策,如:不受約束的空襲和突襲,削減了三分之一的國務院預算,卻同時增加了百分之十的國防支出。[1]因此,我們可以預期美國應可從國外的恐怖主義脫身而出!

---

[1] Dean C. Alexander, "Terrorism Challenges Facing the Trump Administration", *Security*, January 1, 2017. https://www.securitymagazine.com/articles/87681-terrorism-challenges-facing-the-trump-administration "Trump's War on Terror", *The National Interest*, htttps://nationalinterest.org/feature/trumps-war-terror-22783

第四章　北美洲與中部美洲

　　美國、歐盟、日本、俄羅斯、中國，這五大強權主宰了世界的舞臺。它們的能力、需求、和歷史的聯結，形成了各自的地緣戰略和地理的展望與政策。當這些強權的核心在人口上、經濟上、或政治上發生變化時，它們的戰略政策也就跟著改變。

第一節　美國

　　美國位置獨特，又位居海洋範域之中心，最適於領導依賴貿易之海洋範域，跨大西洋與太平洋使其得以連結海洋歐洲和環亞太地緣政治區域。更且，美國是唯一的主要強權，同時擁有高度先進之海洋部分(Maritime sector)和已完全開發之大陸內陸(Continental Interior)。

1.地緣政治特徵(features)

　　歷史核心地區(Historic Core)，當前政治首都，精華地帶 (Ecumene：經濟與人口集中之地區)，有效之國家領土(Effective National Territory/ENT)，空曠地區(Empty Areas)，邊境(Boundaries)。這些特徵決定了結構的模式，也提供了分析美國地理與政治之間的各種關係的基礎。

(1)歷史核心地區

　　波士頓人(Bostonians　慣稱　Massachusetts)是美國的歷史核心(Historic Nuclear/Core)，因這裡有反抗英國時的各種歷史典故。但多數歷史學家均同意費城 Philadelphia 的歷史核心地位，因美國的獨立建國在此組成，且它更是美

國第一個國都。

　　不論光榮誰屬，多數歷史學家均同意美國東北部和中部殖民地是革命的美國誕生之地。沿著東北海岸居住的小生意人和農民孕育了美國獨特之思想：自由(freedom)、個人解放(individual liberty)，宗教容忍、平等思想(egalitarianism)。

(2)政治首都

　　華盛頓 Washington 是個在南北各州之間的中立地點(neutral ground)，距南邊的 Mason-Dixon 線僅 55 英里，倚波多馬克河(Potomac River)為天險(fall line)，希望有助於橋接製造業和都市化的北方和鄉村蓄奴的南方，促進統一。但還是發生了南北戰爭(Civil War)。

　　1790 建都完成。十年後，1800 國會遷入，1878 成立哥倫比亞特區(District of Columbia)。特區並非人口中心，聯邦政府各部門散佈在馬里蘭州(Maryland)、維吉尼亞州(Virginia)六十萬居民多為黑人，貧困失業。曾經鬧獨立，總統選舉有投票權，可選出市長和市議會。在國會有無投票權之議員，但可審查年度預算。特區曾想獲得州的地位和國會議員的投票權，但均失敗。

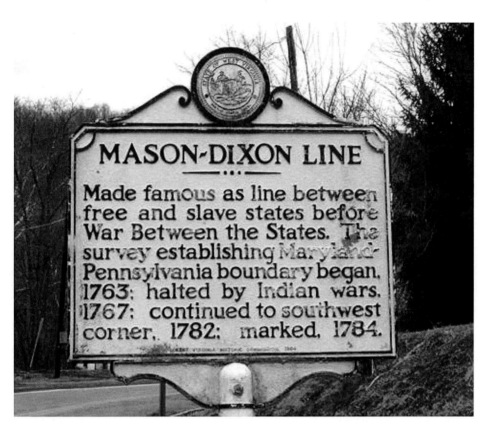

(3)精華地帶

　　(1)舊精華地帶：二戰結束時，美國精華地帶在大西洋沿岸，從新英格蘭(New England)到華盛頓哥倫比亞特區(Washington D.C.)。然後，西向從紐約州(New York State)和賓州(Pennsylvania)分叉，北向至大湖區(Great Lakes)的底特律(Detroit)和芝加哥(Chicago)，再從匹茲堡(Pittsburg)南下俄亥俄州(Ohio)，印地安納州(Indiana)，伊利諾州(Illinois)直抵聖路易(St. Louis)。

　　舊精華地帶已因東北部地區紡織業和製鞋業的沒落而失去工業的活力，亦因西部紐約、賓州和中西部重工業的崩解而成為鏽蝕地帶(Rust Belt)。

　　(2)新精華地帶：①加州崛起：半世紀後，前述地區已填滿，東北大都會區轉向南方的緬因州(Maine)，新罕普夏州(New Hampshire)，經維吉尼亞州(Virginia)入北卡羅來納州(North Carolina)山麓一帶。由此出發分兩路，一是羅里-德罕-教堂山(Raleigh-Durham-Chapel Hill)的三角地帶，為高科技，醫藥和科學研究的中心。另一為夏洛特(Charlotte)，是全國金融總部所在。再往南就要

穿過南卡羅來納州(South Carolina)和喬治亞州(Georgia)的山麓到大亞特蘭大(Greater Atlanta)。

②經濟與人口核心區域亦分兩路向西及向北擴散—自芝加哥西向往威斯康辛州(Wisconsin)州的密爾瓦基麥迪森(Milwaukee-Madison)地區。另一自水牛城(Buffalo)與底特律(Detroit)向北匯接加拿大的精華地帶,即安大略(Lake Ontario)湖伊利(Erie)運河的北岸。

③從辛辛那提(Cincinnati)南下沿俄亥俄河谷(Ohio Valley)到路易斯維爾(Louisville)。

④然後,另一路往西至(St. Louis)。另有兩個孤立之城市:那許維爾(Nashville)和孟菲斯(Memphis)不久亦納入該核心地區。

(3)第二個精華地帶崛起:該區域為加利佛尼亞州(California)南部與中部。一路聖地牙哥從(San Diego)到洛杉磯(Los Angeles)和聖芭芭拉(Santa Barbara),沿著海岸線的山谷可連接到矽谷(Silicon Valley),這是高科技軟硬體工業中心,一路上有聖荷西(San Jose),帕羅奧圖(Palo Alto),聖馬刁(San Mateo), 最後抵達舊金山-奧克蘭(San Francisco-Oakland)。該區大部分均屬於軍事保留地或為國家森林管理局的土地。由此可進入中央谷地(Central Valley)直抵聖克里門(Sacramento)。亞利桑那州(Arizona)的鳳凰城(Phoenix)則是加州的飛地(exclave),它的高科技與航太工業是加州各工業中心的溢出結果,它也是富饒的農業地區,領先的旅遊和休閒中心。

從資訊時代的觀點來看,這些精華地帶的成長與繁榮得力於加州的矽谷(Silicon Valley)和紐約市的新矽谷,即媒體時代的電腦繪圖與資訊中心。隨著高科技和軟體工業的去中心化(decentralization),核心地區的邊界將日益擴大。

(4)有效的國家領土(ENT)

美國將近 2/3 的國土尚未成為精華地帶,它們都是 ENT。這些區域包括德克薩斯州(Texas),下密西西比河谷(lower Mississippi Valley),太平洋西北地區, 東部的大平原地區,並可延伸到東經 100°的洛磯山脈(Rockies)。它們都可以吸收實質的人口成長。它們也可用於粗放的農牧業,地底下還有豐富的石油和天然氣。

(5)空曠地區

美國的另一個重要的特徵就是它的空曠地區。在低緯度的四十八(lower forty-eight)個州，空曠地區約有近一百萬平方哩，從洛磯山脈(Rocky Mountains)到內華達山脈(Sierra Nevadas)（加州東部的山脈）〔Yosemite(優勝美地)在此〕和 Cascades（太浩湖瀑布區），涵蓋了東經 105°以西的山脈與沙漠。

(1)空曠地區在國防戰略和經濟上扮演了一個重要的角色。軍事上，這類區域提供了廣袤的空間，供轟炸與飛彈的射擊場，武器測試場，和核子試爆的場地。拉斯維加斯(Las Vegas)西北 90 哩的莫哈韋沙漠(Mojave Desert)，2002 時被美國能源部建議為核武廢料和核子反應爐耗廢燃料的貯存地，預定 2010 啟用，但當地居民、環保團體和內華達州(Nevada)州長都反對。新墨西哥州(New Mexico)中南部的白沙(White Sand)飛彈射擊場，也是太空梭的著陸點，曾是 1945 年第一次原子彈試爆的場所。這個區域前景可觀，可做觀光與休閒之用，並有各種礦產如：銅、煤、褐煤、鋅、鎳，及石油、天然氣和木材。

(2)另一個空曠地區是大部分的阿拉斯加州(Alaska)，總面積超過 65 萬平方哩，相當具有戰略與經濟價值。阿拉斯加州提供了一個俯瞰北冰洋(Arctic Ocean)的軍事據點，也可設立監控北太平洋的防禦設施。阿拉斯加州中央近費爾班克斯(Fairbanks)的格里利堡(Fort Greely)是指揮中心和陸基攔截導彈的測試場，用來攔截北韓的洲際飛彈。阿拉斯加州南方的科迪亞克(Kodiak)島是另一個指揮中心，佈署有反洲際飛彈防禦系統。

此外，靠近普拉德霍灣(Prudhoe Bay)的地方是北冰洋的波弗特海(Beaufort Sea)的入海口，已成為美國最重要的石油生產的海域。從普拉德霍灣到(Gulf of Alaska)和安克拉治(Anchorage)以東的瓦爾迪茲(Valdez)港有一個 800 哩的輸油管，已於 1997 完工。石油可經由內陸航道(Interior Passage)輸往美國大陸，內陸航道是沿岸和外海島嶼之間的一條狹窄通道，連接安克拉治和阿拉斯加灣(Gulf of Alaska)，沿加拿大西岸可達加拿大的英屬哥倫比亞省(British Columbia)和西雅圖(Seattle)。

本州人口大多居住在阿拉斯加灣沿岸，集中在阿拉斯加灣，和費爾班克斯

Fairbanks 外圍地區。內陸旅行主要靠飛機。有一條重要的戰略與經濟的陸上聯絡道路，即阿拉斯加高速公路(Alaska Highway 或稱 Alcan)，這是一條全天候的砂石路，長達 1523 哩，從英屬哥倫比亞省的道森河(Dawson Greek)，沿亞伯大省(Alberta)邊境通抵費爾班克斯。該路建於 1940 初，為美國/加拿大企業合建，為美國在阿拉斯加的軍隊提供補給。現該路在道森河之南有高速公路通往美國太平洋西北部和美國中西部，同時，阿拉斯加的道路系統可從費爾班克斯連接安克拉治和阿拉斯加灣。Alcan 的公路在二戰時極重要，它補給美國在阿拉斯加灣，白令海(Bering Sea)，阿留申群島(Aleutians)的軍事基地，使美國得以驅逐日本對阿留申群島的攻擊。

　　(3)中、西太平洋提供了美國另一個空曠地區：從波里尼西亞(Polynesia)一直到密克羅尼西亞(Micronesia)。這裡是美國最重要瓜佳蘭環礁飛彈試射場(Kwajalein Atoll Missile Range)，它是位於馬紹爾群島(Marshall Islands)的密克羅尼西亞的一個環狀珊瑚礁(coral atoll)，洲際飛彈試驗場及發射臺和一連串雷達在此。馬紹爾群島 Marshalls 於 1979 在美國軍事保護下自治，七年前曾與美國以協作國"free association"的方式加入美國。比基尼(Bikini)，埃尼威托克Eniwetok，馬紹爾群島等環礁在瓜佳蘭以西 200-400 哩，美國於 1946-1979 用為原子彈、氫彈試驗場。2001.7 瓜佳蘭環礁被用為新的美國洲際飛彈防禦系統的測試基地，再度顯示其軍事-戰略的重要性。從范登堡空軍基地(Vandenberg Air Force Base)發射的攔截飛彈曾經成功摧毀一枚廢棄的核彈頭。范登堡在太平洋岸，南邊是洛杉磯，東邊是莫哈韋沙漠，有可能成為巨大的飛彈試驗場，有 4,600 哩寬，瓜佳蘭為其鎮守西邊。

(6)國際邊界與國外領土

　　(1)1925 美加劃界完成，以分水嶺稜線為原則，但頂峰缺少明顯標誌。

　　(2)美墨邊界定於 1848 美墨戰爭(Mexican War)結束時。美國兼併了新墨西哥州，猶他州，西班牙屬上加州。1853 購買美國最南端一小條。多為貧瘠沙漠地帶。因洪水常使河川改道，故協定以最深之河道為界(1933)；1945 責成美墨邊界委員會截彎取直，共享河水，1968 定案。

　　(3)海地(Haiti)，為海鳥糞爭小島，但鳥糞早已挖完，僅餘燈塔。

　　(4)古巴(Cuba)，1903 租借關塔那摩(Guantanamo)給美國。1960，古巴數度

索討，不接受象徵性租金。

(5)波多黎各(Puerto Rico)，美國海軍使用東海岸外之別克斯(Vieques)島，做為靶場，地方抗議。

(6)1986 密克羅尼西亞聯邦(Federated States of Micronesia/FSM)與美國簽署(Compact of Free Association)。共有四個國家：Yap，Chuuk，Pohnpei，Korrae。Palau 1994 加入該約。註：太平洋的馬里亞納(Mariana)，密克羅尼西亞(Micronesia)均為主權獨立之島國和美國之協作國（associated state），馬里亞納的最大島嶼是塞班島(Saipan)，有 115 哩²。另，馬紹爾群島共和國(Rep. of Marshall Islands)和帕勞共和國(Rep. of Palau)均在聯合國有席次。

(7)關島(Guam)，美國的非法人編制內的領土(unincorporated and organized territory)，中途島(Midway)(軍、商用途)，威克島(Wake)(軍事用途)。後兩者均為美國的非法人 3 非編制內的領土(unincorporated and unorganized territory)。

(8)薩摩亞(Samoa)。西薩摩亞(West Samoa)紐西蘭托管，東半部美內政部管，已無戰略價值，觀光製罐(沙丁魚 Tuna)。

2. 美國地緣政治發展的四個階段

四個階段如下表：

表 4-1　取得地緣地治優勢的四個階段

階段	內陸時期	運輸方式	動力	地緣政治傾向
海洋階段	殖民地時期至 1803	河，路，馬	人力，道路，馬	固守大西洋海岸
大陸階段	1803-1898 美西戰爭	鐵路，河，運河，馬	煤，水力	大陸統一及擴張
大陸-海洋階段	1898 至 WWII	鐵路，高速公路	石油，天然氣，水力發電，內燃機	大陸開發，向加勒比海及太平洋擴張
海洋-大陸階段	1941 至今	高速公路，鐵路，航空	以上均是，核能	美國海洋圈及全球通達

(1)海洋階段

此階段可細分為三個時期：殖民地時期(1745-63)；革命戰爭時期；1803購買路易斯安那州(Louisiana)之前。

(1)殖民地時期(1745-63)：此時英國試圖隔離殖民者和印第安人(Indians)，邊界設在阿帕拉基山脈(Appalachians)，但是擋不住殖民者之擴張。

(2)革命戰爭時期(1775-83)：殖民者已超越英國之禁令，並滲入俄亥俄(Ohio)至上大湖區(Upper Great Lakes)，英國原宣稱該地為魁北克(Quebec)之延伸，但在革命戰爭末期割讓給美國(英軍三次重要戰役均敗)。

(3)1803購買路易斯安那(Louisiana)之前：此時人口和經濟活動仍聚集在東岸，並且大多數美國人的心態仍是朝向大西洋的。商業是經濟的主要元素，出口以農產品為主，如：米、麥、煙草、棉花、牛、魚、毛皮。進口以製成品為主，如：英國的糖、蜜、來自西印度群島(West Indies)的蘭姆酒(rum)。對大多數美國人而言，此時的殖民地仍是一個新國家裡羽翼未豐的幾個州而已，是被剝削世界的一部分，最主要的關切仍是大西洋彼岸。

(2)大陸階段

此階段之焦點為征服大陸內陸(Continental Interior)，擴張邊界自昔日之海到燦爛之海(sea to shining sea)，意即大西洋到太平洋。

1818 美英協議大陸內陸邊界從大湖區(Great Lakes)西邊沿北緯 49°直抵太平洋岸，但不含溫哥華島(Vancouver Island)。

1825 興建伊利運河(Erie Canal)，大大刺激了工農業發展。鐵路蓬勃發展後，使芝加哥(Chicago)和全國原物料市場連接。

1836 德克薩斯州(Texas)從墨西哥獨立。

1846-1848 美墨戰爭確定德克薩斯州南部邊界在格蘭德(Rio Grande)河，上加州(Upper California)割讓給美國，下加(Baja(Lower) California)仍屬墨西哥。1850 加州加入美國聯邦。

1861-1865 南北戰爭(Civil War)後，美國統一，開始興建跨大陸鐵路系統。

1867 從俄國購入阿拉斯加，1959 夏威夷(Hawaii) 始成為美國一州。

1869大陸鐵路東西幹線完工，該年五月，從奧馬哈（Omaha）出發的聯合

太平洋鐵路(Union Pacific)的愛爾蘭(Irish)工人和從聖克里門（Sacramento）出發的中央太平洋鐵路(Central Pacific)的華工在猶他州（Utah）的普羅蒙特里峰（Promontory Summit）會合。

1880 以前，美國已成為世界最大之鋼鐵與農業機械生產國。

1896, 1912 猶他州，奧克拉荷馬州(Oklahoma)，新墨西哥州(New Mexico)，亞利桑那州(Arizona)加入美國聯邦。

1898 美西戰爭。兼併夏威夷。

許多美國人相信擴張是自明的命運/天命(Manifest Destiny)，主張美國必要時有使用武力統治西半球的使命。美國人也強烈相信美國船艦有權利無阻礙地進出公海，故強力發展海軍和商船。

(3)大陸-海洋階段

德國地理學家拉采爾(Friedrich Ratzel)認為大陸性和海洋性是互補的，拉采爾的弟子 Ellen Churchill Semple 認為密西西比 Mississippi 河的排水系統有統一性，並有海洋為出口，故可征服內陸。廣闊的北美洲大陸內陸可作如是觀，它不是陸地傾向的孤立，而是與海洋有聯繫的架構。

這個階段始於 1898 美西戰爭。勝利使美國將影響力投射到加勒比海(Caribbean)和太平洋，這個時代結束於第一次世界大戰和第二次世界大戰之間。

(1)大陸-海洋世紀既延續內陸之發展，也向外追求市場，原料和政治影響力。1916 時，鐵路總長哩數已達 266,381 哩之高峰，使農工業大為擴張。

此外，芝加哥成為第二大城，吸引了重工業和摩天大樓。紐約市(New York City)是公認的第一大城，底特律(Detroit)在 WWI 時，是製造業的領頭者。聖路易(St. Louis)是第四大城，居運輸、商業、各種工業之中心地位。

美國捲入區域和全球政治乃是開始於美西戰爭，並在第一次世界大戰時，因站在同盟國一方而獲得豐盛的果實。WWI 又加快了內陸的發展。WWI 刺激了中西部玉米和東部大平原小麥的生產，它也相當程度地推進了芝加哥和其他內陸中心地區的工業成長。

但是美國反而與全球事務保持距離。1924 對移民嚴加限制，1930 通過嚴格的關稅法案，1936 和 1937 通過第一、二次中立法案。

(2)戰後的 1920 年代，美國持續著孤立主義和大陸性格。由於技術更新和消費財的大規模生產，如：家電用品，汽車，卡車，耕耘機，多集中在中西部，使伊利諾州，俄亥俄州，密西根州，和密蘇里州(Missouri)成了人口最多的州，芝加哥，底特律，克里夫蘭 Cleveland，和聖路易也成了大都會。

(3)1929 美國股市大崩盤，引發了 1931 世界性的大蕭條(Great Depression)，農業帶(farm belt)生產過剩和價格滑落。1934 連續幾年南方平原的黃塵地帶(Dust Bowl)因風災旱潦加上耕作刮去草地表土而侵蝕土壤，更進一步惡化了情況，造成人民大出走。估計有四分之一的農民移往加州。

(4)馬漢(Alfred Mahan)的觀點：馬漢強力主張未來的美國是一個海洋強權。世界分為西方或海洋和東方或大陸兩個地緣政治架構。這此架構中，美國是歐洲和文明的前哨，其太平洋沿岸和太平洋上之島嶼則是大西洋歐洲的延伸。美國有自明的命運要擴張到加勒比海和太平洋，巴拿馬運河可做為南北美洲的戰略鍊。

(5)廿一世紀初，①古巴脫離西班牙統治，1901 成為美國實質上的保護國，美國並幫助建造關塔那摩海軍基地。②西班牙又割讓波多黎各，菲律賓，關島，威克島給美國。③美國又與德、英簽約，取得薩摩亞(Samoa)並在此建立海軍基地巴哥巴哥(Pago Pago)。④1898 兼併夏威夷。此前，美國已在此大力投資糖業達七十五年之久。1887 美國海軍在珍珠港(Pearl Harbor)取得加煤與維修的權利。1900 後發展成完全規模的海軍基地。⑤1903 美國從巴拿馬取得運河之建築權並租借運河區(Canal Zone)。當時，巴拿馬在一艘美國軍艦的保護下從哥倫比亞(Colombia)獨立。從此美國擴大在加勒比海的影響力。1914，巴拿馬運河完工。美國擁有。⑥1917 美國從丹麥(Demark)購買維京群島(Virgin Islands)。⑦1915 美國入侵海地，理由是保護美國投資與企業，軍事佔領至1943。另一個理由是耽心德國奪取海地，以致威脅巴拿馬運河之安全。⑧美國海軍陸戰隊也於 1912 進入洪都拉斯，聖多明各(多明尼加首都)，尼加拉瓜，以保護美商利益(香蕉、糖、咖啡、棉花、煙草)，並留駐多年。⑨1914, 1916 美軍亦曾進入墨西哥。⑩1999.12.19 巴拿馬運河交還巴拿馬政府。

以上霸權行動均在門羅主義(Monroe Doctrine)的藉口下實施。執行者為老羅斯福(Theodore Roosevelt)，理由是防止歐洲干預拉丁美洲。美國歷任總統均曾表示放棄此一思想，甚至小羅斯福(Franklin D. Roosevelt)總統還宣佈善鄰政

策 (Good Neighbor Policy)，其實美國仍將此區域視為其特別保留區（special preserve）。

此階段之美國在陸海之間的拉扯與總統的出身有關。八位總統有四位來自內陸，另四位來自東北部。

(4)海洋-大陸階段

此階段始於第二次世界大戰爆發之際，美國在工業上和政治上全力配合全球戰爭。美國製造業地帶，從水牛城，克里夫蘭，匹茲堡(Pittsburg)到俄亥俄州，印地安那州，伊利諾州，密西根州(Michigan)，為國防工業之骨幹。1959年，聖勞倫斯海道(Saint Lawrence Seaway)開通後，該地帶已可通往大西洋。二戰結束前，美國鋼鐵產量有八百萬噸，為世界年產量的百分之五十。海路開通後，1965 年之產量已超過一億三千萬噸。重工業之產品有汽車、工具機、橡膠、玻璃、建材、洗衣機、電視等。大多數產品皆出自中西部之工廠。

內陸之繁榮更因草原帶之穀物和牛肉，既滿足國內消費之成長，也滿足海洋歐洲與日本經濟復甦之需求。

有兩種理論。一稱「封閉空間(closed space)」理論，大陸內陸提供原料給工業。另一稱「開放空間(open space)」理論，內陸仍是美國之命脈，是美國人生活之主宰因素。

還有一種理論是中心力量軸(central power axis)理論：軸心從北至南貫西加拿大的溫尼伯(Winnipeg)至達拉斯(Dallas)和德州的沃思堡(Fort Worth)，權力將順此軸而分配。工業深入內陸時，人口也隨之移動。商業性航空中心會隨著這個軸線的移動而擴張，也會加強北南之間的流動。

由於美國的強大。有理論家再定義麥金德的理論，美國才是世界的心臟地帶，因為美國是世界惟一一個地區擁有所有的優勢：內陸空間、面積、資源、通海。

但，早在 1960s，內陸的工業、人口和市場開始外移。1980s 初，工廠關閉或合併，工作機會減少，中西部成了生鏽地帶(Rust Belt)。

摧殘美國內陸鋼鐵業與汽車製造業的因素有如下幾點：

(1)去工業化。原因有二：工廠老舊無效率和依賴進口，如：2001 時，日、俄、南韓、巴西、烏克蘭大舉供應美國工業需求近三分之一。小布希

(Bush)總統採取的反傾銷稅達 30%，卻使各國或採報復手段，或在美設廠。

(2)日、歐產品屬於市場取向，並在美設廠。

(3)美國汽車工業將組裝與零件製造移至加拿大與墨西哥。

(4)越戰後，美國國防支出遽減為 1999 聯邦預算的 15%，1970 時為 42%。

總之，進口增，生產降，經濟乃一蹶不振。

二戰後，由於機械化、肥料、殺蟲劑、穀類保存和農民組織，農業生產力增加。但農民人口減少，目前占不到總人口的 2%，且有賴政府之補貼和紓困，農業政策已經越來越像社會政策。

3. 海洋圈

人口、工業、服務業和政治力的戲劇性成長使大陸性轉向海洋性。地理的變遷創造了一個海洋圈，包圍並主宰了大陸內地。專殊化(Specialization)把海洋圈的各個部分鍊接起來，使不同的政經利益團體協調一致跨越區域界線，而非各行其是。海洋圈也替美國提供了一個中心又與其他地方互聯的地位。美國這個貿易依賴的海洋範域是一個地緣戰略範域，包含了地球水面的三分之二和人口的三分之一。

這個空間的利用價值在於大多數人口居住在高度都市化的海洋圈，而不在大陸內地。過度擁擠和都市環境污染是不可忽視的嚴重問題，故聯邦環境保護署已迫使各中央及地方部門解決或減輕問題。

海洋圈的一大特色是四海環繞美國，四海是：大西洋、墨西哥灣、太平洋和大湖區(the Great Lakes)。這些地區有重要的共同特色：人口稠密；高度都市化；大量可用的港口；整合良好的地、海、空聯繫；強大集中的製造業和服務業；旅遊業；和國際貿易。

它們共同的天然條件是潮濕，天然良港，和山脈阻隔，如阿帕拉磯山Appalachians 和西部的山脈(ranges)。海洋圈的平均年降雨量超過 30 吋（Texas和加州南部海岸除外），多數情況下超過 40 吋。這種雨量適合都會中心和農業腹地。

整個海洋圈均不乏深水良港，不論是天然的或人工的，密西西比州Mississippi 除外。

　　資源與產品的互補有助於海洋圈的統一。可互相交流的物資有：石油、天然氣、煤、林產、硫磺(sulfur)、棉花、鉛、鋅、磷(phosphates)、鐵、鋼、水果、蔬菜、奶酪(dairy)、牛肉、家禽(poultry)，種類豐富。

　　海洋圈內各州佔全國人口和製造業產值的 90%以上，大城市距海里程在 150 至 250 哩之間。2003 以來，人口爆炸性地成長，加州(34million)、德州(21million)、佛羅里達州(16million)，紐約(19million)已落在第三名。今日，僅南方地區即已占全國總人口的 35%。

　　人口成長源於高科技工業，移民，退休搬遷，金融業，和旅遊產業。美國東北部和五大湖區人口流失的原因很多，如退休搬遷，公司移動，最大人口成長的地區是的德州、佛羅里達州和加州，通稱為美國的陽光帶(Sunbelt)。大陸內陸的大平原(the Great Plains)、西部玉米帶(corn belt)和美國東部阿帕拉磯山脈地區則人口略減。

　　西部內陸及中心城市的復甦，有人認為是數位時代(digital age)創造了「新地理(new geography)」，認為高科技和從業人員不受舊地理的限制，轉而往內陸零碎、小型、不擁擠的城鎮。事實上，地理學上的人口模式改變不大。資訊時代的客服中心如南達科達州(South Dakoda)和愛俄華州(Iowa)並沒有為大平原帶來重大的人口成長。大都會的擴大和再擴大重塑了美國的景觀。

　　人民的多種多樣是美國精華地帶和有效國家領土的兩個主要特性。高度多樣化的宗教、種族、和海洋圈的民族性早早就已被各國移民標誌出來了。合法移民每年達約一百萬，非法移民估計達 275,000 人（1999）。其結果為每十個美國人就有一個是出生在國外，約有30%來自墨西哥，其餘以菲律賓，中國，古巴和越南最多。

　　大批移民發展出新的政治權力基礎，改變了地方、州和國會的政治地圖。也帶來了生活水準，教育水平，政治社會觀點和傳統的差異，使美國社會從大融爐轉變成文化的多元主義，給民主新的意義。吸收這些弱勢移民的負擔是沈重的，需要大量的教育、健康和福利的投資。這個過程的歷史性結果就是國家的重生與再起而成為一個完整的國家。此外，移民帶來科學與技術，使他們得以立刻貢獻國家發展。對美國而言，海洋性意味著持續地向世界各處招攬人民與創意，移民也回饋他們的發源地。這使美國的海洋圈增添了 21 世紀新邊疆的獨特角色。

美國工業推動經濟的位置基礎不是因為接近內陸的原料，而是由於接近市場和有高等教育程度的勞力。在東北部大都會區裡，金融業，電子，製藥，化工，成為經濟成長的引擎，帶動 1991 年三月經濟的勃興，使國家進入長期的擴張。

南方也跟著崛起。

(1)北卡羅來納州(North Carolina)是紡織業的主要中心，也冒出了高科技、保險業、銀行業，成為整個精華地帶的一部分。

(2)南卡羅來納州(South Carolina)的主要工業為紡織和造紙，也吸引外國的汽車與輪胎工廠。

(3)在南卡羅來納州艾肯市(Aiken)的薩瓦納河(Savannah River)的核能工廠不再生產新的核能物資，但該工廠仍在處理核廢料。

(4)喬治亞州的電子通訊、飛機組裝、汽車、金融也是領先的工業。

(5)佛羅里達州有旅遊與農業的基礎，更有國防與太空相關的工廠。它的康納維爾角(Cape Canaveral)是美國太空人造衛星的主要發射基地。

(6)阿拉巴馬州(Alabama)製造業的重要性現已超過農業，產品涵蓋造紙到化工到汽車。

(7)路易斯安那州(Louisiana)蘊藏有豐富的原油和天然氣，是煉油與化工的基礎，也有高科技與汽車工業。

(8)密西西比州(Mississippi)強調傳統的製造業如製衣業(apparel)，家具，和化學製品。

(9)海洋圈成長最迅速的部分是德克薩斯州和西海岸。德州的飛機工業建立於 WWII，但其重要性已被達拉斯-沃思堡(Port Worth)和休士頓西邊的奧斯汀(Austin)地區的高科技電腦和電子工業所超越。休士頓是南方最大的大都會區，也是東德州的金融、電子、電腦科技、汽車零件重工業所在。休士頓的航空與太空總署的詹森太空中心(The National Aeronautics and Space Administration's Lyndon B. Johnson Space Center)激發了極重要的航太工業，它的港口是全美第三大忙碌的港口，也是美國與拉丁美洲貿易的中心。

(10)休士頓港是美國第三繁忙的港口，聚焦在對拉丁美洲的貿易。

(11)加州是美國領銜的農業州，國防工業的中心，還有世界的動畫和電視生產的中心，人口三千四百萬，已是世界的工業發電機之一。如果它是一個國

家，其 GDP 可列世界第六。矽谷從聖荷西延續至聖馬刁(San Mateo)，生產世界領先的半導體和軟體。

(12)華盛頓州和大西雅圖有全球領先的飛機製造廠，也是電腦軟體的主要中心，包括電子商務(e-commerce)，如微軟(Microsoft)是世界最高度資本化的公司。

加州的人口和工業的成長也對景觀造成相當的壓力。南加州和矽谷的土地和房價一直飆升，都市的蔓延也使運輸系統和基礎建設受到極大的壓力。電力需求與成本也倍增，缺電是一個長期問題，很難解決，因沿太平洋西北地區的乾旱減少了輸往加州的電力。

加州，德州，紐約州，和佛羅里達州這四個海洋圈裡最大的州，深受它們在國際貿易、金融業、服務業和旅遊業扮演的角色所影響。另外，這些州是許多非法移民的目的地，移民與母國的連繫也影響了這些州的政治。

第二節　加拿大

在 WWII 以前，加拿大是英國的自治領(Dominion of Canada)，是一個獨立的、鬆散結合的聯邦、又在地緣政治上傾向英國。作為大英國協的一個成員，加拿大一直追隨英國直到 WWI，並在戰爭末期參加國聯(League of Nations)。1892，英國國會才賦予加拿大完全的主權，有自行修憲的權利，加拿大獨立才正式生效。

1. 與美國的戰略及經濟聯繫

加拿大在二戰時開始在地緣政治上傾向美國，兩國發展出了緊密的戰略夥伴關係。北美最大的不凍港哈利法克斯(Halifax)港是加拿大和美國海軍共同保護船隻橫越大西洋時，護航船艦的集結與出發點。美、加亦在拉布拉多(Labrador)和紐芬蘭島(Newfoundland)建有軍事基地。紐芬蘭島於 1949 投票加入加拿大，加拿大在戰時提供了極重要的通往阿拉斯加的陸地聯結，即阿拉斯加高速公路。

　　冷戰迫使加拿大的北極地區成為戰略要地。建立有遠程早期預警防線(The Distant Early Warning (DEW) Line)做為反攻擊之系統，另在美、加建有反飛機和反飛彈的基地。在加拿大領土上建有美國最重要的基地之一，即：北美航太防衛司令部(North American Aerospace Defense Command(NORAD))，是美國戰略政策的基石，可攻可守。美國的核子潛艇也在北極冰帽（ice cap）下巡航，以警戒跨北極的競爭者。

　　比共同的戰略關係更重要的是兩國的經濟互賴，決定了它們共同的地緣政治命運。加拿大出口木材、紙漿、紙、能源資源、礦物；美國則在加拿大找到市場、也在加拿大投資採礦和低成本的工廠。

　　地緣政治的統一使加拿大必須設法保存自己的文化獨特性和外交的獨立性。這些都以特別限制措施來達成、如：在加拿大投資石油與天然氣，加拿大人需有 50%的股份，1993 更簽訂北美自由貿易協定(NAFTA)。其 Logo 如下。

　　兩國的貿易互賴已糾纏不清，美國是加拿大的第一個進口來源，加拿大也是美國出口的市場。加拿大的經濟已被美國控制，加拿大也越來越受美國市場起伏之影響。

　　然而，在國際事務上，加拿大常與美國不同調。如加拿大拒絕在其領土上有核彈頭之飛彈，反對越戰，收容反徵兵人士，派出維和部隊，首倡反地雷運動，促進裁軍等。既有獨特性，又贏得尊敬和美國的信任，在地緣政治的現實上適應良好。

2. 地緣政治特徵

加拿大有人口一億。除東西向交通線外，南北向交通亦發展完備，與美國經濟融為一體。討論加拿大的地緣政治特色時不僅需考慮它們與美國的關係，也要考慮法語和英語社群的歷史發展，這兩個文化的政治觀點差以千里。

(1)歷史核心地區

不同社群對歷史核心地區的所在，眾說紛紜，莫衷一是，多在魁北克(Quebec)一帶打轉。對法裔加拿大人(French Canadians)而言，老魁北克(Old Quebec)即魁北克市(Quebec City)下半部，是他們的歷史核心。對英語系加拿大而言，則更為模糊。

(2)政治首都

渥太華(Ottawa)，1867 由憲法定為加拿大聯邦的政治首都，渥太華河(Ottawa River)做為分界線，將魁北克(Quebec)分為下加拿大(Lower Canada)(今魁北克省 Quebec Province)和上加拿大(Upper Canada)(今安大略 Ontario)。1858，渥太華(Ottawa)首度成為加拿大聯合省(United Provinces of Canada)的首都。後為加拿大自治領(Dominion of Canada)的首都，始依據英國北美法案(British North America Act, 1867)定為首都。選其為首都是因為它位在中立地方（neutral ground），希望能橋接兩個部分。但至今魁北克分離主義者仍爭吵不休。

(3)精華地帶

(1)安大略南方：加拿大的精華地帶為美國精華地帶之延伸。主要的精華地帶從安大略湖(Lake Ontario)北岸向西沿著伊利湖(Lake Erie)岸一直延伸到溫莎(Windsor)。它的主要節點(nodes)是多倫多-哈密爾頓(Toronto-Hamilton)和尼亞加拉(Niagara)，鍊接到紐約州的水牛城(Buffalo)地區，最後鍊接到底特律(Detroit)和俄亥俄州(Ohio)伊利湖旁的托利多(Toledo)。此地多為汽車工業和各種機械、化學、及電子製造業。多倫多哈-密爾頓均為工業地帶的發動機，也是它的領銜的金融業和服務業中心。渥太華和大多倫多(Greater Toronto)是精華地帶的外圍，已成為加拿大高科技工業的重心。精華地帶的心臟為奧沙華

(Oshawa)經多倫多至尼亞加拉，是加拿大人所說的「金三角(the Golden Triangle)」。

加拿大另有兩個人口次多的經濟核心地區：(2)大蒙特婁(Greater Montreal)和，(3)溫哥華-維多利亞(Vancouver-Victoria)。

蒙特婁是法語加拿大的文化、商業、金融、工業中心，有各種各樣的工業。人口 730 萬的魁北克省若是獨立，它的大蒙特利爾精華地帶加上美國的紐約-新英格蘭(New York-New England)精華地帶，就會大幅擴張。

英屬哥倫比亞(British Columbia)的溫哥華-維多利亞地區是加拿大的第三個經濟中心。溫哥華是加拿大在太平洋的首要港口，其工業涵蓋造船、漁產加工、機械、木材、造紙(paper milling)、和煉油。這裡有大量亞洲人，尤其是華人，是加拿大進入中國和亞太地區的門戶，也因為是跨加拿大鐵路系統和油管的終點，使它得以開發亞洲的市場。溫哥華南邊的維多利亞是維多利亞省的省會，也是旅遊中心和深海漁船隊基地，並為海軍設施、有起卸設備之穀倉和食品加工廠之所在。

因洛磯山脈(Rockies)和海岸山脈(Coastal Range)這兩個山脈使溫哥華-維多利亞地區與加拿大的其他地區相阻隔，而又貼近西雅圖(Seattle)、波特蘭(Portland)，而得其經濟與商業之利。它有可能成門戶/橋樑(Gateway)州，橋接北美與亞太之邊緣地區。

(4)有效的國家領土

加拿大為世界第三大國，面積 3,851,787 萬平方哩，大部分為空曠地帶。有效之國家領土為已開發之草原(Prairie)省分和安大略省的西南部。部分已開發的草原省分有：曼尼托巴省(Manitoba)南部，薩斯卡切溫省(Saskatchewan)中部與南部，亞伯大省(Alberta)東南及中部，出產小麥及一般農作物。

該地區尚有豐富之礦產，尤其是亞伯大省有石油、天然氣、煤等儲藏；薩斯卡切溫省有銅、鋁、鋅；曼尼托巴省富含石油。該區域尚有大量木材、稀有金屬、和礦產。有效之國家領土尚包括安大略湖(Lake Ontario)和蒙特利爾之間的土地，渥太華為其中心；以及蒙特利爾和魁北克市之間的聖勞倫斯(St. Lawrence)河下游。

(5)空曠地區

占總面積 80%以上。區域內人口稀少而零散,如:育空(Yukon),拉布拉多(Labrador),多為獵人和漁夫或從事採礦。雖然空曠地帶乾燥荒涼,不能住人,但對加拿大很有價值。它是國防之盾。北極的冰和海水提供了一條跨越北極的路線,潛艇、油輪、貨輪從大西洋至太平洋均可循此路線。最重要的是,北方領土是一個礦藏百寶箱,已探明或潛在的礦藏有黃金、石油、天然氣、鐵、銅、鎳、鈾。亞伯大省阿薩巴斯卡(Athabasca)區域的油砂含量甚至多過沙烏地阿拉伯,但開採成本太貴,有待新技術之出現。

(6)移民

美加之間的互相移民,從十八世紀至今有幾種因素,如:反對美國脫離英國者、受迫害之黑人、逃避兵役者,以上是從南方流向北方。美加簽訂自由貿易協定後,由於加拿大的經濟不景氣,1990 年代時曾經歷人才外流(brain drain)。

加拿大亦曾發生國內移民,即鬧獨立的魁北克有 40 多萬人移往加拿大其他部分,尤其是多倫多,因商業、資本和專業人才的流入而受益。

最大的人口變遷來自於海外移民。第二次世界大戰(Word WarII, WWII)後,加拿大迎接了數十萬歐洲人。但,近二十年來,絕大多數移民來自中國和南亞。以至於多倫多的半數人口為移民,占加拿大移民總數的四分之一。溫哥華大都會區三分之一為華人和亞洲海岸居民。移民帶來資本也擴大了貿易,使加拿大產生了強烈的跨太平洋傾向。

3. 有吸引力的地緣政治力量

美、加地理上之緊密關係,有幾個主要因素:地理關係,堅守民主原則與制度。兩國經濟互補,交通便利。

(1)人口分佈(Population Distribution)

加拿大人口 3,100 萬,多沿美加邊境(3,926 哩)居住,絕大多數人口住在距國際邊境五十哩之內。多倫多有 4 千 8 百萬人,蒙特利爾有 3 千 5 百萬人,溫哥華有 1 千 8 百萬人。85%的人口居住在距邊境兩百哩之內。

(2)經濟交換

1989，美加簽有美加自由貿易協定(Canada-U.S. Free Trade Agreement)，1994，北美自由貿易協定(NAFTA)，加拿大製造業開始重處依賴美國市場，至今已占加拿大 GDP 的 20%。NAFTA 是加拿大生產力的主要動力，加拿大工廠雇用了 50 名工人，年產 2 千 4 百萬輛車輛，大多銷往美國，使加拿大成為世界第七大汽車生產國。其他產品有紙、新聞用紙、鋁、化學製品、和服裝紡織品。

由於工業擴張，加拿大經濟發生劇烈改變，農業與資源商品已由所占外貿比重已由 1980 的 60%降至今天的三分之一。進出口貿易之對象，70%為美國，其餘為日本和英國等。

美、加兩國經濟上的互補和互賴更因兩國間的鐵路、公路、輸油管、航線、水運、通訊線路和網路而加強。

(3)地緣政治夥伴的挑戰

美、加關係無可避免地日益互賴，一些加拿大人耽心夥伴關係可能淪為衛星國。環境問題特別有爭議：美國紐約州向加拿大購電的問題，因環保人士反對而擱置。北極主權議題：(1988 協議美國破冰船可通過北極群島，個案處理)，美國各類船隻可通過加拿大沿海島嶼之內側航道(Inside Passage)，但擔心倒垃圾、漏油之污染，建油管也會破壞環境。解決的倡議有：使用水下潛艇油輪、瓦斯液化。

美、加地緣政治夥伴若要持久，就必須互利。這需要互相理解、體諒、和配合。華盛頓有必要特別敏感於加拿大的政治發展並與其協調，包括它的聯邦制和政治統一性，因其有助於區分加拿大和美國。

魁北克想脫離的原因和法語加拿大與多倫多之間的經濟不平衡有關。法語加拿大占總人口的 25%，安大略總人口有 11.4million，占總人口的 36%。經濟不平等一直存在，但美國投資與貿易有助減緩其政治緊張。加拿大的政治穩定可加強美、加兩國地緣政治統一的基礎。

美、加兩國地緣政治關係的力量得益於兩國的地緣政治環境：資源互補；邊界開放鼓勵了思想、財貨和人員的交流；精華地帶融合。另外一些把兩國綁在一起的重要因素如：對民主程序、保障人權、國際援助、互相尊重彼此歧見

等根本議題都有共同的觀點。總之，雙方的關係是建立在真正的夥伴關係之上，而不是從屬的關係。

第三節　墨西哥

　　美墨之間經歷過十九和二十世紀的暴烈關係。1846-1848 的美墨戰爭，美國兼併了 40%墨西哥領土，數度干預其經濟和政治。

　　1910 墨西哥革命後，獨裁統治對大地主和外資有利，特別是美國人的採礦、修鐵路和牧場。1901 在墨西哥灣(Gulf of Mexico)發現石油，一次大戰期間，盟軍正需要石油，美、英資本促進了經濟成長和繁榮直到 1918-21，使墨西哥成為世界第二大石油生產國，僅次於美國。

　　然而，美、墨關係此後開始惡化。墨西哥的革命黨(Liberal Party)革命掌權後發生內鬨，導致內戰。為保護美國利益，美國於 1914、1916 軍事介入。

　　一次大戰期間，墨西哥強力親德，1917 的齊默曼(Zimmerman)電報使美、墨關係更惡化。1917.1.19 德國外交部長齊默曼(Arthur Zimmerman)發電報給墨西哥外交部長，電文被美國攔截並轉交英國破譯。內容是若墨西哥與日本和同盟國(Central Powers)結盟對抗美國(若美國參加協約國 Allied Powers)，則德國將幫助墨西哥拿回 1846 失去的領土。同年，墨西哥總統並提案修憲要國有化墨西哥的礦產（未實施）。

　　1943 的新任總統實行迅雷不及掩耳的改革，國有化鐵路和外國持股的資產，並有償沒收油田。

　　美、墨關係在 1940s 因墨西哥於 1942 參加 WWII 時站在同盟國(Allied Nations) 一邊而改善。因為墨西哥的石油在補充德州和奧克拉荷馬州(Oklahoma)的石油生產方面有特殊重要性，美國則回報以實質的經濟援助。二次大戰時，從美墨邊境的新拉雷多(Nuevo Laredo)市到巴拿馬市(Panama City)的跨美洲(Inter-American)高速公路也扮演了重要的後勤角色。在後來的古巴飛彈危機（1962.10.28 結束）中墨西哥也堅定地支持華盛頓。

　　增加兩國經濟互賴的重要因素是 1992 簽訂，1994.1.1 生效的 NAFTA。這個歷史性的協定加上墨西哥在 1980s 末的私有化浪潮，促發了墨西哥經濟的迅

速成長。但成長突然在一年內停止，因墨西哥政府將披索(peso)貶值，造成經濟大衰退。通貨膨脹率達 52%，失業率翻倍，美國、IMF 和國際銀行業迅即提供五百億美元的長短期借貸。1996 之前，經濟就開始復甦了，三年內，虧損都彌補了。

　　華盛頓介入的理由不僅因墨西哥有難，而是為了保護美國的利益：出口，工作，國家安全並穩定其他新興的市場經濟。兩國關係也更加密不可分了。

1.地緣政治特徵

(1)國都與歷史核心

　　首都墨西哥市(Mexico City)位於聯邦特區(Federal District)，也是墨西哥的歷史核心。此地原為阿茲特克人(Aztecs)的首都，西班牙人在 1521 征服此城，使其成為西班牙總督的政治中心。

　　墨西哥市現有人口 850 萬，廿一世紀中，將達 1,500 萬，半徑可達 150 哩。

(2)精華地帶

　　墨西哥市周邊各省，有各種製造業和金融業，服務業和商業。坎佩切灣(Bay of Campeche)的維拉克魯斯(Vera Cruz)是精華地帶的延伸和主要的港口。另一要港是東海岸中部的坦皮科(Tampico)。

　　精華地帶的總人口超過 3 千 6 百萬，是全國人口的三分之一。該地帶有各種製造業，如：食品、紡織、服裝、汽車、機械、化工、製藥、鋼鐵、造紙、消費品。

(3)有效國家領土

　　加工出口區（Maquiladoras）使北方邊境地帶都市化，吸引製造業，汽車組裝、零組件。墨西哥中部，多為美、墨利益之混合。2001.1.1 加工出口區正式停擺，因 NAFTA 使關稅完全取消。

(4)空曠地區

　　主要在西北山區或極南多山乾旱不毛之地。

(5)邊界

　　美、墨邊界長達 2,075 哩，美國極力阻止非法移民，但成效不彰。美國已在邊界築牆，並要求墨西哥分擔費用，已經被拒絕。

2.吸引力的地緣政治力量

　　(1)墨西哥近 85%出口貿易和 75%進口貿易是美國，對美國過度依賴，有危險。

　　(2)移民問題。2000 年時，洛杉磯有占總人口 45% 的西班牙裔（Hispanics）移民，主要來自墨西哥，已超過白人。移民的推力和拉力有：①墨西哥人口過剩；②墨西哥可耕地有限；③親友在美④美國就業機會多，農工商各行各業，客工已有 300 萬；⑤1986 美國大赦非法移民（含合法移民）達 300 萬人；⑥特赦得到工會同意。

　　(3)毒品問題。哥倫比亞(Colombia)販毒集團進入墨西哥，建立基地，美國防不勝防。

　　歷史的諷刺是美國一個半世紀前從戰爭搶來的土地，由於迅速增加的墨西哥裔美國人和其他西班牙裔人口，已回報了社會文化與政治的新力量。

第四節　中部美洲(Middle America)

　　中部美洲在地緣政治上是北美洲(North America)的次區域(subregion)，但地理上，有區別。兩者均在海洋範圍之內。該地區包含加勒比海 Caribbean，中美洲(Central America)，南美洲北海岸，起自達連灣(Gulf of Darien)經委內瑞拉(Venezuela)和蓋亞那山脈(Guyanas)，哥倫比亞 Colombia 亦可視為其中，因與美國關係密切。

　　一個世紀以前，美國地理學家塞普爾(Ellen Churchill Semple，女 1863-1932) 稱加勒比海為美國地中海(American Mediterranean)。史派克曼 Nicholas Spykman 認為美國在此地區有絕對的霸權。

1. 美國-中部美洲結合的四個階段

(1)階段 1：防衛態勢時期

　　①美國獨立初期擔心歐洲利用加勒比海基地和墨西哥來宰制墨西哥灣。②美國人被西印度群島的印地安人（Indies）的蔗糖、蘭姆酒（rum）、奴隸所吸引，可支持殖民地經濟。

(2)階段 2：侵略性干預時期

　　在此時期，美國利益轉向商業、人道主義和戰略。1898 美西戰爭後，經濟與軍事考量使美國干預古巴，海地，多明尼加共和國(Dominican Republic)，尼加拉瓜(Nicaragua)，巴拿馬。此時，美國墨西哥灣地區人口增加，工業成長再加上巴拿馬運河(Panama Canal)開通(1914)，使加州更緊接東岸，華盛頓也更能影響到太平洋。1930s 年代的睦鄰政策(Good Neighbor Policy)使美國對拉丁美洲更同情，但並不情緒用事，基本上其侵略本質未變。

(3)階段 3：冷戰時期被反包圍的恐懼

　　1959 卡斯楚(Fidel Castro)推翻舊政權，改為馬列主義政權。古巴宣稱不挑戰美國安全。但蘇聯把核導彈基地設在古巴，此時古巴又殲滅了美國支持的豬灣(Bay of Pigs)入侵行動，造成了古巴飛彈危機（1962）。因美國迅速反應，

蘇聯乃承認美國在地緣政治區域內之戰略優勢。美國仍保有被稱為大西洋的珍珠港--關塔那摩灣(Guantanamo Bay)之海軍基地，才能確保這項優勢，並能監視 Windward Passage(大西洋與加勒比海間的向風航道)，又與在波多黎各(Puerto Rico)的海軍基地控制摩那航道(Mona Passage)。

　　古巴在世界各地煽風點火，支持革命運動，但僅供應武器，未派軍隊。曾於 1979 在尼加拉瓜(Nicaragua 取得政權，並在格瑞那達(Grenada)建立了短短四年的馬克思主義政權。美蘇對抗時，美國曾對古巴禁運，2016 已取消。

(4)階段 4：善意警察時期

　　1980s 初，美國推動民主與人權的新政策，卡斯楚的影響力也已退潮。1982 美國迫使洪都拉斯(Honduras)軍政府舉行自由選舉。1983 美國在滑稽歌劇戰爭行動(comic opera war)攻打格瑞那達(Grenada)以保護美國醫學院學生並防範馬克思主義政權再起，美國推動民主選舉，且不讓軍隊繼續掌權。1985 美國取消對瓜地馬拉(Guatemala)軍人的支持以允許民主選舉。1989 兩萬五千名美軍攻入巴拿馬，以販毒罪名捉拿獨裁者諾利加(Manuel Noriega)，並帶回美國下獄。1991 蘇聯瓦解，古巴經濟急速下墜，陷入孤立。1990 尼加拉瓜的桑定(Sandinista)政府敗選下臺。

　　1994 美國人侵海地，幫助被軍方推翻的 Jean-Bertrand Aristide 總統復職。1996 瓜地馬拉結束內戰，進行憲政改革，美國表示歡迎。

2. 地緣政治特徵

　　各國 ENTs 很有限，也沒有歷史核心地區。僅古巴有精華地帶在哈瓦那(Havana)，委內瑞拉在首都加拉卡斯(Caracas)到西北部馬拉卡波市(Maracaibo)一帶。

■ 邊界

　　爭執很少。①洪都拉斯和尼加拉瓜爭太平洋水域的入漁權，和在加勒比海的邊界。②尼加拉瓜和哥斯大黎加(Costa Rica)為利用聖胡安河(San Juan River)而吵架。③2000 年瓜地馬拉與東北鄰邦貝里斯(Belize)為貝里斯市(Belize City)自由港有限海域之利用而有小衝突。④委內瑞拉和蓋亞那不斷爭奪涵蓋半個蓋

亞那的 Essequibo 河的陸地區域。⑤委內瑞拉和哥倫比亞爭委內瑞拉灣(Gulf of Venezuela)的石油。⑥最嚴重的是巴拿馬與哥倫比亞的邊界，此處有哥倫比亞的達里恩隘口（Darien Gap），是北上販毒路線和南下武器走私必經之地。但巴拿馬沒有軍隊，只能靠警察，故防堵困難。

3. 吸引與分開的地緣政治力量

(1)吸引力的地緣政治力量

最有強制力的向心(centripetal)或分裂(disruptive)力量是位置(location)，兩者都有戰略與經濟-人口學的意義。戰略上，Caribbean 島群可視為島群架構之北、東側，封住一個內海；中美洲沿海地區在其西側。島群架構之北側對美國特別重要，有兩道「牆」(walls)- -the Bahamas 為外牆，the Greater Antilles 為內牆。交通有三個主要的通道(passageways)：the Florida Straits；the Windward Passage（逆/向風通道）；與莫納通道 Mona Passage（名稱源自莫納島）。① 美國海洋圈之大西洋-墨西哥灣航運走 Florida Straits。②大西洋-太平洋航運走 Windward Passage 與 Panama Canal。③Venezuela-U.S.交通走 Puerto Rico 和 Hispaniola 之間的 Mona Passage。

大安地列斯群島(Greater Antilles)包括：Cuba、Jamaica、Hispaniola(法文)= (Haiti+Dominica)、Puerto Rico。東緣的小安地列斯群島（Lesser Antilles）包括：Trinidad --Virgin Islands 之間的群島。

Panama Canal 不能走航空母艦和核子潛艇，不能用做通道，為封閉結構 (locks structure)，已失重要性，僅占水運商業之 12%。但，2017 年初，已完成拓寬。1979 美國與 Panama 簽約保證運河的中立，1999 年底，美國歸還運河給 Panama。現在只有 12 架飛機常駐，做為前進支援之用。

中美洲地圖

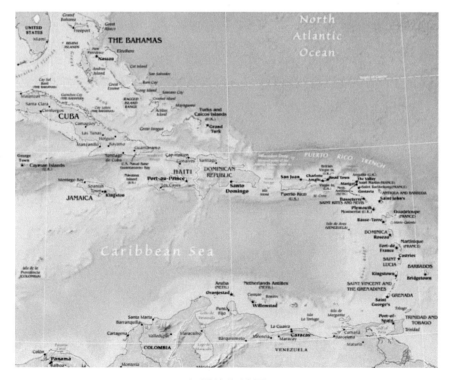

加勒比海地圖

Caribbean basin 鄰近美國海洋圈是其位置吸引力之重點。另一向心力為氣候與地形(physiography)及資源。Canada, Mexico, Venezuela 的石油,距美國最近也是最安全的供應來源。

美國在中部美洲最重要之礦產來源為 Jamaica 之石棉(bauxite),Trinidad 和 Venezuela 的石油。

赤貧、瘠土,耕地不足是移民美國的「推力」(push)。販毒、洗錢是最有力的「拉力」(pull)。

Cayman Islands, Grand Turk, Bahamas, Antigua 是最靠近美國、歐洲、巴西的免稅天堂,洗錢中心,和空殼公司(corporate shells)的境外金融中心。

(2)分開的地緣政治力量

①討厭美國大公司回饋少。②反美民族主義。美國在這些國家的設施功能有限,美國終須擴建本土之全規基地和靶場。

4. 結論

Caribbean basin 鄰近美國,島嶼星羅棋佈,且海域狹窄,戰略上對美國海洋圈東、西部分之安全至關重要。擴大貿易平衡和經濟援助可在需要時做為槓桿。

第五章　海洋歐洲與馬格里布 (Maghreb)

第一節　海洋歐洲概述

　　歐洲地形是典型的海洋地區，山谷大河使該地區易於接近海岸，氣候適中，土地肥沃，港灣多，居民大多住在開冰域 250 英里以內。開冰域(open waters)：浮冰在水面十分之一以下的水域。語言、文化、宗教、地形的差異區隔了人民和國家，產生了民族國家，也劃出了殖民帝國，如：荷蘭(Netherlands)和英國(Britain)。

　　歐洲地區的貿易體系可回溯至十一世紀，當時的德國商人在倫敦已設有商業會館。1226 年，北方德國城市的商人就組織了漢撒同盟(Hanseatic League)。到了 16 世紀，這個同盟已延伸到北海(North Sea)和波羅的海(Baltic Sea)，涵蓋 160 個城鎮，直到十八世紀中才解體。另一個類似的同盟是神聖羅馬帝國時(Holy Roman Empire)的倫巴底同盟(Lombardy League/1167)，一個世紀後，因教皇和羅馬帝國的德國統治者戰爭而瓦解。

　　十七世紀初，出現了精密複雜的銀行業和金融體系：羅斯柴爾德證券交易所(the House of Rothschild)，分支機構遍及法蘭克福(Frankfurt)，倫敦，巴黎(Paris)，維也納(Vienna)，那不勒斯(Naples)，　這個金融網絡為各國政府提供建設資金，如：鐵路，開礦，和蘇伊士運河(Suez Canal)。

　　歐洲的全球霸權在兩次世界大戰後結束。第一次損失了許多年輕人的性命，第二次因為歐洲區域太殘破不足以支撐全球帝國，無法與美蘇超強競爭，且需依賴美國軍事保護和復甦經濟。由此凸顯其地緣政治之弱點。克服之並成為美國之完全夥伴的力量有三：①歐盟和其他團體機構所表現之政經統一。②華約崩潰與蘇聯解體，消除了軍政威脅，不再消耗西歐的政治能量。③歐洲財

經部門生力在美國領導下，促進了全球市場經濟。海洋歐洲成為世界上最高度專業化與整合之地緣政治區域。

戰後歐洲迅速崛起為世界上最專業化和整合的地緣政治的區域，EU 和它的鄰國已從純粹地追求安全轉向政經軍的共同行動，並設立共同的區域性機構。

歐洲鑲嵌在海洋範域內，其核心為歐洲-大西洋(Euro-Atlantic)同盟，經由區域整合其力量來自更廣泛之地緣戰略架構，由此產生安全之概念。它原先是北大西洋公約組織(North Atlantic Treaty Organization, /NATO)在冷戰初期，提供給西歐的一個軍事盾牌，用來對抗蘇俄的壓力；對內，也能壓制共產黨。更且，美國做為北約主導力量的軍事存在，也可以消除鄰國對德國的敵意。既可保護西歐不受德國之害，又可保護德國和其他地區免受蘇聯之攻擊。

美國的經濟援助使歐洲迅速復興，而與美國並駕齊驅。但海洋歐洲仍不似北美，中部美洲，心臟地帶俄羅斯，東亞之具有地緣政治模式與特點。首先，海洋歐洲之核心不是單一、統一之民族國家，而是各國家之聯邦。其統一源自民族與區域利益之平衡，並常在緊張中打造出平衡。其次，區域之地上基地有限。它缺少地緣政治的特點，如：歐洲人口近 4 億，但還不夠多；也缺少可密集利用的有效區域領土(Effective Regional Territory/ERT)和空曠地區以提供防禦縱深，太空活動的空間也不足，自然資源之蘊藏、吸收人口之潛力亦欠佳。

結合北非與撒哈拉(Sahara)沙漠，似可提供空曠地區。然受阻於阿特拉斯(Atlas)山脈與撒哈拉，無法為歐洲人口擴張提供出口。撒哈拉在摩洛哥(Morocco)，阿爾及利亞(Algeria)，突尼西亞(Tunisia)之海岸平原，背靠阿特拉斯山脈，使海洋歐洲與北非區隔(水面阻隔)。

歐洲之邊界為：西為大西洋，北為挪威海(Norwegian Sea)與北冰洋(Arctic Sea)，東南為地中海。南為阿特拉斯山脈與撒哈拉之巨大阻隔。大西洋水域的障壁從冰島延伸至亞速群島(Azores Islands)和康納利群島(Canary Islands)，但不含格陵蘭(Greenland)。北部挪威海與北冰洋的邊界則包含斯瓦爾巴德(Svalbard)島。

格陵蘭地理上屬北美，但地緣政治上屬歐洲。東南地中海水域阻隔將賽普勒斯(Cyprus)與黎凡特(Levant: Israel, Lebanon, Syria, Palestinian Authority)區隔開來。

　　隨著蘇聯的崩潰，西歐和北約的邊界開始東移，但是，俄羅斯的復興和壓力又使東歐陷於拉扯之中。現在，東、西歐的邊界能否固定下來，要看東歐國家的新市場經濟能否成功，也要看俄羅斯能否重新凝聚它的社會政治和克服貪腐及裙帶資本主義(crony capitalism)。

第二節　海洋歐洲的地緣政治特性

1. 歷史核心

　　歐洲的歷史核心隨不同的歷史時代而異。羅馬帝國時代在西歐的拉丁平原(Plain of Latium 今羅馬地區)。東羅馬帝國時代，首都在東歐和地中海的君士坦丁堡(Constantinople)。加羅林(Carolingian)帝國時代，在今天德國的亞琛(Aachen古名Aix-la-Chapelle)。拿破崙(Napoleon)帝國時代在巴黎。現在，統一後的歐洲（指歐盟European Union/EU）總部在比利時的布魯塞爾（Brussels）。

2. 政治首都

　　海洋歐洲的政治首都散佈各地。但個別國家的首都較為單純，它的位置有集權化的功能，可將一個國家的各種功能投射到全國的不同部分。但一個地緣區域的首都就必須服務不同國家各式各樣的利益，並各有堅持。例如今天的海洋歐洲，就把首都放在看來是「中立的地方(neutral ground)」，有政治和心理的意義，使區域裡各國領袖可以動員輿論來支持區域性的目標，而又不致於給人一種號令天下的感覺。前者如：加拿大的渥太華(Ottawa)，澳洲的坎培拉(Canberra)。後者如：莫斯科。

　　1950年代初，西歐聯盟(Western European Union)曾考慮將首都設在西德的薩爾布呂肯(Saarbrücken)(盧森堡東南)，而變更為自治特區，但選民反對此議，不願將其國際化以致失去投票權。瑞士(Switzerland)則因仍超脫歐盟和西歐聯盟，以致日內瓦(Geneva)不能成為首都。歐盟的首都不止一個，其功能是分散的。

布魯塞爾(Brussels)是歐洲委員會(European Commission)和部長會議(Council of Ministers)之所在；史特拉斯堡(Strasbourg)是歐洲議會(European Parliament)的所在地；盧森堡市(Luxembourg City)為歐洲法院(European Court of Justice)之所在。布魯塞爾地位突出，為主要決策機構之所在。歐洲委員會由各會員國派一名部長組成。史特勞斯堡之歐洲議會為普選之代議式政府機構，立法權多為諮詢性質，然對歐盟的預算有決定權。盧森堡市亦為歐洲投資銀行(European Investment Bank)之所在。

布魯塞爾距盧森堡市 150 哩，盧森堡市距史特勞拉斯堡 45 哩。三者均相距不遠，溝通便利。此一首都走廊(capital corridor)位於英國西南方，巴黎盆地，和萊茵河谷地(Rhine Valley)三者之中央地區，也都位於歐洲精華地帶的中心。

布魯塞爾為三大中心之首，不僅因其中心位置，它還有大都會之風，氣候溫和，政經穩定，長久以來就是文化藝術的中心。它又是多語言、多文化並富有貿易與金融之傳統的地方。布魯塞爾的歷史可以回溯到公元六世紀，故稱其為歐洲潮流與傳統的十字路口，可謂當之無愧。除了上述功能之外，布魯塞爾的政經影響力還可以強力決定海洋歐洲的命運。布魯塞爾、倫敦、巴黎和柏林(Berlin)都對歐洲的區域統合扮演了決定性的角色，而且還會繼續影響這個區域的發展方向。法蘭克福(Frankfurt)一直都是歐盟的金融首都，新中央銀行總部所在，也將成為現代歐洲之首都。

3. 精華地帶

大致上，西歐精華地帶的特色為是人口高度集中和經濟活躍。這個地區從愛爾蘭(Ireland)東南方，經巴黎和法國北部，低地國家(Low Countries)，德國北部，萊茵河(Rhine)河谷和瑞士(Swiss)平原，一直進到北義大利。人口密度每平方哩超過 300 人。

分別而言，該區域一個重要的外圍是義大利的高度工業化的波河谷地(Po Valley)，從杜林(Turin)延伸至米蘭(Milan)。另一個是愛爾蘭東南方一個興盛的高科技工業中心。蘇格蘭(Scotland)的北海油田有石油和天然氣，有助於經濟興旺。蘇格蘭民族主義份子因此更希望獨立，若成功就會成為英國北方的內飛

地(exclave)。

　　精華地帶從德國的不來梅-漢堡(Bremen-Hamburg)延伸至瑞典(Sweden)的馬爾摩(Malmö)，然後鍊接到丹麥(Denmark)的哥本哈根(Copenhagen)，再接到歐洲大陸的其他地方。哥本哈根的機場是北歐航運的輻軸。它的位置適中，又有工業與金融業，西南接挪威(Norway)的奧斯陸(Oslo)，東北通往芬蘭(Finland)的赫爾辛基(Helsinki)。

　　德國和捷克共和國東南的易北河(Elbe)中、上游和河谷地分枝出從德國漢諾威(Hanover)東南向的精華地帶，從來比錫(Leipzig)到哈雷(Halle)到德累斯登(Dresden)一直到布拉格(Prague)。這個地區高度集中了化學、機械、紡織、運輸、光學儀器、電子、以及軍火產品，此外，商業和金融服務業也聚焦於此。

　　隨著高科技工業的成長，不僅歐洲的精華地帶復甦了，外圍邊界也擴大了。精華地帶外圍的大學中心在吸引風險投資上也扮演了關鍵的角色，它們支持了各種領域的創新，如：軟體、電腦晶片、無線電科技、互動電視、和生物科技，大學城如：劍橋(Cambridge)，魯汶(Louvain)帶領了這些發展，彌補了一度由煤、鋼帶頭興旺卻已沒落的鄰近地區。

　　在南歐，高科技工業的弧形地帶已從航太工業延伸到尼斯(Nice)附近的電腦晶片中心。這個弧形地帶將加入杜林-米蘭 (Turin-Milan)的精華地帶，並將專注在軟體工業。

　　阿爾卑斯(Alps)山脈北邊的慕尼黑(Munich)已成生物科技的主要中心，可望帶動南德的繁榮，成為萊茵河(Rhine)上游的精華地帶，並延伸至斯圖加特(Stuttgart)。

　　北歐的斯德哥爾摩(Stockholm),烏普薩拉(Uppsala)，和芬蘭的坦佩雷梅(Tampere)大學城是無線電通訊的重鎮，但是它們距瑞典南部太遠而無法參加歐洲擴展中的精華地帶。

4. 有效區域領土

　　歐洲的有效區域領土(ERT)因其土壤良好或礦藏豐佳，適當之交通和通訊網，位置距精華地帶不遠，故易於開發。可耕地占海洋歐洲的1/4-1/3，主要為農作或畜牧，可支持鄉間人口。例如：葡萄牙有 64%，愛爾蘭有 42%，義大

利有 32%，挪威有 27%，西班牙有 23% 的鄉村人口。這些國家，除了葡萄牙外，均已有高度之現代工業與後工業經濟。

歐盟年度預算超過 90 兆，近半用於補貼農業，有助於疏減精華地帶之人口。

5. 移民模式

移民對海洋歐洲的成長扮演了關鍵性的角色。歐洲國家對移民沒有共同的政策，均各自為政。多數移民為客工(guest laborers/workers)，季節性工人(seasonal workers)，尋求庇護者(asylum seekers)，或經由各種途徑的非法移民。

德國的外國人比其他歐洲國家多，有七百萬或德國人口的 9%以上，多來自土耳其、東歐、中東和北非。蘇聯崩潰時，德國人移入了三百萬。德國對移民最慷慨，但也常受歧視，因德國人怕他們稀釋了德國文化和民族主義。

法國有六百萬以上的外國人，均來自前殖民地。非洲阿爾及利亞獨立戰爭(Algerian War of Independence/1954-1962)時期，有一百萬法國人回到母國。隨後又來了四百萬穆斯林(Muslin)，大多來自阿爾及利亞和摩洛哥，從阿爾及爾港(Algiers)坐一夜的船到馬賽(Marseilles)。從法屬西非來法國者也很多。鄰近性和語言流暢，又容易找到低薪的工作是主因。

義大利吸引了不少來自突尼西亞(Tunisia)和阿爾巴尼亞(Albania)的非法移民，一部分前往北歐。

西班牙大多數農場工人來自摩洛哥(Morocco)。絕大部分非法工人經由直布羅陀海峽(Strait of Gibraltar)進入西班牙，有些人則進入法國或荷蘭。

荷蘭的移工來源甚廣，有的來自前殖民地，如印尼和馬格里布(Maghreb)的蘇利南(Suriname)，還有的來自前蘇聯和東歐。

瑞典的外國人口占總人口的 6%，超過 50 萬，多數來自東歐和東南歐。

英國在 WWII 剛結束時，有很多難民來自東歐。更多的難民來自英國在南亞的前殖民地，他們是為了逃離印巴分離戰爭(India-Pakistan War of Partition)的戰亂，約有二百萬。緊接著還有說英語的西非和加勒比海國家的移民。反移民的聲浪和政黨也隨之而起，尤其是澳洲。

　　諷刺的是，歐盟國家的人口成長此時卻在減少，聯合國的報告指出，2025前，海洋歐洲的國家將需要 3,500 萬移民，2050 前，將需要 7,500 萬移民，僅只為了維持 1995 年的勞動力水準而已。如無持續的移民，歐洲的總人口將比今天美國的總人口少，即少於四億。

　　歐洲需要一個全面的移民政策，以維持它目前的生活水平。有系統地研究制定一個大小適中、有計畫的、合法的移民制度，而非無序的隨勞力之需而定。歐、美情況不同：①現在歐洲難民多來自北非。且②與歐洲鄰近，僅隔地中海。③與歐洲有殖民歷史之淵源。④差異的主要根源在於美國有一種迷思，先入為主地認為：美國是一個移民的國家。

6. 空曠地帶

　　海洋歐洲沒有廣大的空曠空間，因此與它接近的馬格里布(Maghreb)就成了重要的緣政治附屬。這個區域的空曠地帶是世界最大的沙漠──撒哈拉(Sahara)，人口不到二百萬。阿爾及利亞的沙漠底下有大量的石油與天然氣儲藏。茅利塔尼亞(Mauritania)和阿爾及利亞西部蘊藏有大量的鐵礦。摩洛哥北部和西撒哈拉(Western Sahara)有磷酸鹽(phosphates)，西撒哈拉原為西班牙殖民地，1975 被摩洛哥兼併。

　　到 1960s 末，法國都在使用無邊無際人煙罕至的撒哈拉沙漠做為核爆與飛彈測試的場所。西撒哈拉以及阿爾及利亞南部的空曠地區，在 1940s 末和整個60s 都是飛彈測試的場地。然而由於阿爾及利亞和法國之間的緊張，這些測試已經移至太平洋的法屬波里尼西亞(Polynesia)的兩個環礁。由於撒哈拉已不能用做太空發射的場地，法國就把這些活動搬到法屬蓋亞那(Guiana)的庫魯(Kourou)，現為歐洲太空總署(European Space Agency)所用。幾百年來，這些海外地點曾是政治犯和罪犯的流放地，如惡魔島(Devil`s Island)。

　　撒哈拉的空曠地區和美、俄、中不同之處在於它有阿特拉斯山脈阻隔了南歐和沙漠地區。相對而言，美、俄、中的空曠地區都有陸地相連的墾居地帶。此外，這些地帶也有政治不穩定的問題，如：俄國的中亞和中國的新疆、西藏。

7. 邊境

海洋歐洲東部的邊界是該區域唯一不確定的邊界,無論從自然地理還是從地緣政治的觀點來看。大多數人對歐洲大陸之東部邊界的地理學定義是沿著烏拉山(Ural)南下至恩巴(Emba)河,注入西北的裏海(Caspian Sea)。海洋歐洲與大陸歐洲之界線為廣闊地帶,其邊界變動不居。它是歐洲歷史上最古老的地緣政治特徵之一,經常在德國人與斯拉夫人的糾纏之中飄移不定。

1915 年時,費爾格里夫(James Fairgrieve)稱其為歐亞心臟地帶與西歐海權之衝突地帶(Crush Zone),或稱接觸地區(contact area)。在一、二次大戰時,這裡是德國人與斯拉夫人的遭遇點和戰場。這個地帶從斯堪地那維亞和波羅的海經東歐至黑海,並從低地國家(Low Countries)和德國西部至瑞士,比麥金德(1943)所說的文明斷層線要寬得多,其變動視科技變化與政經發展而異。

WWI&II 時期及以後,德國(普魯士 Prussia)、波蘭和蘇聯的領土幾經變遷,主要的改變有:①1945 波蘭把波羅的海上,奧得河(Order River)口的斯德汀(Stettin)德國人趕走,改名為斯澤新(Szczecin)。②WWI&II 期間,蘇聯兼併波蘭東部領土 68,000 平方哩,為戰前領土的 20%。③1946 蘇聯兼併東普魯士(East Prussia)的哥尼斯堡(Königsberg),改名為加里寧格勒(Kaliningrad)。④蘇聯自羅馬尼亞(Romania)奪取比薩拉比亞(Bessarabia),改名摩爾多瓦(Moldova)。⑤比薩拉比亞南部劃歸烏克蘭。⑥為增加科拉(Kola)半島上摩曼斯克(Murmansk)的防禦縱深,自芬蘭奪建聖彼得堡。⑦兼併 1919 獨立的波羅的海三小國:立陶宛,拉脫維亞,和愛沙尼亞成為蘇維埃社會主義共和國。

8. 其他邊界問題

海洋歐洲內部最嚴重之邊界糾紛為希臘-土耳其為賽普勒斯(Cyprus)島衝突,也為愛琴海(Aegean Sea)的領海、領空和礦藏而爭執。國際承認的系普里奧(Cypriot)政府,其希臘裔系塞普里奧人(Cypriot)持有該島土地面積的 59%。土耳其裔系塞普里奧人(Cypriot)則持有該島土地面積的 37%。剩下的 4%為聯合國隔離雙方的緩衝區。

英國和西班牙爭直布羅陀(Gibraltar)的主權,特別是英國在十八世紀根據

1713 年烏特勒支條約(Treaty of Utrecht)所圈占的中立區。區內有機場，英國築有圍牆籬笆。

北愛爾蘭(Northern Ireland)是否獨立一直是一大衝突熱點，因英國統治北愛已幾百年，且同為新教。愛爾蘭於 1921.11.6 獨立。

西班牙與摩洛哥在馬格里布(Maghreb)有領土糾紛，北非西部的阿拉伯國家間也有領土糾紛。

第三節　歐洲整合

1. 軍事戰略方程式(The Military-Strategic Equation)

德國的再統一，中、東歐共產黨政權的倒臺，和蘇聯的崩潰使海洋歐洲的東擴成為可能。1997 年北約擴張的第一步是納入匈牙利(Hungary)，捷克共和國(Czech Republic)，和波蘭。

匈牙利的位置戰略上對北約特別有價值，其邊境有東歐與巴爾幹半島六國——烏克蘭，羅馬尼亞，塞爾維亞與蒙特內哥羅聯邦(Federation of Serbia and Montenegro)，克羅西亞(Croatia)，斯洛維尼亞(Slovenia)及中歐的奧地利(Austria)與捷克共和國。

北約擴張的基本原因是：一、加強這些國家的安全與民主。二、藉擴大同盟以降低統一後之德國力量太強。三、向波蘭保證，德國可成為其戰略夥伴，而非有威脅性的鄰邦。北約秘書長馬達里亞加(Javier Solana Madariaga)強力支持擴張，藉由連結跨大西洋之集體條約，作為北約保護東歐，對抗俄羅斯崛起之新戰略概念的一部分。美國總統小布希(George W. Bush)強力主張北約東擴至俄羅斯邊界，既可消除東西歐虛構的地理分界，又可保護民主，也不會對俄羅斯構成威脅。而且，若俄羅斯成為安全夥伴，北約擴張就終抵於成。

接受波羅的海國家加入北約會直接威脅俄羅斯的心臟，莫斯科必死命反對，可能導致俄羅斯短程核武重回加里寧格勒。美國總統小布希強力主張北約東擴至俄羅斯邊界，既可消除東、西歐的地理區分，又可保護民主國家，也對俄羅斯不造成威脅。這是西方地緣政治上的失策並重燃新的冷戰，如俄羅斯與

中國、伊朗、甚至伊拉克結盟，並將核武遷回加里寧格勒。加里寧格勒為俄羅斯波羅的海艦隊司令部所在。

俄羅斯也可能在波羅的海三小國製造動亂，俄羅斯人占拉脫維亞人口的30%、愛沙尼亞人口的30%、立陶宛人口的10%。俄羅斯也可能切斷對立陶宛的廉價原油供應。愛沙尼亞亟欲加入北約，但德國希望把波羅的海國家排除在北約之外。

羅馬尼亞和保加利亞若加入北約，會使俄羅斯不能自由自在地使用黑海。而對俄羅斯最大的威脅是烏克蘭加入北約，那會顛覆目前已經令人焦慮不安的戰略平衡，因為那代表著歐亞心臟地帶的重大突破。更且會使莫斯科想要撕裂烏克蘭，鼓勵東烏克蘭的俄羅斯人脫離，這裡有重工業化的哈爾科夫(Kharkov)和頓內次盆地(Donets Basin)。這種情形已於2012年發生了。

其他問題：

(1)波蘭的安全保障為強大的德國，德國是歐洲同盟和快速反應部隊(Rapid Reaction Force)的基石。波蘭與德國有緊密的經濟連繫，德國現在已占波蘭出口的三分之一強，及波蘭進口的四分之一。德國也已取消波蘭對德國債務的一半。

(2)若烏克蘭、喬治亞、亞塞拜然獲准加入北約，俄羅斯與西方的關係就會嚴重惡化。

(3)俄羅斯歡迎歐盟另成立快速反應部隊的原因為：①這是歐盟軍事獨立的表現，可以反制美國利用北約滲入東歐。②俄羅斯十分關心它西邊鄰國的戰火，需要迅速關注，否則將危及俄羅斯的穩定。因波士尼亞和科索沃戰爭顯示了歐洲軍力頗為不足，也缺乏精確的情報系統，更處處受制於美國。

(4)美國行動緩慢，不願涉入險境。而且，歐盟和北約的成員並不一致。

北約有29個成員(2018)：比利時、加拿大、丹麥、法國、冰島、義大利、盧森堡、荷蘭、挪威、葡萄牙、聯合王國（英國）、美國、希臘、土耳其、德國、西班牙、捷克共和國、匈牙利、波蘭、保加利亞、愛沙尼亞、拉脫維亞、立陶宛、羅馬尼亞、斯洛伐克、斯洛維尼亞、阿爾巴尼亞、克羅埃西亞、蒙特內哥羅。

歐盟有28個成員：比利時、法國、德國、義大利、盧森堡、荷蘭、聯合王國（英國）、丹麥、愛爾蘭、希臘、葡萄牙、西班牙、澳大利亞、芬蘭、瑞

典、塞普路斯、捷克、愛沙尼亞、匈牙利、立陶宛、馬爾他(Malta)、波蘭、斯洛伐克、斯洛維尼亞、保加利亞、羅馬尼亞、克羅埃西亞。

(5)土耳其的政軍角色特別複雜，歐洲軍團(Euro-corps)原來是用來干預戰爭和維持和平的，但是許多基地卻位在土耳其，而土耳其卻一直未能成為歐盟的正式成員。而且希臘和土耳其為了塞普勒斯等地區之主權還有衝突，但希臘卻是歐盟的正式成員。

2. 歐洲整合模式

歐洲整合模式與其他區域大不相同。北美自由貿易區協定(NAFTA)只關心區域經濟整合，前蘇聯集團為自上而下之政軍經區域性結構，由蘇聯主宰。海洋歐洲則植基於一種國家間的夥伴關係，是一種聯邦結構，可將國家功能移交區域性實體，也有各種經濟、社會、政治的法規以保障國家主權和權利。又有時候高度中央集權，追求統一以消除區域間之貿易障礙和軍事安全。

例如在 1993 創立歐盟時，就形成了共同的農業政策和農業補貼，以及對歐盟以外國家實施高關稅或配額，結果招致世貿組織的制裁和一些國家的報復。

在歐盟內部，各國立場不一。德國主張中央集權，法國贊成鬆散聯邦式，英國則模稜兩可。

歐洲區域性政治認同感仍在發展中，但進步可期。歐盟政、軍、經將可與美並肩而立，雖猶非超強，但經濟力和政治-文化紐帶根基深，又有高度整合的區域精華地帶和世界最大的貿易集團。倫敦、法蘭克福超過紐約為金融服務業之領銜輸出者。歐盟預算為一千億，美國為一萬七千億，但歐盟援外預算超過六十億，世界最大。歐盟對國際金融機構有實質影響力，也對會員國財政有影響力。

海洋歐洲邁向政治整合的主要因素有：①經濟與人力資源的互補性；②距離短，流動易；③區域統一的政治承諾。

(1)英國脫離歐盟 EU(Brexit)的問題？

1973 年，英國加入歐洲共同體(European Communities)（歐洲聯盟前

身），並在 1975 年舉行了是否應該繼續留在歐共體的公投，結果過半數投票者支持留在歐共體。

然而英國國內始終存在強烈的歐洲懷疑主義(Euroscepticism)的聲音（反對歐盟及其前身歐共體），無論保守黨(Conservative Party)還是工黨(Labour Party)在歐盟問題上，黨內均不統一（惟總體上工黨多數黨員支持歐盟，而保守黨則意見不一，但保守黨的共識是反對英國再轉移更多權力至歐盟，並要求從歐盟取回更多權力，如重新實行移民及邊境管制的權力），且也有如英國獨立黨(UK Independence Party, UKIP)明確主張退出歐盟的政黨存在。

2013 年，英國首相大衛·卡麥隆(Prime Minister David Cameron)表示如果保守黨在 2015 年大選獲勝，將在 2017 年之前舉辦是否退出歐盟的公投[3]。保守黨在 2015 年勝出大選後，卡麥隆隨即宣布英國退出歐盟公投將在 2016 年 6 月 23 日舉行。2017 年 1 月，英國政府向下議院提交《2017 年歐洲聯盟（退出通知）法案》(European Union (Notification of Withdrawal) Bill 2017)，該法案授權英國政府啟動脫離歐洲聯盟的程序。3 月 28 日，英國首相德蕾莎·梅伊(Theresa May)在首相府簽署六頁長的通知信知會歐盟，英國決定按照《里斯本條約(Treaty of Lisbon, 2007)》第 50 條，啟動脫歐程序。3 月 29 日，由英國駐歐盟大使巴羅，親手交予歐盟理事會(European Council)主席圖斯克(Donald Tusk)。2019 年 3 月底以前，英國終將脫歐。

(1)貿易：

西歐最大五國——英、法、德、義、西班牙，外貿占五國 GDP 總額（約 6 兆美元）的 45%，人口 3 億。美國貿易占本國 GDP 總額（約 9.9 兆美元）的 25%，人口 2.78 億。五大國之間的貿易額占區內貿易的一半，美國與北美自由貿易協定(NAFTA)貿易額占區內貿易的 30%。

貿易性質與區域繁榮度有直接關連，也與內部和世界連繫密切相關。歐洲大國有廣泛經濟基礎，然而仍以專業化取勝，德國除外(因多樣化)。微形國家如列支登士敦(Liechtenstein)和安多拉 (Andora)專精旅遊，並提供免稅和外國公司之總部。摩納哥(Monaco)另加賭博。

(2)交通與電訊：

自動火車海底隧道(auto-rail「Chunnel」)連結英國與丹麥、瑞典，高效率，媲美飛機。

當地使用之油管網絡、運河系統,特適合煤鋼。北海的石油與天然氣經油管輸送至英國、挪威、丹麥、荷蘭和德國的煉油中心,再經油管網絡輸往西歐。

Rhine-Moselle-Marne 水路系統特別有助於大宗物資之交換,如:煤、鋼、鐵。

歐洲無線電話之發展與使用已超越美國,荷蘭已有能力發展世界級的軟體產品中心,其電子商務(e-commerce)可與美國並駕齊驅。

(3)統一的政治:

促進歐洲統一的關鍵性法律機構是:①位於盧森堡的歐洲法院(European Court of Justice)和②位於斯特拉斯堡(Strasbourg)的歐洲人權法院(European Court of Human Rights)。雖然歐洲的法律和國內的法律常有扞格,但是一個超國家法律實體已在穩步前進之中。

超國家立法之演進是區域統一的基本要求。EU 當前最重要議題是:①處理其治理結構和②管理其擴張。德國提議建立中央集權化的歐洲聯邦,直選總統,分權議會。

(2)東、西歐之不協調

海洋歐洲止於中歐之維也納,布拉格,布達佩斯(Budapest),此線以東,大陸性是區域地標。

波蘭界鄰海洋歐洲,是東歐國家中最大者。人口四千萬,1/3 在鄉村,1/4 勞動力依農為生。立陶宛,羅馬尼亞,保加利亞亦有類似之農業傾向。故而西歐的開放市場和資本流動,以及對東歐寬鬆其人口與貨品之流通,此兩者之融合應可取代歐盟之擴張,以減輕俄羅斯之疑慮。

第四節　國家擴散

在地緣政治區域,民族國家是節點(nodes),交通與通訊線是連接者(connectors),它們形成區域網絡(regional network)。海洋歐洲是世界最密集的節點與連接者的網絡,使其得以成就無可匹敵的專業化與整合。這種密集的網

絡增加了區域維持動態均衡的能力,這是因為回饋之機會的多樣化和各種成分之自我修正。若一國出事,他國仍可透過互聯網絡以維持系統整合。如北愛內戰、西班牙北部之恐怖主義、塞普斯之衝突均無礙海洋歐洲之區域統一。整合系統內節點之擴散有助於加速其發展,因節點可成為另一個專業化的中心。因此,國家、微型國家、和準國家的擴散不會造成海洋歐洲的破碎和失序。

歐洲的國家讓渡(devolution)不必然意味著失去完全的主權,但意指住在歷史上特有領土的人民有權自決並可自由實行對其生存至關緊要的功能。一般而言,人民向地主國所爭取的利益是有關語言、宗教、文化、經濟的事情。例如:聖馬利諾(San Marino)只要求義大利的補貼,而放棄某些特權。列支敦斯登(Liechtenstein)沒有軍隊,外交由瑞士(Switzerland)代表,只要獨立的財稅政策。西班牙的巴斯克(Basque)古老的民族要求保存中世紀以來之語言、傳統、民族性。潛在的歐洲國家與準國家(Quasi-States)有 18 個,例如:

■ 西班牙

　　(1)西班牙中北部 Vascongadas 的巴斯克(Basque)地區曾有高度自治與完全獨立兩派之衝突,達三十年之久,直到 1998 才停火。該地區有商港與現代工業,十分富裕,其人均所得超過整個西班牙。巴斯克可做北歐與伊巴塞隆納(Barcelona)為加泰隆尼亞(Catalonia)省之中心,亦為西班牙之首要工商中心,地方政府訂加泰蘭(Catalan)語為官方語言,使半數不說該語言之人民難以處理公務。可做整個西地中海的通道。

　　(2)直布羅陀(Gibraltar)海峽最窄處僅 8 哩,是另一個可能的通道國家,可為英國與西班牙的共居型國家(condominium)。

■ 法國

　　原義大利之科西加(Corsica), 1768 割讓給法國,自此叛亂不斷。2001 末,給予有限自治。可為高度自治或準國家以解決問題。

■ 土／希

　　(1)賽普勒斯(Cyprus)島上居民中,希臘人約為 80%,而渠等擁有 60%的土地。南部屬回教土耳其人。雙方敵意深,可為邦聯制的共居型邦聯國家。

　　(2)克里特(Crete)島亦有土/希裔之爭,若土/希之賽普勒斯問題得以緩解,克里特島或可成為準國家。

■ 比利時西部和荷蘭(Netherlands)西南部說荷蘭語(Dutch)的佛萊明(Flemish)人

要求成立大佛蘭德斯(Greater Flanders)，或可成立某種共居型之文化與經濟的獨立實體。

■ 北愛爾蘭(Northern Ireland)的多數新教徒(Protestants)和少數天主教徒(Catholics)於 1998 簽定協議，成立國會和行政部門。但若北愛爾蘭共和軍和天主教新芬黨仍不放下武器，則和平希望仍然渺茫。若和平有望，北愛爾蘭可成為共居型國家，由英國和愛爾蘭共管，最終成為獨立國家。

■ **葡萄牙(Portugal)／西班牙**

(1)葡萄牙的亞速(Azores)群島已為自治區，可成為通道，現為北約之空軍基地，也是休閒地區。

(2)西班牙的康納利群島(Canary Islands)已獲較大之區域自主性。

■ **英國**

(1)蘇格蘭(Scotland)：英國大部分油田和天然氣在蘇格蘭外海，獨立呼聲高。

(2)謝德蘭群島(Shetland Islands)：在蘇格蘭東北外海，有自發之獨立運動。

(3)威爾斯(Wales)：經濟依賴倫敦，無法獨立。

■ **丹麥(Denmark)**

(1)格陵蘭(Greenland)：已享有半自治地位。WWII 時美國建有空軍基地。若美國支持，56,000 人民可自決，建立準國家。

(2)法羅群島(Faeroe Islands)：在冰島與謝德蘭群島(Shetlands)（英屬）之間，傳統漁權為經濟支柱，財政需丹麥補貼。長期而言，有望建國。

總之，海洋歐洲的國家領土讓渡可有各種形式，增加專業化可進一步把區域結合在一起，而不必粉碎削弱該地區。

第五節　馬革里布(Maghreb)：海洋歐洲的戰略附屬 (Annex)

馬革里布(Maghreb)為北非西部摩洛哥(Morocco)，阿爾及利亞(Algeria)，突尼西亞 (Tunisia)三國的統稱。歐洲需馬革里布之石油、天然氣、勞力。馬

革里布需歐洲之資本、科技、成品、觀光客。

(1)阿爾及利亞有世界第五大的天然氣蘊藏量,是世界第二大的天然氣出口國。其石油蘊藏量排名世界第十四,油氣出口占該國 GDP 的 25%,且幾乎所有出口是輸往義大利,法國,及其他歐盟國家,另有 15 %輸往美國。

阿爾及利亞是馬革里布的區域強權,是該地區與海洋歐洲平衡之鑰。然而,它的大問題是政治不穩定。曾與法國打了三十年的解放戰爭,1962 才結束,摧毀了經濟,軍民死傷達五十萬人。隨後又與摩洛哥發生邊界戰爭。內憂外患再加官僚腐敗,政府冗員充斥,外債沉重,凡此皆使改革寸步難行。

(2)突尼西亞也是油氣的出口國,主要輸往歐盟。戰略上位居地中海中央,俯瞰利比亞,是馬革里布通往義大利,東南歐,和東地中海的門戶。有油汽管線從阿爾及利亞穿過突尼西亞抵地中海各港口,再由管線輸往西西里(Sicily)和義大利。突尼西亞是馬革里布國家中經濟最先進的國家,經濟成長率高,與歐洲鄰邦關係緊密,已是往歐洲地中海沿岸國家之通道,在地緣政治上將可成為連結馬革里布和海洋歐洲的樞紐。

(3)摩洛哥於 1956 和 1958 分別從法國和西班牙獲得獨立,自此大部分時間都在絕對君權的嚴密統治下享有國內的政治穩定。今日的主要挑戰是經濟。它是馬革里布國家中最窮的一個,文盲比例最高。雖然有磷酸鹽、銅鐵礦和糧食出口,但所得仍不及阿爾及利亞油氣出口的十分之一。正面地來看,地近歐洲,勞力便宜,仍然吸引了相當多的國外投資於工業透服務業,觀光業也穩定成長。歐盟也減免其關稅,故經濟前景看好。

馬革里布是歐洲資本投資的焦點,能源之外,也遍及礦產和石化業,以及食品工業。此外,三國人口共有七千萬,給歐洲提供了一個有潛力的市場,也是歐洲移工的主要來源。

西歐在東向擴張歐盟和北約時,也應關注南側的馬革里布,因其已有歷史、貿易、移工的緊密連繫。相較而言,西歐深入心臟地帶是地緣政治上的過度延伸,戰略成本遠遠超過利益。海洋歐洲與的區域統合在經濟上是可行的,所需克服的障礙為種族和宗教的歧視。克服歧視就需要有經濟援助和良好的地緣政治政策。

地緣政治統一的海洋歐洲與馬革里布有類北美洲與中部美洲。歐洲可經由壓倒性的軍事力量和對大西洋和跨地中海運航線的控制,對南方的阿拉伯鄰

國享有戰略的主導力。此外，歐盟也有能力支持馬革里布的經濟發展。今所需
要者為互利機制和平等參與。

歐洲地圖

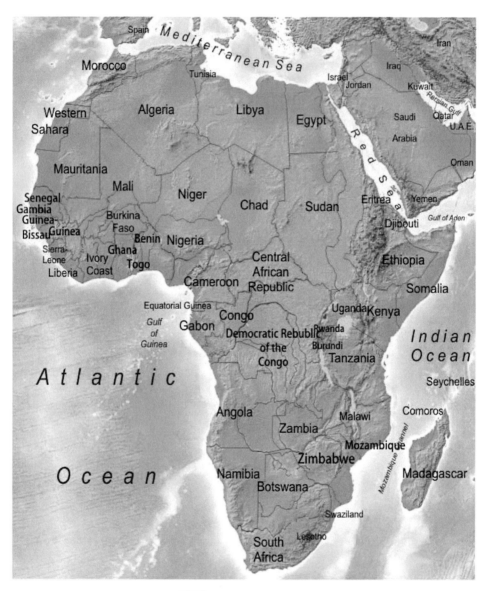

Maghreb 三國：Morocco, Algeria, Tunisia

第六章　俄羅斯與心臟地帶邊緣

麥金德的理論演變與俄羅斯的擴張

一、 1904當麥金德(Halford Mackinder)在英國皇家地理學會(Royal Geographical Society)發表他的論文「地理的歷史樞紐」(The Geographical Pivot of History)時，沙皇俄國也完全控制了世界的心臟地帶或歐亞大陸的核心樞紐區域。俄國人在 1851 開始越過烏拉山(Urals). 1860 兼併中國的遠東領土(Far Eastern Territory)，也開始建設重要的海參威(Vladivostok)港。1905，建造莫斯科(Moscow)到海參威長 5,575 哩的跨西伯利亞(Trans-Siberia Railroad)，控制了整個西伯利亞。19 世紀末，奪取外高加索(Trans-Caucus)和中亞(Central Asia)，完成了南向的擴張。

二、 1919麥金德的《民主的理想與現實》*(Democratic Ideals and Realities)*一書完成前，俄國發生革命，他擔心共產主義將橫掃東、中歐並併吞德俄間的中層(Middle Tier)七國，從亞德里亞海(Adriatic)，黑海(Black Sea)一直到波羅的海(Baltic)。他警告：現在蘇俄已可統治東歐這個心臟地帶的戰略附屬。他假設的另一種情形是德國控制了分裂的東歐並主宰了心臟地帶，如此，控制世界島(World-Island)就可以統治全世界。

三、 1943他寫就〈圓形的世界與贏得和平〉(The Round World and the Winning of Peace)一文，時值二次大戰方酣，麥金德重申(Eurasia Heartland)是世界最大的天然堡壘(greatest natural fortress in the world)。心臟地帶從葉尼塞河(Yenisey River)東至太平洋。控制 4 百 25 萬平方哩，17,000 萬人。如此，蘇聯在戰略上就有牢不可破的防禦態勢，足以對抗納粹德國。但他已放棄 1919 的名言，心臟地帶不再是控制世界島的保證，因統一的北美盆地(North America basin)將抵消心臟地帶的力量。他預期全球權力平衡體系必

將強化，因為季節雨亞洲(Monsoonal Asia)的印度和中國會發展成為新的地緣戰略權力中心。

蘇聯瓦解只是一時的現象，俄羅斯有偉大的內在力量。天然資源豐富，天然氣儲量是世界的 60%，石油儲量是世界的 10%。俄羅斯並有龐大的核子軍火庫，相當多的科學與工程人才，和空間縱深，戰略上處於歐亞大陸的中心位置。如果改革能夠掃除裙帶資本主義(crony capitalism)，建立健康的市場經濟，俄羅斯可望隨著民族主義的復興和俄羅斯東正教的輔助而復原。

新的俄羅斯有人口 14,500 萬，多為俄羅斯人，易受民族主義煽動，再加上強勢的中央政府積極駕馭，使偏遠地區恢復控制。健全的海洋範域的政策是承認俄羅斯在東歐的戰略利益，並尋求與莫斯科的夥伴關係，以建設東歐成為門戶，而非使其成為破碎地帶(Shatterbelt)。

西方國家對高加索和中亞的圖謀，以及對石油利益的興趣，始於一個世紀前的英國。它們擅於玩大棋局(Great Game)的遊戲，想取代俄羅斯在中亞的影響力。美國在 1996 首次參加這個遊戲，美國提供少量軍援給喬治亞(Georgia)和亞塞拜然(Azerbaijan)。它們與烏克蘭(Ukraine)和摩爾多瓦(Moldova)形成互助集團，三年後烏茲別克(Uzbekistan)加入，用各國國名的字首合稱 GUUAM 集團。目的在談判減少俄羅斯在邊境之駐軍，並促進油管建設，以減少對俄羅斯石油與天然氣供應或過境之依賴。2002 美國派軍事人員訓練喬治亞的軍隊反恐，這是美國滲入該區域之一例。

今天看來，大棋局的長期效果不太成功，在與西方競爭對黑海、高加索、裏裏海、及中亞地區內部的戰略影響力時，俄羅斯有壓倒性的地緣政治優勢。遠外強權對俄地緣政治附屬區域之滲透，通常是短命且有反效果的。

第一節　變化中的國家領土

國家領土風貌的改變有兩種方式：①垂直式，經由新的內部形式；②水平式，現有領土的減失，或外部區域的增加。垂直式的改變會發生在幾組新的環境條件出現或既定環境有新的使用方式時。如荷蘭填海造地、非洲沙黑爾

(Sahel)地區因氣候乾燥而成沙漠、中亞的鹹海(Aral Sea)因水源散失而縮減。水平式的改變包括都市化、引進新品種、發現新礦、改變土地制度。水平式的改變也許不會立即改變國家領土風貌的既有紋理，但終究會有影響。如西德合併東德後，東德開始從老舊無效率的重工業轉變為高科技服務導向的經濟。新加坡脫離馬來西亞後，立刻成為亞洲經濟領袖，全球金融中心和化工、電子、煉油的領先製造者。

俄羅斯帝國在十六世紀末開始水平式的擴張，併吞了十多個非俄羅斯的民族。一個世紀後，沙皇經由現代化從事垂直式的擴張。從此，兩種方式的改變並行不悖。1991，俄羅斯在突然失去大片領土和對東歐的控制之後，就必須經由工、農、服務業的現代化，高科技的應用，和天然資源的明智利用，轉向垂直式的成長。

■ 聖彼得堡(St. Petersburg)與莫斯科(Moscow)

1702，彼得大帝(Peter the Great)從瑞典(Sweden)搶得涅瓦河(Neva River)的排水區域和芬蘭灣(Gulf of Finland)東岸，開始建造聖彼得堡(St. Petersburg)。1712，他把首都從莫斯科遷到聖彼得堡。這裡不僅是一個窺視歐洲的窗戶，也是轉換俄羅斯成現代工業國家的先鋒。此處也修建了俄羅斯在白海(White Sea)最先進的港口，取代了阿干折(Archangel)，因其幾乎終年需要破冰船開港。彼得的現代化計畫包括了建造一支海軍，以及在科特林島(Kotlin Island)修建聖彼得堡的外港，做為喀琅施塔得海軍基地(Kronstadt Naval Base)之所在。

現代化的其他目標還包括了工業化，以及將俄羅斯東正教會置於君權之下，並建立有效率的中央集權的國家管理。不同的製造業如：造船，機械工程，紡織都被迅速引進。到了十八世紀中期，新的首都已經成了俄國先進的工業中心。法國與義大利建築師設計的寬敞古典的建築和處處裝飾的公園及花園，使聖彼得堡成了世界級的文化中心。在極短時間內，垂直式的改變就超越了水平式的擴張。

與新都相比，莫斯科作為國家的政治中心和最初的城市，代表了俄羅斯的內向與封閉的精神及地理的形式和傳統。這個城市從 1271 時一個小村莊發展成弗拉基米爾莫斯科維(Vladimir-Muscovite)王子寶座的所在，它位於上伏爾加(Upper Volga)平原和俄羅斯中央高地的匯聚處，其戰略位置使莫斯科維(Muscovy)公國的統治者得以宰制周遭的土地。

　　莫斯科的建築形式和莫斯科維的社會、軍事組織反映出拜占庭(Byzantine)、韃靼(Tatar)、和斯拉夫(Slavic)之混合影響。它的木質建材和磚塊均就地取材,圓形尖頂和塔樓來自俄羅斯拜占庭(Russian Byzantine)的形式風格,但也蠻獨特。

　　在彼得登基前,莫斯科曾經歷過一次大規模的成長,但市場仍然局限於莫斯科維國家封閉的領土內,商業考量重重影響彼得決定建造聖彼得堡,並力圖把國家經濟延伸至領土之外。

1. 沙俄的領土擴張

　　俄羅斯國家的發展因時而異,領土有時擴張,有時收縮。早先,南邊受阻於蒙古帝國,西邊有立陶宛大公(Grand Duchy of Lithuania)併吞之烏克蘭和白俄羅斯(White Russia)。莫斯科大公(Dukes of Moscow)只得向北和向東擴展到伏爾加(Volga)。

　　(1)1480 蒙古人的金帳汗國(Golden Horde)又稱欽察汗國(Kipchax Khanate)於分裂成四大汗國,韃靼汗國為其中之一。喀山(Kazan)在莫斯科東邊五百公里處,是穿越烏拉山脈(Urals)的門戶。

　　1581 葉爾瑪克(Yermak Timofeyev)和他的哥薩克人(Cossacks)團夥越過烏拉山,取下 Sibir(今托博爾斯克(Tobolsk)旁,當時 Sibir 汗國的首都)。1584 伊凡四世,全俄羅斯的沙皇(Ivan IV, Czar of All Russia)所控制的領土有如一個倒三角形,北自科拉 Kola 半島,新地島(Novya Zemlya),和白海(White Sea),巴倫支海(Barents Sea),喀拉海(Kara Seas)。阿干折在白海的德維納(Dvina)河口,經常冰封,1898 Moscow-Archangel 鐵路通車,阿干折港重現風光。巴倫支海(Barents Sea)的莫曼斯克(Murmansk)於 WWI 開發成不凍港,現為核子潛艇基地。

　　1649 哥薩克人越過西伯利亞(Siberia)抵鄂霍茨克海(Sea of Okhotsk)。1856-60 佔領黑龍江(Amur)以北,烏蘇里江(Ussuri River)以東,1860 在海參威(Vladivostok)建軍事據點。

　　1696 彼得大帝征服亞速海(Sea of Azov)周邊地區。

　　(2)1700-1721 北方戰爭(Northern War),瑞典的查理十二(Charles XII)敗給

俄國，1710 彼得大帝取得瑞典勒沃尼亞(Swedish Livonia)〔今愛沙尼亞(Estonia)及部分拉脫維亞(Latvia)〕。1809 拿破崙戰爭(Napoleonic Wars)時，俄國征併芬蘭(Finland)，1917 十月革命時芬蘭獨立。

　　1735 凱薩琳大帝(Catherine the Great)征併黑海北邊〔(兩次鄂圖曼/土耳其(Ottomans)戰爭)〕。1783 取克里米亞戰爭(Crimea)，1791 攻陷敖得撒(Odessa)。十九世紀前半，征服高加索等地。1812 兼併比撒拉比亞(Bessarabia)，提供敖得撒(Odessa)防禦縱深。

　　1853-1856 克里米亞戰爭(Crimean War)西方列強保護鄂圖曼/土耳其帝國(Ottomans)，打破沙俄控制博斯普魯斯(Bosporus)(北)海峽和達達尼爾(Dardanelles)(南)海峽，出黑海入地中海之美夢，也阻止了沙皇欲意打破封鎖其暖水港之戰略疆索的企圖。

(1)十九世紀向遠東領土的擴張

　　此一時期東向擴張的步調本質上是被經濟機會、勞力、和接近性所引導。當哥薩克人在十七世紀初步征服西伯利亞時，他們騎馬乘船橫過連接西伯利亞河川系統的平坦連水陸路(portage)前進。十九世紀時(1861)，被解放的俄國農奴獲得免費的土地，刺激了森林帶和黑土帶的墾殖。

　　十九世紀中期，俄國人繼續前進到了後來稱之為遠東領土(Far Eastern Territory)的區域。遠東領土之內陸為雅庫特(Yakutia 今名薩哈 Sakha)，早期殖民者在勒拿河谷(Lena River Valley)建雅庫茨克(Yakutsk)城寨，生產鑽石、錫、天然氣、煤、木材等。1891-1905 跨西伯利亞(Trans-Siberian Railroad)完工。海參崴成為海軍基地，漁業中心。

　　俄國人利用清朝的衰弱，取得黑龍江(Amur)以北和烏蘇里江(Ussuri)以東，一直到雅庫特和勒拿河，向東直抵亞洲東北海岸。雅庫特是地球上最古老的有人定居的地方，大部位於北極圈內。早期的俄國殖民者住在勒拿河谷的上游(南方)，1632 雅庫特人在此建有碉堡。該區域主要收入來源是放牧，打獵，伐木和採金。今天的主要收入來源則是採鑽石。住在城鎮的一百萬人以錫、天然氣、石油、煤、磷酸鹽、木製品、紙和食品加工維生。

　　滿州是俄、日爭奪的主要獎賞，資源豐富，特別是煤、鐵、木材，更重要的是它是進入華北的戰略門戶。

早在十七世紀，俄國人即已跨越韃靼海峽(Tatar Strait)探勘薩哈林(Sakhalin)島。二戰後，俄國獲得全島主權，雖然日本拒絕承認。薩哈林的價值在於其石油與海域之天然氣蘊藏，俄羅斯經由海底油管將石油輸往俄國大陸。

千島群島(Kuril Island chain)是日、俄的另一個戰略目標。日、俄為此爭執不休，故戰後兩國均未簽訂和平條約。千島群島的重要性為其深水港、不凍港和監視北太平洋的海空軍基地，周邊海域還有豐富漁場。

更北邊的堪察加半島(Kamchatka Peninsula)上有白令(Vitus Jonassen Bering)於 1741 建立的彼得羅巴甫洛夫斯克(Petropavlovsk)。當年，彼得大帝僱荷蘭人白令探勘西北航道，尋找連帶大西洋和太平洋的水路。白令因此發現堪察加，彼得羅巴甫洛夫斯克(Petropavlovsk)現為俄羅斯重要的海軍基地和造船廠所在。也是拖網漁船和漁船隊的中心。

伯力(Khabarovsk)在黑龍江和烏蘇里江下游兩江匯聚之處，原為貿易據點，現為主要工業中心和港口，有航線往阿拉斯加(Alaska)和日本。

(2)西向擴張

當沙俄向北、東、南穩步擴張之際，西向擴張卻受阻於立陶宛，波蘭，德國，和哈布斯堡帝國(Hapsburg empires)。

(1)首先，蒙古的金帳汗國在 13 世紀時奪取了素有俄羅斯民族主義的搖籃之稱的基輔羅斯(Kievan Russia)。一個世紀後，又稱為烏克蘭(Ukraine)的這個區域被立陶宛和波蘭所統治，但大部分時候是在波蘭的統治之下。

(2)另有「Land of the Little Russians」之稱的烏克蘭引起了俄羅斯和烏克蘭之間的衝突。1667 俄波戰爭(Russo-Polish War)後，波蘭被瓜分，俄獲 Dnieper River 以東左岸之烏克蘭，含基輔。波蘭保留右岸。一世紀後，凱薩琳大帝統一了左右兩岸，隨著波蘭三次被瓜分(1772, 1793, 1795)後，又兼併了烏克蘭西部。廿世紀，俄羅斯人大量移入東烏克蘭的頓內次盆地/頓巴斯(Donets Basin/Donbas)，和鄰近羅斯托夫(Rostov)的哈爾可夫(Kharkov)地區，別爾哥羅德(Belograd)，及庫爾斯克(Kursk)。後來，頓巴斯和哈爾科夫成為世界級的重工業及冶金中心。

(3)白俄羅斯(Belorussia)：又名「White Russia」，今名 Belarus，情況類似

烏克蘭。

(4)立陶宛(Lithuania)：中古時代曾是歐洲最大最強的國家之一，1596 和波蘭聯合抗俄，卻被波蘭化。第一次與第二次世界大戰後，兩次被俄羅斯佔領，1990 蘇聯解體後才重獲獨立。

(5)拉脫維亞(Latvia/Livonia)：原屬瑞典，彼得大帝奪其東部，1795 波蘭第三次被瓜分時，拉脫維亞西部和南部又落入俄羅斯手中。1990 蘇聯解體後才獲獨立。

2.蘇俄時期的領土變遷

蘇俄領土擴張的理由有三：①戰略：防禦、進攻；②經濟：為菁華地帶提供港口；③民族主義：泛斯拉夫主義，統一境內少數民族。

領土兼併的理由有三：①為重要城市增加戰略縱深、因恐懼德國入侵；②作為緩衝區；③奪取天然資源。

1939 時，主要的國際港有：敖得撒(Odessa)，列寧格勒／聖彼得堡(Leningrad/St. Petersburg)，莫曼斯克(Murmansk)，海參威(Vladivostok)，阿干折，蘇維埃港(Sovetskaya Gavan/Soviet Harbor)。均曾支援二戰，但阿干折不是國際城市。它們都距邊界不及百哩。

重要不凍港有：里加(Riga in Latvia)，塔林(Tallinn in Estonia)，加里林格勒(Kaliningrad)。

3.蘇聯內爆與後蘇聯時期之領土收縮

1991.9 正式內爆。蘇聯內爆後尚能維持團結是由於：一、對國內恐怖主義之恐懼，需要有力之中央政府的保護與對抗。二、擔心外敵之入侵。三、對馬克思主義無階級和公義的社會仍存有嚮往。但因無效率和國防支出沈重，崩潰是遲早的事。

內爆後，十一個新獨立的國家同意建立獨立國協(Commonwealth of Independent States/CIS)，僅喬治亞(Georgia)和波羅的海國家未參加 CIS。也僅

俄羅斯與白俄羅斯有實質連繫。事實上，CIS 是一個空殼子；現因反恐和經濟發展之需，在俄羅斯領導下已出現各種國際組織。

新俄羅斯聯邦(Russian Federation)領土面積減少了近兩百萬平方哩，現為6,592,735 平方哩。1991 人口為 1 億 5 千 4 百萬，前蘇聯(Former Soviet Union/FSU)人口為 2 億 9 千 3 百萬。人口減少的原因是：低出生率，高死亡率，人口外移；還有社會經濟的因素，如保健系統崩潰、高房價、酗酒等。2017 據世界銀行的統計，人口為 1 億 4 千 3 百 50 萬，有勞力短缺之虞。俄羅斯聯邦的俄羅斯種族人口占總人口的 82%。已被承認族群有 63 個，包括：Ukrainians，Tatars，Yakuts，奧塞金人(Ossetians)高加索北部，布里雅特人(Buryats)蒙古西北，Chechens，印古什人(Ingush)車臣西邊，巴什基爾人(Bashkiris)烏拉山兩側，楚瓦什人(Chuvash)烏拉山以西，科米人(Komi)東歐東北內陸，馬里人(Mari)伏爾加河北岸，Jews，Germans，Armenians。

蘇聯瓦解後。新獨立國家間的內部衝突有：

(1)亞美尼亞和亞塞拜然爭 Nagorno-Karabakh。

(2)內戰中的喬治亞的鄰近黑海的 Abkhazia 穆斯林，要求加入俄羅斯。莫斯科支持 Abkhazia 獨立，成為喬治亞境內一個自治共和國，但在俄羅斯實際控制下。

(3)南奧塞金(South Ossetia)欲加入北奧塞金(North Ossetia)，反喬治亞，結果南奧塞金自治共和國被置於俄羅斯保護下，俄羅斯支持謝瓦納澤(Shevarnadze)出任總統（前蘇聯外交部長）。喬治亞加入 CIS，允許俄羅斯海軍使用黑海東岸巴統(Batumi)的基地，並允許俄軍駐留境內。

(4)東摩爾多瓦(Moldova)自立為跨德涅斯特共和國(Trans-Dniester Republic)一個自命的假國家(pseudostate)，領導人欲與俄羅斯統一。

(5)俄羅斯與烏克蘭為了烏克蘭獨立後之克里米亞主權而爭吵。基輔為俄羅斯歷史核心，因此烏克蘭不加入 CIS。在克里米亞占多數之俄國人要求俄羅斯取回克里米亞。克里米亞半島上之塞瓦斯托堡(Sevastopol)為黑海艦隊之母港，為俄羅斯安全不可或缺。1997 俄羅斯接受烏克蘭現有國界並承認其對克里米亞與塞瓦斯托堡(Sevastopol)之主權。烏克蘭則讓俄羅斯黑海艦隊有權使用塞瓦斯托堡。2014.3 部分克里米亞與塞瓦斯托堡被俄羅斯兼併為克里米亞聯邦區(Crimea Federal District)。

(6)塔吉克(Tajikistan)於 1992 爆發內戰，莫斯科支持前共黨政府對抗伊斯蘭原教旨政府，1997 停戰，俄羅斯駐軍協抗伊斯蘭。

(7)車臣原教旨叛軍擊敗俄軍(1994-96)，然經濟崩潰，成為恐怖主義天堂。

(8)北高加索在黑海與裏裏海(Caspian Sea)之間，威脅鐵路與油管。更且，亞塞拜然與喬治亞毗連國際邊界可獲外援。

(9)韃靼斯坦(Tatarstan)：今卡爾梅克(Kalmykia)，在高加索北邊，東靠裏海，內陸封閉(landloked)，戰略上無關緊要。

4.地緣政治特性

蘇聯解體後，俄羅斯失去了一些領土，但仍是世界最大的政治地塊。東西一萬五千哩，跨越 11 個時區，無人有其空間縱深，加上龐大之核子武器庫，迅將成為世界主要地緣戰略強權。

(1)歷史核心

俄羅斯國家發源地為基輔羅斯的諾夫哥羅德(Novgorod)。俄羅斯人源自留里克(Rurik)領導之瓦良基人(Varangians)，為斯堪地納亞(Scandinavian)商人及戰士，862A.D.在俄羅斯西北之諾夫哥羅德(Novgorod)建立王朝，為漢撒同盟(Hanseatic League)四個主要中心之一，餘為倫敦(London)，比利時的布魯日(Bruges)，荷蘭的卑爾根(Bergen)。

Rurik 繼承者 Oleg 遷都至基輔，879A.D.。880A.D.，弗拉基米爾 Vladimir 擊敗其兄 Oleg 篡位為基輔大公(Grand Duke of Kiev)，並征服其他部落，擊敗立陶宛人，保加利亞人(Bulgars), 拜占庭帝國(Byzantines)，王國擴張。888-889A.D. 弗拉基米爾 Vladimir 受洗並下令奉希臘正教為國教，政教合一。定基輔為瓦良基王朝之都，因位置適中，沿德涅伯河(Dnieper River)，為斯堪地納亞-黑海-君士坦丁堡(Scandinavian-Black Sea-Constantinople)貿易路線必經之地。從此，基輔成為歐洲商業與文化中心。周邊又有良田美地。而諾夫哥羅德位於北方濕冷貧瘠之沼澤地區。

羅斯「Russ」 原為瓦良基人對聚居在基輔一帶之東斯拉夫人 Eastern Slavs

的稱呼，此後乃以基輔羅斯命名此一新國家。基輔有「眾城之母(mother of cities)」之稱，直到 1169 遷都莫斯科後仍未放棄此一稱呼。此時，東正教(Russian Orthodox Church)已成為俄羅斯民族主義之根，教會斯拉夫語(Church Slavonic)也成為神職人員和一般俄國人使用之文字語言。

基輔羅斯為前沿國家(frontier state)，曾受蒙古遊牧民族攻擊，1237-1240被迫屈服。

(2)政治首都

基輔羅斯建國後，俄羅斯權力中心北移。當時最得勢者為韃靼(Tatar)，以莫斯科(Moscow)為中心，位於伏爾加河平原與俄羅斯中央高地之間的節點(nodal location)，據貿易路線的十字路口，向全方位輻射。莫斯科 1328 前成為政經中心，1380 成為全俄羅斯統一後之首都。

1712 彼得大帝建新都於聖彼得堡，屬外向型文化。1918 布爾什維克(Bolshevik)抗拒沙俄對西方之文化與經濟傾向，恢復莫斯科為國都，因有較大之防禦縱深，距邊境較遠，屬內向型文化。

(3)精華地帶

形狀如三角形，最寬的西邊底座從聖彼得堡（在列寧格勒州）至斯摩棱斯克(在斯摩棱斯克州，在莫斯科西邊)，布良斯克（在布良斯克州 Briansk，在莫斯科南，烏克蘭北），庫爾斯克(在庫爾斯克州，烏克蘭東北)；南向至頓河羅斯托夫(Rostov-on-Don 頓內次盆地東沿之頓河羅斯托夫)。

從薩拉托夫(Saratov)沿伏爾加河往東北到佩爾姆(Perm)，這一帶富含石油與天然氣，有第二巴庫(Second Baku)之稱。秋明省(Tyumen)之天然氣儲量為世界最大，石油生產亦為世界第三，有第三巴庫(Third Baku)之稱。

烏拉山脈(Urals)以東之精華地帶有西西伯利亞(West Siberia)各中心城市：馬哥尼托哥爾斯克(Magnitogorsk)(Sverdlovsk 州東南部)，葉卡捷琳堡(Yekaterinburg/斯維爾洛夫斯克 Sverdlovsk)(Sverdlovsk 州中南部)，車里雅賓斯克(Chelyabinsk)（Yekaterinburg 東南方）。葉卡捷琳堡曾是秘密的核武器組裝和鈾濃縮工廠，1992 才對外開放。馬哥尼托哥爾斯克是另一個工業中心，蘇聯解體前曾是最大的鋼鐵生產者，生產全國一半的粗鋼。該地區之秋明(Tyumen)市為石油、天然氣、化工中心。秋明東南方的庫爾干(Kurgan)市有農

機、化工等製造業。兩城皆在烏拉山脈東邊之 Ob-Irtysh 河上游之支流沿岸，為精華地帶之邊界。

(4)有效的國家領土

蘇聯解體失去了一大片有效的國家領土(ENT)：東烏克蘭，北哈薩克，北高加索的大部分，下伏爾加河(Lower Volga)和下烏拉盆地(Lower Ural basins)，直到西部與中部西伯利亞的南緣。但剩下的還很多。

目前，大部分的 ENT 在西西伯利亞低地(West Siberian Lowland)南部的鄂木斯克(Omsk)和托木斯克(Tomsk)之間，距離達 800 哩。

(5)空曠地帶

西伯利亞基本上無法住人，但富藏石油與天然氣。原為流放地和集中營。可沿北極海對抗美、加潛艇及雷達。

蘇聯時期和今天俄羅斯的人造衛星發射基地和火箭發射基地均在哈薩克境內的 Baikonur Cosmodrome，位於鹹海以東 100 哩。

(6)邊界

邊界問題現多為波羅的海鄰國和高加索地區及哈薩克等地。①中俄邊界於 2000 年劃界完成，確定為 4,209.3 公里，為世界第六長的邊界。②日俄北方四島爭議：北海道(Hokkaido)北方的齒舞諸島(Habomai)、色丹(Shikotan)、國後 (Kunashiri)、擇捉(Etorofu)二戰後為俄方所控制，日本索還至今仍在談判中。③俄羅斯與挪威(Norway)爭史瓦爾巴德群島(Svalbard Archipelago)，其中最大的島為斯匹茲卑爾根(Spitzbergen)，經濟價值在煤礦，俄羅斯有採煤特許權。④蘇聯解體後，尚有許多邊界問題待解，包括裏海和波羅的海周邊各國的領土與水資源之爭。

第二節　心臟地帶邊緣

俄羅斯視前十四個加盟共和國為近鄰(Near Abroad)，有防衛和經濟價值，以及約 18%之俄羅斯民族總人口居此。

二戰時俄國的防禦縱深從：列寧格勒(聖彼得堡)-莫斯科-土拉-史大林格勒
(伏爾加格勒)〔Leningrad(St. Petersburg) –Moscow –Tula - Stalingrad(Volgograd)〕
–到黑海(Black Sea)東北岸的諾沃羅西斯克(Novorossiisk)。守住這條防線就可以
爭取時間讓潰散的俄軍重新集結。

俄羅斯也關心鄰國情況，西方的政治與商業正侵入外高加索的喬治亞和亞
塞拜然，已引起莫斯科的疑慮。中亞的石油也引起西方的興趣，西方的戰略是
把中亞拉出莫斯科的戰略勢力範圍。美國在中亞的軍事基地目的在支持阿富汗
的反塔利班(Taliban)和達組織(el Qaeda)的戰爭，同時也在訓練喬治亞的軍隊，
這些都使俄羅斯深感不安。

俄羅斯民族主義的復興，俄羅斯東正教力量的再起，以及軍工利益集團的
重獲權力，都影響了莫斯科對周邊地區的政策。更不用說目前有二千五百萬俄
國人居此，他們都要求建立一個大俄羅斯(Greater Russia)。俄國也在試圖控制
哈薩克(Kazakhstan)或裏海的石油儲藏。

心臟地帶邊緣的地緣政治特性

(1)首都
多數俄羅斯近鄰的首都均與俄羅斯接壤，故戰略上極易暴露在俄國威脅
下。例：塔林/愛沙尼亞(Tallinn/Estonia)，里加/拉脫維亞(Riga/Latvia)，維爾納
/立陶宛(Vilna/Lithuania)，基輔/烏克蘭(Kiev/Ukraine)，特比利西/喬治亞
(Tbilisi/Georgia)， 葉列溫/亞美尼亞(Yerevan/Armenia)，巴庫/亞塞拜然
(Baku/Azerbaijan)，烏蘭巴托/蒙古(Ulan Bator/Mongolia)均距莫斯科70-200哩。
哈薩克首都阿斯塔納阿克莫拉(Astana/Akmola)(原名捷林諾格勒 Tselinograd)距
俄羅斯邊界200哩，為前蘇聯處女地(Virgin Lands）之行政中心。

(2)精華地帶
均與俄羅斯核心區相連，實際上已融合在一起。

第三節　東歐

1. 波羅的海國家

　　二次大戰期間，麥金德認為歐洲的穩定有賴俄、德之間中層(Middle Tier)國家的動向。美國地緣政治學者鮑曼(Isaiah Bowman)教授認為：應由波蘭和羅馬尼亞 Romania 帶頭，做為俄、德兩個強權世仇之間的緩衝區或防疫警戒線(*cordon sanitaire*)。現在，歐盟和北約吸收了中層國家，就會造成西方與俄國之間的失衡和歐亞大陸的不穩定。雖然匈牙利和捷克不會危及長期的穩定，但波蘭加入北約後，若北約要求在波蘭佈署核子武器，就有可能出事。

　　波羅的海國家的加入北約深深擾動了莫斯科，因其不僅為通往聖彼得堡之鑰，各國的港口更占有俄羅斯外貿之重大比重。更且，立陶宛和波蘭圈住了俄羅斯在加里寧格勒的海軍基地。加里寧格勒為波羅的海艦隊母港，原為普魯士(Prussia)城市哥尼斯堡(KÖnigsberg)，人口一百萬，已成走私中心。莫斯科想取道白俄羅斯和波蘭建高速公路，做一個安全走廊，但波蘭不同意。重要問題是俄羅斯人民占各國人口的 10%-30%，其權利保障是莫斯科的戰略關切。

　　拉脫維亞(Latvia)的文茨皮爾斯(Ventspils)是波羅的海港口中最大的港口，占俄羅斯石油船運的 15%。俄羅斯現已擴建聖彼得堡的港口為俄羅斯最大的港口，以減少對愛沙尼亞和拉脫維亞港口的依賴。

　　愛沙尼亞是波羅的海三國中經濟最進步者，和斯洛維尼亞(Slovenia)一起，可為歐盟與俄羅斯的通道橋樑。

2. 白俄羅斯與烏克蘭

　　白俄羅斯(Belaruss)與烏克蘭對俄羅斯都是同樣戰略上敏感的地區。二戰時，白俄羅斯是通往莫斯科的十字路口，軍工產業軸心，但比較窮，無效率也。俄國認為白俄羅斯是對抗北約的緩衝區。共產黨總統 Alexander Lukashenko 親俄，1997 與俄簽約統一，但尚未成功。不過，空軍、情報、武器生產已被莫斯科整合。白俄羅斯經濟完全依賴俄羅斯。

　　烏克蘭是俄羅斯西南的門戶，克里米亞監控黑海。烏克蘭人口一千五百萬的 23%集中住在德涅伯(Dnieper)河以東和克里米亞的戰略部分，分離主義強、屬東正教，效忠莫斯科大牧首(Patriarchate)，即使基輔也有 20%俄羅斯人。克里米亞 2/3 人口為俄羅斯人。

　　西烏克蘭多為天主教，親波蘭與歐盟。天主教中有一百萬羅馬天主教，另有五百萬東天主教或名 Uniates, 用東正教儀式，但效忠教皇(Pope)。Uniate Church 建立於 1569。當時，烏克蘭被立陶宛統治。

3. 南斯拉夫與巴爾幹半島諸國的內爆

　　歷史上和地理上，巴爾幹諸國(the Balkan states)含阿爾巴尼亞(Albania)(前南斯拉夫 Yugoslavia 大部分地區)，保加利亞(Bulgaria)，羅馬尼亞(Romania)東南部，希臘(Greece)北部，土耳其(Turkey)的歐洲部分。

　　1995，美國協調波士尼亞(Bosnia)與克羅西亞(Croatia)簽訂 Dayton agreement，結束四年戰爭。隨後四年，塞爾維亞人(Serbs)在科索沃(Kosovo)實行種族清洗，北約對塞爾維亞人大規模轟炸，驅逐塞爾維亞人，並與俄國和聯合國合組維和部隊進駐迄今。

　　塞爾維亞對科索沃有特殊重要性，是塞爾維亞民族主義的歷史核心。普利斯提納(Pristina)為區域首都，現住有阿爾巴尼亞人(Albanian)。

　　塞爾維亞人最迫切的問題是：若與蒙特內哥羅(Montenegro)分離，塞爾維亞會變成內陸國，故兩者合組鬆散的聯邦(2002.3.14)，可解塞爾維亞之困，除國防外交由聯邦控制外，兩者均高度自治。南斯拉夫(Yugoslavia)則於同一天正式宣告死亡。

第四節　外高加索、中亞與蒙古

　　裏海(Caspian Sea)連結外高加索與中亞此兩地區，哈薩克(Kazakhstan)與土庫曼(Turkmenistan)的石油與天然氣管線須穿越外高加索。

1. 外高加索 (Trans-Caucasus)

外高加索三國為：喬治亞(Georgia)，亞美尼亞(Armenia)，亞塞拜然(Azerbaijan)。外高加索曾是莫斯科最需要費力處理的地區。

(1)喬治亞：是高加索穆斯林世界中唯一的基督教國家。俄羅斯支持境內阿布哈茲 (Abkhazia) 的獨立運動，使外高加索情勢緊張。特比利西(Tbilisi/Georgia 首都)對俄大幅負債，依賴俄之天然氣，電力。俄駐軍喬治亞以防裏海邊的達格斯坦(Dagestan)被車臣滲透。

(2)阿布哈茲：在喬治亞西北穆斯林地區，主要城市蘇呼米(Sukhumi)為120 哩蘇呼米軍事公路之終點，通往俄羅斯。半獨立，亟思與俄羅斯統一。

(3)南奧塞金(South Ossetia)：1992 爆發反喬治亞之叛亂。有 170 哩之奧塞金 Ossetian 軍事公路。為北高加索兩條主要路線之一，然戰略上對俄國較不重要。

(4)最嚴重的叛亂是車臣共和國(Chechnya)，與喬治亞共邊界 75 哩。在第二次車亞戰爭(1999-2009)獲勝後，莫斯科現在已完全控制了車亞。車臣共和國境內有連接巴庫和黑海邊的諾沃羅西斯克(Novorossiisk)石油管線和鐵路經過。（現已有新的管線從裏海東北繞過車臣共和國直通諾沃羅西斯克。）邊界上的潘吉斯隘口(Pankisi Gorge)是毒品和軍火通路，還有叛軍訓練營。莫斯科一再要求駐軍喬治亞，以打擊叛軍。但屢遭拒絕，莫斯科則以斷電斷氣要脅之。

(5)經濟上來講，亞塞拜然因其位於巴庫之石油生產與提煉中心，而對外部世界較為重要。雖然石油儲量已下降，巴庫的重要性依然不變。

亞塞拜然在亞美尼亞境內有一塊名為 Nakichevan 的飛地(enclave)，由於美俄和解，亞塞拜然可獲得一條通往 Nakichevan 的安全走廊。俄國則獲准在亞塞拜然建一座飛彈追蹤站，涵蓋整個南亞與波斯灣地區。

結論：莫斯科掌握了高加索與中亞的和平之鑰。

2. 中亞與「近鄰」諸國

中亞五國最近因發現能源而引起西方的興趣。倡議的管線近十條，美國最

感興趣的路線是從巴庫經亞塞拜然和喬治亞抵土耳其東南方近地中海的傑伊漢
(Ceyhan)港。美國對所有這些管線的地緣政治目標是清楚的，就是要終結俄國
對裏海的主宰。但，俄國有兩個優勢：一是近接裏海(Caspian Sea)和哈薩克，
一是有相當數量的俄羅斯人住在哈薩克和吉爾吉斯(Kyrgyzstan)，都有不容小
覷的組織力。

　　哈薩克的北部是製造業中心，和主要的農耕區，也是俄羅斯太空工業的基
地和核子測試場。哈薩克人在本國雖然是少數，但握有穩定全國的關鍵，為中
亞穩定之鑰。也能決定全國的土地和外海的油藏應如何開發。

　　中亞各國及俄羅斯彼此間有陸上劃界與水資源問題，以及裏海能源劃界問
題。

　　起源於阿富汗和伊朗的回教原教旨主義和恐怖主義，曾越境騷擾，造成嚴
重問題。2001.5 莫斯科與哈、吉、塔合組快速反應部隊(Rapid Reaction Force)
打擊伊斯蘭叛亂。總部設在吉爾吉斯首都比斯凱克(Bishkek)。2001.6.15 更進
而在上海成立上海合作組織(Shanghai Cooperation Organization, SCO)，成員國
有中國、俄羅斯、哈薩克、吉爾吉斯、塔吉克、烏茲別克、巴基斯坦、印度。

3. 蒙古

　　地廣人稀，面積：60 萬 4 千平方哩，人口：2 千 5 百萬，其中 60%已都市
化。首都為(Ulan Bator)，也是主要的工業城市。

　　在俄心臟地帶邊緣，距西伯利亞鐵路(Trans-Siberian Railroad)近。近俄，
低山草原，外部滲透易，故俄羅斯影響大而持久。但與中國受阻於阿爾泰山脈
(Altai Mountains)和戈壁沙漠(Gobi Desert)。內陸鎖國的蒙古，貿易依賴俄羅
斯，其次為中國。

第五節　小結

　　俄羅斯在心臟地帶的位置使其得以利用其中心性以主宰其周邊地區。這種
主宰的能力是基於它與周邊地區的近接性、交通運輸的便利、歷史文化的連

繫、對重要通道的軍經控制。

　　然而，南亞卻在它的戰略影響力所及之外。貝加爾湖(Lake Baikal)和勒那河(Lena River)之間的東西伯利亞和遠東領土也易於受到中國、環亞太強權和美國阿拉斯加基地的擠壓。

　　俄羅斯的潛力是：同質性高的種族，高度都市化(76%)和識字率(98%)、大批訓練良好的科學與技術人員。

让我们充满爱[上传]图片联盟www.tplm123.com

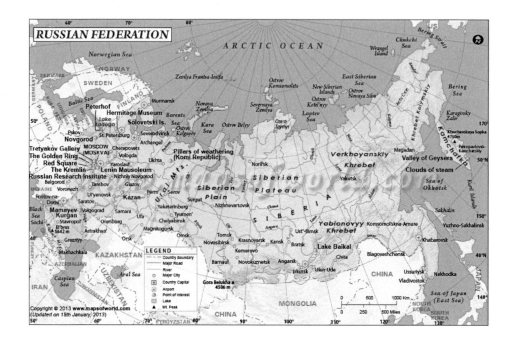

補充

1. Valery V. Tsepkalo, "The Remaking of Eurasia," *Foreign Affairs*, Vo.77 No.2 March/April 1998. 107-126.前白俄羅斯駐美大使

(1)填補後俄羅斯的真空(Filling the Post-Soviet Vacuum)

　　由於沒有人希望有一個強大的鄰國，即使它沒有敵意。所有想脫離莫斯科的國家均為西方強權的天然盟國。西方也不願看到一個容許俄國霸權存在的歐亞結構。但是慫恿歐亞大陸的不穩定亦不符合西方的利益。北約的擴大並未鞏固該地區反西方的力量，但已鼓動歐亞大陸的分裂，也動搖了俄羅斯。

　　若目前的趨勢不變，俄羅斯在歐亞大陸的影響將進一步縮小，西方強權和西方主導的國際組織的影響將會成長。然而美國將無法控制其過程。西方盟國如德國、日本和土耳其將在地區採獨立之政策。西方利益的操作將惡化國家間和國家內部之緊張。西方也將面臨中國和伊朗增強的權力；這將使西方的影響力無法越過烏拉山。歐亞將迅即成為難以預測和更危險的地方。

　　另一個方案是，美國開始支持前蘇聯地區的整合，而非成為地區分裂的力量。這樣就可以限制中國和伊朗的行動，促進經濟和戰略的均衡，並增進美俄

關係。同時，俄羅斯和中東歐的小國必須發展出一種價值，可以團結國內的歧異成份，並將廣大地區結合為一個更穩定的體系。

(2)解體難處理(Breaking Up is Hard to Do)

蘇聯之所以內部崩解，外部被操弄，不是因其經濟困難，而是因其為一個困難的社會。現在，俄國病在自我懷疑，已成國際孤兒。俄國目前的民主和西方式的消費主義偏離西方的清教倫理，無法構成可以統一和鼓舞人心的價值體系。問題不是蘇俄的價值已被拾棄，而是沒有東西可取代。

700 多個 CIS 架構內之協議已達成，但無一被執行。

(3)隔壁的強權(The Power Next Door)

俄羅斯的衰弱使新獨立國家落入中國的勢力範圍。哈薩克、吉爾吉斯擔心中國移民。哈薩克的 Nazarbayev 總統已將首都從阿拉木圖(Almaty)遷至中北部的阿克摩拉(Akmola)。哈薩克和吉爾吉斯將中國視為現代化的經濟模式，又不放心共產黨回潮。

經濟與人口統計學決定該地區之發展，而俄羅斯遠東與西伯利亞正在死亡。該兩區僅二千四百萬人，面積卻占俄羅斯聯邦 60%，且人口在下降中。該區的龐大企業曾是工業力的象徵，現已無競爭力。交通與通訊不便，高能源價格和鐵路運費使經濟狀況比俄羅斯聯邦其他地區更糟。中國對資源需求孔急，人口十三億，出生率為歐洲與俄羅斯的三倍。沒甚麼可阻止中國取得歐亞大陸和遠東的政經主導權。

(4)影響力的焦慮(The Anxiety of Influence)

日本軍力增加和強硬的外交政策可能導致與中國對抗。精神上，俄羅斯無法與中日匹敵，它們保存了宗教與文化價值的傳統體系。

若西方不支持整合，俄羅斯將實行強硬政策，在南側和西側收取土地(land collection)。也將對西方採對抗態度。硬整合政策可使其重新取得對一些麻煩地區的控制。1997.4 的俄白聯盟是通往真正整合的一步。

(5)與烏克蘭的共同命運(A Shared Destiny with Ukraine)

烏克蘭從來不是一個完全統一的實體。民族意識的分裂使國家認同歧異。

如無俄羅斯的聯結，烏克蘭將經常遭遇政治動亂，特別是東部和南部的工業地帶。

(6)高加索的各種傳統(Caucasian Traditions)

歷史上，宗教是該地區差異之基礎。

(7)歷史的開始(The Beginning of History)

北約東擴時，若俄羅斯軍事衰弱，經濟日益依賴西方，西方影響力將日增。西方支持的經濟整合，將是該地區穩定之強而有力的穩定因素。國家就像人一樣，不僅靠麵包而活，也要靠精神基礎，和偉大的思想及其所提供之精神價值。

一種秩序需重建，不是依據利益與力量的原則，而是繞著利益與力量的平衡。那將標誌著一個新而不吉祥的「歷史的開始」。

2. Zbigniew Brzezinski, "A Geostrategy for Eurasia" *Foreign Affairs,* Sep/Oct 1997, 50-64.

(1)歐亞軸心(Axial Eurasia)

主導歐亞大陸的強權將對西歐與東亞有決定性影響，需有短(5 年)中(20-30年)長期戰略。

(2)獨立的強權(The Independent Power)

四個關鍵層面：軍事、經濟、科技、文化，尚無國家可與美國匹敵。柯林頓 Clinton 曾說：美國是世界不可或缺的國家。若美國不能支持它們鞏固國家的努力，烏克蘭與烏茲別克的活力是不確定的。

在易變的歐亞大陸、當務之急是確保沒有國家或幾個國家合起來有能力趕出美國，甚或削弱美國的決定性角色。美國善霸須能使它國不想挑戰美國，不因代價太高，而是因美國尊重區域野心者的合法利益。

(3)民主橋頭堡(The Democratic Bridgehead)

歐洲是美國在歐亞大陸最根本的地緣政治的橋頭堡。

一個在政治上限縮的歐洲對俄羅斯納入全球合作體系是必要的。美國須與

法德密切合作，但要提防歐洲統一。沒有這兩國，就沒有歐洲；沒有歐洲就絕不會有跨歐亞大陸體系。

擴大北約和歐盟可再激發歐洲更大的使命感，同時也會鞏固冷戰結束後的民主利得，對美歐均有利。如果歐洲仍是「歐洲-大西洋」空間的一部分，則北約的擴張是絕對必要的。

若擴大北約失敗，將粉碎擴大歐洲的想法，並使東歐失望。更糟的是會重燃俄羅斯政治精英在中歐的政治野心。因此，美歐關係重於美俄關係。

(4)俄羅斯的歷史任務(Russia's Historic Task)

俄羅斯的首要任務是現代化，而非徒勞無功地恢復全球大國地位。一個鬆散的俄羅斯邦聯，由歐俄、西伯利亞、遠東共和國組成，將會更容易和鄰國增進經濟關係。一個去集權化的俄羅斯也較不易令人懷其帝國企圖。

若新獨立的國家生機勃勃，俄羅斯就容易打破帝國包袱。主權烏克蘭是該政策一重要成份，也是亞塞拜然和烏茲別克成為戰略上軸心國家的支撐。一個非帝國的俄羅斯於是可被接受為區域的主要經濟夥伴。

(5)歐亞多變的南方(Eurasia's Volatile South)

土耳其、伊朗、印度是多變的地區。印度民主的生存很重要，可駁斥反民主的亞洲價值說。中國、新加坡都在挑戰民主的信念。

(6)做為東方之錨的中國(China as the Eastern Anchor)

美國的兩個困境：①中國崛起成為區域強權的實際意義和可接受的程度。②日本對做為美國保護國地位的不滿。目標應是把中國導向建設性區域夥伴，並導引日本能成為更廣泛之國際夥伴。

美國責無旁貸要消除對一個中國政策之不確定性，否則臺灣問題會痛苦不堪。中國內部解放不純是內政，因為只有民主繁榮的中國才有機會和平吸引臺灣。

中國的高速成長需各種因素恰當組合：國家領導、政治平穩、社會紀律、高儲蓄率、外國大量投資，這些因素不可能長久組合。25 年後中國還是窮國，生活水平仍低。

核子武力外，中國尚無法將軍力投射到區域以外。

中國不等於區域性主宰力量。這種勢力範圍不可與獨自的政治主宰混為一談。簡言之,中國勢力範圍可定義為:各國的第一個問題是:北京對這回事怎麼看?

中國應視美國為天然盟友,美國從未對中國有領土要求。對美國而言,中國納入更廣大之國際合作架構,可成為重要之戰略資產,確保歐亞大陸的穩定。

(7)日本角色再聚焦(Refocusing Japan's Role)

民主與經濟成功的日本要做美國的全球夥伴,而非對抗中國之橋頭堡。要做到三方和解:美國全球強權、中國區域龍頭、日本國際領袖。

(8)跨歐亞大陸安全體系(Transcontinental Security)

需要建立一個跨歐亞大陸的安全體系。

第七章　東亞地緣戰略範域

　　東亞範域由中國主宰，包含北韓及中南半島的越南、寮國、柬埔寨(高棉)。朝鮮半島是一個小型的破碎地帶，陷在海洋、東亞、心臟地帶三個範域之間。美國的戰略是支撐南韓與臺灣，既圍堵中國又保護日本。南北韓在小心翼翼地走向和解，終將統一並使朝鮮半島中立化。

第一節　中國的大陸性 vs.海洋性

　　大陸性與海洋性的人格分裂使中國不同於其他範域，海洋範域的船員觀點是開放的系統，從事人員、貨物、思想的交換。俄羅斯人的陸居人有著內向的觀點，傾向封閉，自給自足。

　　中國兩者兼具，政治壓迫，經濟開放。地域上亦然，北方，內地及沿海地區，各有不同的政治、經濟、文化觀點，如何調和矛盾成為中國最大的內部挑戰。結果將決定中國是統一還是分裂成兩個國家。

　　國家地理環境之外，也要看國家如何認知理解那個環境，那會影響它的外交政策作為。特定區域的「某些事實」由領導人傳遞給公眾，並體現在民間傳說和迷思，驅使下一代領導人形成符合認知的外交政策。幾千年的歷史與文化形塑了中國的自我中心主義，把中國視為世界的中心：Middle Kingdom。

　　古代中國的自我中心觀點從地方演變到區域，再到全球地理規模。Norton Ginsburg 提出一個中國看世界的模式，四個同心圓。第四圈或最外圈是遠離文明的未開化地帶，即依序為：化外之地/野蠻人、四夷、朝貢國、中原。中國共產黨的毛澤東則提出三個世界理論：美、蘇是第一世界，歐洲、日本、澳洲和加拿大是第二世界，亞、非、拉是第三世界。這個全球觀使中國排拒做為蘇

聯的附庸，也抵禦西方。[1]

今天的中國把自己視為心臟地帶和海洋範域之間，但又獨立於它們，又可以依中國的選擇做它們的連繫，而成為第三個戰略範域。就軍事戰略而言，中國可以和俄羅斯結盟又不必擔心被宰制。

2001.11 中國准入世貿，意味著脫離經濟孤立並減少自給自足，長此以往，將改變中國的經濟風貌，但也意味著更大的戰略脆弱。

中國的第二次經濟革命會不會摧毀或拯救共產黨政權，尚待觀察。

第二節　中國的地緣政治特性

歷經帝國主義、共黨革命、改革開放，已實際重塑了中國的地緣政治特性，特徵是中國已是有組織的國家。

1. 歷史核心

(1)中國歷史上的第一個王朝是位在今天河南省的殷(商)(1523B.C.-1027B.C.)，黃河流經其中。首都殷，在安陽附近，是中國的歷史核心。可說是中華民族的搖籃。

(2)更確切地說，近代中國的搖籃是渭水谷地。統一中國的第一個王朝是秦(221-206B.C.)，首都在咸陽(西安)。

2. 首都

(1)秦以前的周(1027-256B.C.)，首都在長安。長安也是漢(202B.C.-220A.D.)、唐(618-906A.D.)的首都之所在。漢朝把儒家定為官僚國家的基礎，唐朝引進了文官考試制度並將儒家文化帶向一個高度發展的形式。

---

[1] Norton Ginsburg, "On the Chinese Perception of World Order", in *China's Policies in Asia and America's Alternatives*, ed. Tang Tsou (Chicago: University of Chicago Press, 1968), 73-96.

(2)這些首都都在西安附近，西安是東西方的主要門戶，連接蒙古、土耳其斯坦(Turkestan)（新疆）草原和華北平原。

(3)開封是五個王朝和北宋(906-1127A.D.)的首都。這個位置可以控扼長江平原。

(4)宋朝被推翻時，逃往南方，建都杭州。這是第一個在北方內陸之外建立的首都，目的在防蒙古。

(5)晉(265-420A.D.)之後，北京成為各朝代的首都，南京曾一度是明朝的首都(1368-1421)。

(6)北京（北方的京城）是理想的前進基地首都，這是它獨一無二的戰略優勢。北京和華中之間沒有地形障礙。①西北五十哩的南口關是蒙古入京的主要門戶，也是中亞入京時最安全的交通路線。②長城臨海的終點山海關是滿州人入京的安全門戶。

(7)十九世紀中葉以後，上海因大運河而連接華北，又因長江而連接中國西部。

(8)1912 中華民國成立後，內亂外患使首都或政治中心幾度遷徙，中共取得政權後，首都又回到北京。

海洋觀與大陸觀的混合反映在雙重權力中心，是中國的陷阱也是機會。

3. 精華地帶

沿海地區，南起廣東，北至南滿，和長江流域西至重慶。該經濟與人口的核心區域面積有 58 萬平方哩，人口七億。臺灣精華地帶與中國大陸精華地帶連接。中國十三億人口的 60%住在占全國土地面積 15%的精華地帶。

上海西向 60 哩到蘇州是一條新的世界級的「矽谷」（Silicon Valley）精華地帶走廊。

環境污染是一大問題，空氣和水及高速公路擴散嚴重，尤其是大城市。

石油短缺可能使中國捲入中東問題，並將特別關切新疆分離主義運動。中國宣稱對東沙(Spratlys)、西沙(Paracels)的主權，原因亦在此。

4. 生鏽地帶

內地、北方、東北。因工業過時和無效率。

5. 有效國家領土

廣西、海南島、貴州、四川、陝西、甘肅、山西、內蒙古、中部與南部滿州。人口已滿，有四億五千萬，人口密度為每平方哩 430 人。已無力再吸收年增之五千五百萬人，難做為自然成長和新移民人口的安全閥。

6. 空曠地帶

近兩百萬平方哩，佔全國總面積的 80%，人口四百萬。此區域涵蓋：西藏、新疆、青海、四川及甘肅的西部、陝西北部及大部分內蒙。人口密度為每平方哩 20 人，然多集中在都市，少數民族多住在綠州或塔里木盆地(Tarim Basin)，或準葛爾盆地(Dzungaria(Junggar) Basin)沙漠邊緣。大部分地區人口密度為每平方哩 2 人或更少。

中國的空曠地帶和美、俄不同，鄰國有十一個，且為人口密集之核心區域，但也是北京的前置基地，可威脅鄰邦。然其戰略利益被兩個因素抵銷。一為空曠地帶之人口多為少數民族或非漢族，如：西藏人、藏緬語族(Tibeto-Burmans)、土耳其族和蒙古族。某些民族一直想脫離中國，政治上分離主義受鄰近外國支持。另一為中國之主要人口中心距空曠地帶外沿太遠以致影響其戰略可靠性，而鄰國之中心地區又很接近中國的空曠地帶。故中共目前在大量遷移漢人至新疆，並試圖同化或消滅維吾爾族。

中國開發西藏、新疆之兩大目的：①利用天然資源，②鼓勵漢族移民以抵銷少數民族之分離主義。長期解決之道為允許其獨立，但訂立條約准許北京在當地維持武力。

空曠地帶對中國的重要性：①礦產豐富，有鈾礦和石油，②核試驗場所：西藏、新疆，③太空發射基地：甘肅酒泉、四川西昌。

7. 邊界

(1)哈薩克和吉爾吉斯脫離俄羅斯後，中、俄邊界長度已減少至兩萬三千哩。

(2)中、印間最大的衝突是印度極北和巴基斯坦東北的拉達克(Ladakh)地區，1959 和 1962 曾爆發大規模戰爭。對中國而言，是為區域安全而戰。對印度而言，中國控制該地意味著北印度平原戰略上將暴露在中國武力壓迫之下，其將經由隘口到達喀喇昆崙(Karakoram)區域。該地區也是中國前往巴基斯坦屬喀什米爾和巴基斯坦北部的通道。拉達克(Ladakh)有時亦稱小西藏「Little Tibet」或印度西藏「India Tibet」，地理上和種族上與西藏親近。1986-87 在北印度的 Arunachal 邦再發生衝突，2017.8 在拉達克 發生「石頭戰爭」。

(3)另一爭執為錫金(Sikkim)。1975 印度兼併錫金，中國不承認。

另兩爭執處為；(4)與北韓爭白頭山(Paektu-san)一處土地與(5)1974, 1979 為爭地而爆發的懲越戰爭。

(6)中國與越南的東京灣(Bay of Tonkin)爭執，1999, 2000 中越簽約劃定領土與領海邊界，及北部灣(Beipu Bay)之入漁權。

(7)中國與馬來西亞之 Sarawak 及印尼 Natuna Islands 外海之南海淺灘有爭執，因此處富含天然氣。

(8)與日本爭釣魚臺（日文 Senkaku Islands）。

(9)南海問題見下節。

8. 習近平的「一帶一路」戰略

(1)何謂「一帶一路」？

「絲綢之路經濟帶」和「21 世紀海上絲綢之路」(The Silk Road Economic Belt and the 21st-century Maritime Silk Road)簡稱「一帶一路」 (The Belt and Road Initiative, B&R)是中共於 2013 提出並主導之倡議。

(2)絲綢之路經濟帶的涵蓋範圍：中國、中亞、北亞、西亞、印度洋沿岸、地中海沿岸的國家和地區。

(3)發展進程：①提出倡議，②設立絲路基金(2014)，③設立亞洲基礎建設

投資銀行(簡稱：亞投行, AIIB)，④中巴經濟走廊，⑤與歐洲國家對接，⑥與印度洋國家對接，⑦與東南亞國家對接，⑧與中亞、西亞國家對接，⑨一帶一路國際合作高峰論壇。

(4)目的：①發展經濟夥伴關係，②加強沿路的基礎建設，③消化中國的過剩產能與勞動力，④保障中國之能源與糧食供給，並帶動西部地區的開發。

(5) 21 世紀海上絲綢之路的涵蓋範圍：東南亞、南亞、中東、北非、歐洲。

(6)新疆和福建被定位為核心區。

(7)兩個走向：①從中國沿海港口過南海到印度洋，延伸至歐洲，②從中國沿海港口過南海到南太平洋。

然而，2018.12.24 北京的太和智庫和北京大學聯合發布的一份研究報告承認，「發現，超過三分之一的國家在與中共融通時存在明顯短板，尤以資金融通突出。這些背後有潛在風險。」

第三節　環東亞邊緣地帶：越、寮、高、臺

環東亞意指：朝鮮半島、臺灣、菲律賓、中南半島。因南韓、菲律賓已在美國保護之下，故此處僅討論中南半島的越南、寮國、高棉、臺灣。

新的現實是兩個範圍在此相撞：海洋範域、東亞範域。俄羅斯影響力已衰退，但仍不可忽視，現在之角色為調停者，而非干預者。尤其當俄中聯合時可對抗美國。

在北韓與中南半島，中國必須小心翼翼運用其戰略優勢，發展基於雙方需要的夥伴關係，而非從屬關係。

1.臺灣

臺灣的形勢對中國是危險也是機會。中國目前尚未具備壓倒性的武力統一臺灣，而且臺灣至今(2019)仍拒絕中國的和平統一條件。

臺灣在經濟上和政治上是環亞太區域和整個海洋世界的一員。只有當地緣

政治架構已發展到足以使臺灣擔任兩個範域的橋樑或門戶時,中國才可能實現其戰略和歷史的領土野心。

　　站在中國的立場,維持臺灣資金的流入是最根本的。站在臺灣的立場,防止中共的滲透,確保政治安全,是一個比經濟發展更重要的課題。

2. 北韓

　　北韓有朝鮮半島 90%的礦藏(煤、鐵、銅、鋁、鈾、錳),水力發電和林產。工業有鋼鐵和化學,戰後重建又增加武器與飛機,機械與石油化學。

　　北韓的弱點是農業。全朝鮮半島地勢多山、石,土壤貧瘠,耕季短,可耕地僅占全島面積的20%,北韓更少。經濟孤立和軍費重擔,使其近年仿傚中國改革,部分朝向市場經濟。

　　中國反對兩韓統一的原因是:北韓依賴中共的保護,故中國成為北太平洋的權力掮客。中國又是南韓的第二大進口國,南韓也中國外國投資資金的來源。

　　北京視 38°為緩衝區,全北韓為滿州的屏障,鴨綠江為最後防線,而非第一線。中共參加韓戰的原因是恐懼美國支持國民黨反攻大陸,斯大林更答應給中共空中掩護和訓練飛行員,並提供大量軍事裝備。雖然共軍死傷慘重,但也淬煉出力量和世界第三大空軍。

　　2000 年 6 月 14 日北韓金正日(Kim Jong Il)與南韓金大中(Kim Dae Jung)簽約,同意尋求和解與統一,文化交流,家庭團聚,鐵公路貫通。北韓死命要求美軍撤出南韓。中國的利益是確保統一後之韓國不會納入海洋範域的戰略同盟。

　　簽約後,美國立刻與北韓建交,放鬆經濟制裁,並不再稱北韓為「流氓國家(rogue state)」,而改稱「利害關係國 (state of concern) 」,古巴、伊朗、伊拉克、利比亞、蘇丹、敘利亞同此。政策從懲罰轉向談判。

　　2002 年 2 月美國總統 George W. Bush 把北韓、伊拉克、伊朗三個支持恐怖主義的國家合稱為邪惡軸心(axis of evil)。南韓為求與北韓和解,實行陽光政策(Sunshine Policy),向北韓開放。

　　若兩韓統一,美中俄可找出方式使韓國軍事中立化,做為三個戰略範域的

橋樑。也可說服兩韓把 150 英里長，2.5 英里寬的 38°非軍事區(DMZ）做為自然保護區，並可用為生態旅遊。將朝鮮半島轉變成連接三個範域的門戶是尋求全球地緣政治均衡的重要目標。2018.8 兩韓和解，共舉統一旗參加亞運，南韓亦除去北韓為敵國之稱呼。

3.中南半島(INDOCHINA)

(1)越南(Vietnam)

中越分裂：①1974 中國奪取西沙群島(Paracels)，②1978 越南侵入柬埔寨引起中國侵入越南。同期間，越南排華，中國軍隊二個月後撤退。越南倒向蘇聯，蘇聯擴建金蘭灣(Cam Ranh Bay)海空軍基地。1990 年代後，中越緊張緩和，兩國均政經改革，有助於減輕中國的安全顧慮。

越南之戰略脆弱性一部分是來自中國、因其精華地區位在北方。河內（Hanoi）和海防(Haiphong)是工業和農業中心。此區域和中國南方末端的精華地帶廣西南寧等地融合在一起。南寧是越戰期間，中國援越物資的門戶。

南方占越南財富的三分之二，稅收 90%繳河內，海外親人匯款多往南方。

2001 年初，普丁(Vladimir Putin)總統訪越簽訂「戰略夥伴關係」協議，莫斯科獲大陸架石油探勘權，賣先進武器，協助建第一個核能發電廠，免除 11 億美元債務，雙方共同反對美國的國家飛彈防禦系統(National Missile Defense system/ NMD)。俄助越以實現其東方政策(Orient Policy)，越傾俄以示其戰略獨立，不從中國。但中南半島落入東亞地緣戰略軌道已是不能改變的現實。

2000 年 12 月柯林頓(Clinton)總統訪越，美國的目的首先是貿易，同時想抵銷中國對越南之壓力，並圍堵中國南下擴張。但這個目的是不切實際的，美國既無能力，也無意願影響中越關係。

(2)寮國與高棉（柬埔寨）

越南主宰中南半島。高棉(Cambodia/Kampuchea)經濟不穩，一千一百萬人口大部集中在湄公河(Mekong)下游的三角洲，地理上和胡志明市(Ho Chi Minh City)相連。

寮國(Laos)人口五百多萬，地理位置孤立，湄公河為主要交通動脈，但流

速湍急，不能運輸。出口錫、木材、咖啡和電力。多餘電力賣給越南及泰國。首都永珍(Viangchan/Vientiane)。除了地理位置上越南對寮國的戰績優勢外，雙方都是共黨國家，故寮國倒向越南是很自然的。

第四節　結論

　　一般同意，中國是無可置疑的世界強權，地理上，中國獨特的區域位置使其可達許多世界上重要的部位。中國的陸上鄰國有十四個，海陸上鄰國有三個：南韓、日本、菲律賓，再加臺灣。加上它自己的人口，總計達三十億人，將受其行動之影響。

　　中國領導的東亞地緣戰略範域可壓制另外四個範域和區域，不能忽略中國中央性(centrality)的位置。與俄美比較，美國的中央性比較有限，中國具有全球的中央性。中國在軍事上尚無能力與美國競爭，但無損其全球強權之地位。

　　美國不能在國際水域受到限制，否則無法監視中國的軍事活動和通訊，也無法保護臺灣、韓國、日本。

　　臺灣不接受「一個中國」的概念，並加強在環亞太和世界社群的一份子，可成為門戶型的準國家，與中國合組鬆散的聯邦。

　　俄羅斯總理 Yevgeny Primakov 曾倡議俄-印-中戰略三角，前景黯淡，因冷戰已結束。

　　中國在緬甸(Burma)的 Coco Island 設電子監聽站，印度海軍之反應為強化在 Andaman Island 之海軍基地（Coco Island 在 Bay of Bengal 與 Andaman Sea 之間，Andaman Islands 北方）。中國威脅印度對印度洋之主宰必將限制中印關係。

　　除非臺灣的地位和兩韓統一的問題得到解決，否則美中戰略夥伴關係本質上是一個公關口號，正確地說應叫經濟夥伴。日本是美國西太平洋地緣戰略政策之錨，它與中國的長期戰略關係是貿易夥伴。東京珍惜它與美國的安全安排，但是更關切美國出售精密武器給臺灣，將升高中共對日本的敵意，因其提供美軍重要基地。華盛頓最好記得：美中之間沒有戰略夥伴關係可提供美國在西太平洋之地緣政治安全，除非美國保障日本的戰略利益。

東亞範圍和海洋範圍之間的亞太邊緣區域，已成為中國崛起為經濟與軍事強權的緊張根源。美國在臺灣海峽增強武力，將使中國擴大控制海空域之戰略目標。（2001.4 美國偵察機撞中國戰鬥機，美機迫降海南島）。如無偵監，美國防護臺灣之力將大幅削弱，日韓防衛亦然。故美國不接受對公海航行之限制，也會限制到對中國軍事活動和通訊之偵察。

撞機事件凸顯兩個現實：①美國圍堵中國沿海時，海權與空權的戰略脆弱性。②兩國的經濟互賴在危機時限制了彼此的行為。華府與莫斯科的戰略均衡來自相互的核子地緣嚇阻，華府與北京的戰略均衡來自經濟互賴。兩者力量相當。

莫斯科的利益是圍堵美國和北約不進入波羅的海（Baltic Sea）和烏克蘭，以及排除西方滲入中亞。中國的利益是遏阻美國勢力伸入東南亞。俄中之共同利益/目的是不讓統一的韓國落入環亞太，亦即海洋範圍，以致削弱它們在北太平洋的地位。兩國皆放下歷史糾結，共同抗美。

俄中均耽心美國全國飛彈防禦(National Missile Defense /NMD)系統的作用，雖然美國辯稱是為了保護本土不受北韓攻擊，中共更懷疑 NMD 將用來保護臺灣。

兼論：臺灣的選擇

1. 基本概念：變

就如本書所說的：地緣政治是動態的，因時空而異，只有漸變或劇變，但不會永遠不變。地緣政治也是綜合的，變數很多，例如：兩韓、兩岸。

根據柯亨(Cohen)的定義，地緣政治學一方面是地理環境(setting)與觀點(perspectives)的激盪，另方面是各種政治過程之間的互動。所以他認為地緣政治觀點是動態的(dynamic)，隨國際體系及其運作環境之變化而變。由於中國的崛起和俄羅斯的復興，以及其他地區核子強權的興起，如伊朗、印度，國際體系已成為多極體系(multipolarity)。

歷史上，超強平衡之時期為只有短暫的四十五年。也是科學、技術、經

濟、意識型態變動最快的時期。改革開放後，我們已經見到中國的經濟和意識形態已有大幅改革。而且，已經成為世界第二大經濟體。接下來，中國會有什麼改變，誰也說不準。而，國際情勢的變化，更難以預測。所以，今日的美中抗衡也許最多只會延續五十年。身處其中的臺灣就只能自立自強，見招拆招，隨機應變了。

2. 分與合

地緣政治的結構由兩種力量形成：離心力 (centrifugal) 與向心力 (centripetal)。在國家層次上，兩者均與對領土的心理及生理的感受有關。

離心力是政治動機使人民想把領土與他們所認為的外人分離開來，外人也許要把不同的政治制度、語言、文化或宗教強加之。在此情況下，有清楚界線的空間就可定為防禦的機制。

向心力促進政治統一，因人民對特定領土之無法脫離的連結而強化。這種領土性可表現在人民對特定土地之象徵性或實質的聯繫。

人民可能為保存其獨特之認同而脫離另一個國家，也可能因商業、防禦、或聯盟之故而在該區域與其他國家統一。

當分離與統一糾纏不清時，就常失去平衡。今日的「臺灣問題」主因源此。經濟上，臺灣已離不開大陸；外交和軍事上又被中國狠狠打壓。統獨之間就難以平衡了。

3. 臺灣的選擇

前蘇聯的殞落，讓中國成為一個獨立的地緣戰略範域，改革開放也讓中國成為世界第二大經濟體，強化了其在世界事務中之角色。目前，崛起的中國和復興的俄羅斯聯手制衡美國，使臺灣依違在統獨與美中之間，臨淵履薄；因此，更需要謀定而後動。

那麼，臺灣有何選擇？

(1)投降。這是最簡易的選項，但是很多人應該不會就這麼放棄，乖乖地讓中共佔領吧？

(2)向國際求援？可能嗎？

(3)玉碎？戰爭？願意嗎？值得嗎？

(4)拖。以拖待變，以拖求和。這是前國家安全委員會秘書長蘇起教授的意見。問題是臺灣能拖多久？大陸學者已經放話了，解放軍的火箭炮已可打到臺灣西岸。似乎科技可以輕易地解決臺灣問題，解放臺灣指日可待！但是，正如本書引言所說：1999 的科索沃和 1991 的伊拉克都證明不能只靠高科技就能得勝。

(5)談判。臺灣有那些籌碼？談判的目的是什麼？

談判時，臺灣的先決條件是軍備和團結共識。有臺灣學者主張，在終極統一的前提下，舉行統獨公投，以民意為後盾，為兩岸打開僵局。臺灣亦須防範中共的滲透，而鬆懈各方面的防衛。

(6)獨立脫中，或獨立和中。這是一步險棋。獨立也可以是一種武器或工具，可用於談判。但脫中則幾無可能，也無必要。問題是如何說服中共與中國人民？讓臺灣獨立而避免戰爭。

(7)準國家。在兩岸關係中，準國家是臺灣的次理想的結局。依 Cohen 式的地緣政治學的定義，在當前國際形勢下，由美中維持兩岸和平，共管臺灣的外交與軍事，使臺灣成為門戶型的準國家。

兩岸長年以來的互動—不論是橫亙海峽兩岸或在其他場合—使臺灣逐漸失去對「中國」的解釋權，作為政治符號的「中國」也逐漸否定中華民國的存在，而此恰是與臺灣自 1949 年以來的實踐相左之處，進而增加臺灣社會對「一個中國」的疑慮，同時複雜化兩岸長達七十餘年的政治糾葛，並增加兩岸平心靜氣互動的障礙。

(8)聯邦或邦聯。比較理想的狀況是與中國合組鬆散的聯邦或邦聯。但先決條件是中共不阻撓臺灣加入聯合國，以獲取臺灣人的信任與好感。可是，這對中共而言卻是一個幾乎不可能妥協的難題！

(9)發展殺手級武器以嚇阻中共武力犯臺，這方面已有一些成果。

4. 結論

也許我們還有更多選擇和更有技巧的做法，例如：強化採用批判的地緣政

治學的論述（discourse）方法，以紓解許多人對兩岸關係的誤解，進而達成兩岸心靈上的和解。在此，林滿紅教授的《晚近史學與兩岸思維》一書可做為論述的起點。正如林教授所言：「在這些國際規範（開羅宣言等）下，臺灣人民與領土的主權轄屬有別於中國大陸已約百年，而不是國民黨和共產黨分別統治臺灣的五十年。……2000 年……國務院臺灣辦事處……在引述『開羅宣言』時，只引『歸還中國』，再以國際只承認一個中國，而以中華人民共和國對臺灣的主權有完全的法理基礎，而不提『開羅宣言』宣佈時的中國是中華民國，而中華人民共和國是在此宣言公佈之後六年才成立。」所以，「……建立中華國協，實為促進東亞和平之一可行之道。」誠哉斯言！

　　註：準國家(quasi-state)

　　臺灣目前是準國家(quasi-state)的地位，即只能有：(1)合乎形式的主權（主權不被承認），(2)缺乏獲得完全獨立的軍事能力，以實現自己的理想，(3)兩個大國共同監督國防外交等功能。臺灣目前的狀況已經比準國家好很多了，來之不易！急於獨立者宜三思。

　　中國不似英國准愛爾蘭公投獨立，不僅因中國不是民主國家，且因恐懼美日帝國主義利用臺灣對付中國，因臺灣在地緣政治上的戰略地位太重要也。

　　某些地區具有有條件的主權形式(qualified forms of sovereignty)而成為準國家。一些準國家通常採取合作公寓(condominium)(共居)的組織形式：政治上有自由活動的寬鬆度(latitude)，如：可成為聯合國會員國，如蘇聯時期的白俄羅斯與烏克蘭。此種地位特別適合 Quebec，Montenegro， Vascongadas(Basque Country)，Catalonia(Barcelona)，臺灣，中國的黃金海岸（江蘇、浙江，福建，廣東），Kashmir。奈及利亞西南動亂的 Yoruba 和東南的 Ibo 可合組南奈及利亞，加入聯合國。

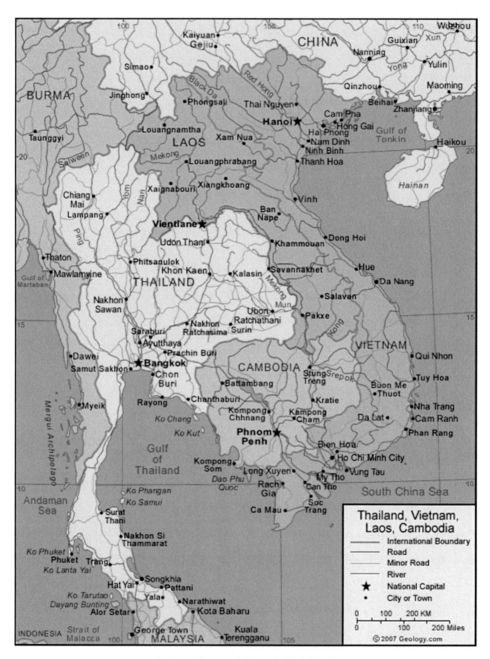

泰國、越南、寮國、柬埔寨版圖

帶路倡議示意圖（一）

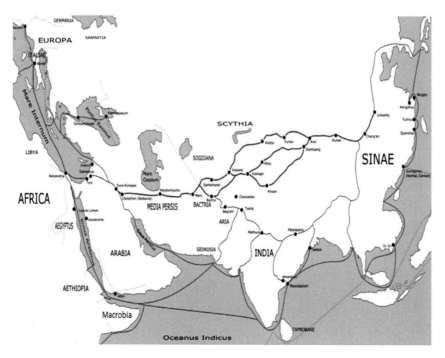

帶路倡議示意圖（二）

第八章　環亞太地區

環亞太地區(Asia-Pacific Rim, or Asia-Pacifica)是海洋範域的第三個主要的地緣政治權力中心。此區域北自南韓、日本、臺灣，經菲律賓(Philippines)、新加坡(Singapore)、馬來西亞(Malaysia)、泰國(Thailand)、印尼(Indonesia)、東帝汶(East Timor)、巴布亞新幾內亞(Papua New Guinea)，至澳大利亞(Australia)、紐西蘭(New Zealand)。越、柬、寮、北韓除外，因其位於中國地緣戰略軌道。

最大地緣政治特性是：

(1)海洋性。優點是海上運輸優於陸上運輸。缺點是航道易遭攔截。且須經過許多海峽和狹窄海域，極依賴美軍保護海道。

(2)氣候從大陸性溫暖潮濕、到溫帶和亞熱帶，到熱帶多雨地帶，跨赤道。僅澳洲內陸有沙漠及半乾燥地區。

(3)種族、語言、宗教、農作、文化、技術從亞洲大陸擴散各地。歐洲強權用海軍優勢攫取領土，並統治和控制之。

(4)今天，水域既是阻隔，也因文化差異吊各具獨特性，也用貿易連結彼此。

海、空權優於陸權最顯然的例子就是臺灣。臺灣據有的金門(Jinmen/Quemoy)距廈門(Xiamen/Amoy)只有四哩，但中共不願冒險跨海攻臺。同樣地，中共也不進犯距福州僅 10 公里的馬祖(Matsu)，更不必說要跨越九十哩寬的臺灣海峽去「解放」臺灣。

中國可以抗美援朝，和打贏越戰，但不能對付美國的海、空權優勢以奪取臺灣。中國現在沿海建立海、空軍和飛彈，使臺灣海峽進入了海上衝突的新時期。

第一節　區域的演進

環亞太缺少如歐洲之政治上、經濟上及社會上整合架構。但經由利益與夥伴關係達成地緣政治上之統一，也在美國軍力支持下建立了安全架構。

當日本主宰環亞太地區時，它向那些被征服的國家強加諸「大東亞共榮圈」(Greater Asia Co-Prosperity Sphere, 1930s-1940s)之思想，卻忽略了豪斯霍佛(Karl Haushofer)的警告：不要捲入與中國的戰爭，而要做中國的夥伴。[1]現代泛亞洲主義(Pan-Asianism)始於 1868 明治維新(Meiji restoration)時期，當時的日本想用精神、道德、文化統一亞洲，對抗西方物質主義。

泛區域主義(panregionalism)設想三到四個部分的世界，沿南北軸心來安排，由北方主核心主宰。豪斯霍佛的博士論文即研究日本權力的地理基礎。他認為日本是泛東亞區域的核心，其工業軍事中心向邊緣地帶汲取糧食和原料，邊緣地帶則用資源換取成品。

中日甲午戰爭(1894-1895)後，日本奪得臺澎，食慾大開。泰國免於日本侵略，因其早已是日本的附庸國。印度地方(Indies：印度，中南半島，東印度群島之全稱)的石油資源對日本特別重要，美國禁運和日蘇中立條約，為日本突襲珍珠港與新加坡，發動太平洋戰爭之主因。日本原擬侵略澳洲，但美軍在珊瑚海(Coral Sea)的海空戰(1942)，擊敗日本艦隊，阻止了日本侵入澳洲。

日本原擬以大東亞共榮圈建立東亞商業體系(East Asia mercantile system)，以大商社(Zaibatsu)為主角。原子彈使日本夢碎。環亞太地區成形。越戰結束，東南亞破碎地帶之地位也跟著結束，東南亞顯然已在歐亞大陸架構內，現稱環亞太地區。

1.澳洲連亞太

二戰前，英國觀點中的澳洲屬於南亞邊緣，或亞洲較遠的部分(「farther」side of Asia)，和遠印度(Further India)之一部分，或遠遠東(Farther East)。

---

[1]　Saul Bernard Cohen, *Geopolitics of the World System*. Lanham, Maryland: Bowman & Litttlefield Publishers, Inc. 2003. p.275.

　　二戰威脅與英國脫去澳洲後，澳洲改變了世界觀，亞洲的外島（Offshore Asia）和東南亞半島成了有意義的鄰居。排亞政策已不符合新的地緣政治現實，1973 年放棄排亞政策，1998 前已有 40%移民為亞洲出生，占總人口 7%，澳洲的亞裔人口總額超過 1 千 3 百萬，2017 據世界銀行的統計，澳洲的總人口為 2,460 萬。大英國協一致性優惠關稅的取消，1986 終止與英國之關係，以及亞洲移民的增加，也使澳洲的國際貿易轉向環亞太地區。

　　1951 年簽訂美澳紐條約(ANZUS)，成為美國前進基地，確保日本海運線。三年後，簽訂東南亞條約組織 (SEATO)〔泰，菲，紐，美，澳、英、法、巴基斯坦〕，1977 年正式解散。

　　東南亞國協(Association of Southeast Asian Nations, ASEAN, 1967)並未直接牽連到澳洲，然區域的經濟成長提供了澳洲龐大的市場。

2.一個貿易國家群的區域

　　亞太是海洋範域的一部分，澳洲與日本是新的環亞太地區的南北兩個戰略基石。由於區域內貿易比重大，有強烈向心力。華人在區域內之工商業發展有非常重要角色。星(78%)馬(30%)華人最多，華人企業家控制了大型跨國集團(conglomerates)，居於社會中上層。

　　日本的互補製造策略(complementary manufacturing strategy)：在區域內各國生產不同零部件，然後組裝成終端產品。這增加了平衡的交換，為東京與新加坡的金融中心提供了驅動力。因為這兩個最先進的國家已將其製造業外移，而集中在服務業。例如：日本聚焦於電子通信、軟體發展、和金融服務。新加坡則將進口的一半再出口。

第二節　政治的穩定與不穩定

1.政治穩定的國家

　　日、澳為區域之錨，政治高度穩定。紐西蘭亦同。新加坡在威權政治下，

經濟繁榮，為世界高科技製造業領袖。馬來西亞穆斯林占總人口 60%，華人占總人口的 30%，占南亞總人口的 10%。

(1)南韓與臺灣

均有共產黨鄰邦，但國內民主不動搖。

(2)菲律賓與泰國

均已推翻獨裁和軍事統治。贏得政治穩定的兩個方法：①在普遍選舉下捱過民主轉型。②鎮壓威脅國家政治穩定的叛亂活動。

2. 政治不穩定的國家和地區

(1)斐濟(Fiji)

人口 80 萬，是南太平洋各群島中人口最多者，1970 獨立。島上居民多為印度移民，從事農耕而成為多數。獨立後動亂不斷，種族關係緊張，再加軍事政變不停，人口外移，原住民乃成多數。1990 通過憲法後，因規定土生斐濟人控制政府，出走更多。主要鬥爭為傳統斐濟部落領袖拒絕向印度-斐濟人領導之民選政府權威讓步，又憎恨印度蔗農之長期租約。斐濟以蔗糖出口為主，世界糖價跌，更使國家經濟困難。

(2)所羅門群島(Solomon Islands)

1978 年獨立，人口約 43 萬，主要美拉尼西亞人(Melanesian)，但有八種語言和文化，衝突不斷。衝突均因土地所有權和對移民的歧視。首都 Honiara，最大最重要城市為 Guadalcanal。經濟基礎為木材出口，衰退中。

(3)印尼(Indonesia)

印尼是廣為人知的不穩定之弧(Arc of Instability)，蘇哈托(Suharto)政權(1966-1998)血腥鎮壓分離主義者，但在位期間及以後，政局都不平靜。蘇哈托時代的所謂「穩定」乃因無情鎮壓，腐敗，少數軍政精英自肥。

印尼全長 3,000 哩，西起印度洋，東至西太平洋。有 13,600 個島嶼，其中 3,000 個為無人島。文化和經濟上之重要島嶼為爪哇(Java)，蘇門答臘(Sumatra)，峇里(Bali)。有 300 個種族，350 種土語。總人口 22,000 萬，半數以上為爪哇

人。蘇門答臘人口四千萬。核心地區為人口十分稠密，已開發之爪哇，馬都拉(Madura)，語族為 Deutero-Malay，被西、北、東島弧串成一起通稱外部群島(Outer Islands)。爪哇人口過剩，人口密度每平方哩超過 2,000 人。印尼是個等待人口爆炸的國家，若爆炸局限在亞齊(Aceh)，Irian Jaya (在 New Guinea 的 Papua 省)，南摩鹿加(South Moluccas)，則尚可維持強大，但若蘇門答臘獨立，則榮景將消失。雅加達(Jakarta)的挑戰是如何重組國家，以滿足外部群島(Outer Islands)的需要。

蘇卡諾(Sukarno)為第一任總統，反荷蘭之獨立運動領袖，他 1956 創造的指導式民主(guided democracy)技巧地平衡了軍隊與竄起之共產黨。1955 召開萬隆會議(Bandung Conference)，呼籲反殖民地和第三世界經濟合作及反西方，成為第三世界領袖。傾共傾中，1962 反對馬來西亞聯邦(Malaysian Federation)獨立建國，因為他認為那是英國的詭計。印尼軍方還從加里曼丹(Kalimantan)襲擊馬來西亞的北婆羅洲(North Borneo)。1965 曾因反對給馬來西亞在聯合國安理會之席位而退出聯合國。

1965 年印尼共產黨反軍方政變被親西方的蘇哈托將軍(General Suharto)鎮壓，50 萬華人被殺。20 萬人因政治立場下獄。蘇哈托事實上已取代蘇卡諾，兩年後成為總統，西方人認為此為穩定的時代(era of stability)。

印尼的分離主義原因有：①地形，全國面積 752,410 平方哩，交通與通訊不便，②怨恨爪哇人(Javanese)，蘇門答臘出口石油、天然氣，但全國支出大部用在爪哇。1958 叛亂暴發在蘇門答臘，蘇拉威西(Sulawesi 舊名：西里伯斯 Celebes)，③加里曼丹，均為伊斯蘭政黨主要基地，反對蘇卡諾的世俗政綱。印尼是世界最大液化天然氣出口國，還出口棕櫚油、橡膠、熱帶硬木。

印尼是一個等待爆炸的國家，動亂地區有：

(1)亞齊(Aceh)省在蘇門答臘最北，六世紀以來屬穆斯林蘇丹，十一至十六世紀被荷蘭統治，游擊戰數十年。1848-1903 曾獨立建國，1961 叛亂被摧毀，亞齊被指定為自治特別領土(special territory with autonomy)，宗教、文化、教育自主，但仍是雅加達的火藥桶，也是統治當局最嚴重的軍事挑戰。

亞齊人口五百萬，面積 21,000 平方哩。西北鄰馬六甲海峽(Strait of Malacca)。占印尼石油天然氣產量的一半，另有咖啡，胡椒，煙草，橡膠，木材。石油天然氣年貢獻$2.5 億以上給印尼政府，印尼總出口$50 億，為其5%，

占印尼一千億 GDP 之 0.5%。但軍事開銷和戒嚴已超過從亞齊所獲之利益。

(2)安汶(Ambon)島是另一個焦點，位在遙遠的南摩鹿加群島(South Moluccas Islands(Malaku))，是該省省會，也是最大城，距雅加達 1,400 哩。分離主義的原因有歷史的和宗教的，該省半數人口 (50 萬)為基督教徒。南摩鹿加群島五百年前外號香料群島(Spice Islands)，產肉豆蔻(nutmeg)和香料(cloves)。面積 10,500 平方哩。當年荷蘭人來做生意時帶進了基督教，之後，穆斯林大量湧入，於是衝突蜂起。

(3)Irian Jaya 是第三大衝突點。在紐幾內亞(New Guinea)西半部，人口二百萬，面積 163,000 平方哩。產熱帶硬木，銅、金、銀、蘊藏石油。叢林土著農業自給，與爪哇人(Javanese)完全不同。

(4)巴布亞紐幾內亞(Papua New Guinea)於 1975 自澳大利亞(Australia)獨立，有農業、石油、礦、森林。其西部的巴布亞人(Papuans)獲印尼政府給予特別自治權，武力只有弓箭，企欲與巴布亞紐幾內亞合組聯邦。

(5)東部三省：蘇門答臘，蘇拉威西，加里曼丹，動亂不斷。加里曼丹面積占婆羅洲(Borneo)的 70%。北婆羅洲為馬來西亞領土，含沙巴(Sabah)，沙勞越(Sarawak)，另含獨立的汶萊(State of Brunei)。加里曼丹富產石油、黃金、天然氣和珍貴的熱帶硬木。印尼水域，特別是北婆羅乃(Borneo)，通往中國南海和太平洋，海盜猖獗。

(6)基督教的北蘇拉威西(Christian North Sulawesi)和穆斯林的錫江(Makassar)也有分離主義運動。Makassar 為香料貿易的歷史中心，是歐、亞貨物的集散轉運點，長久以來為獨立的蘇丹王國(Sultanate)，直到十七世紀中葉被荷蘭征服為止。

(7)廖內省(Riau)：在蘇門答臘中西部與馬六甲海峽東南之新加坡遙遙相對。石油天然氣與 Aceh 齊。廖內(Riau)群島之民丹島(Bintan Island)富鋁礦砂(bauxite)與錫礦。獨立可引發蘇門答臘 其他地區之脫離。

1999 帝汶人(Timorese)公投要求獨立，蘇哈托血腥鎮壓，帝汶人被殺五萬，澳大利亞武裝干預後才停止。

東帝汶(East Timor)於 2002.5 獨立。美國對東帝汶沒有地緣政治興趣，只關心蘇門答臘西部的石油。澳大利亞與東帝汶之間的帝汶海(Timor Sea)寬不到400 哩，海溝證實有前景光明的石油與天然氣儲藏。

　　印尼工業大半在雅加達、Surabaya（泗水）、Bandung(萬隆)。爪哇離不開蘇門答臘，無蘇門答臘，印尼將貧困。爪哇人口占全國60%，需重整國家，聯邦制為基礎。Bali（峇厘島）吸引國際觀光旅遊。

　　印尼為世界最多穆斯林人口之國家，人口為世界第四位。可為亞太真正的基石，日本、澳大利亞之最佳開發夥伴。但印尼仍然是一個衝突不斷的國家，內部持續不馴和不能整合，故難以實現國家的潛力，也將拖延區域的統一。

第三節　環亞太地區的地緣政治特性

1. 環亞太地區的歷史核心

　　整體環亞太無歷史核心，因無區域性凝聚力之單一地緣政治事件。國家歷史核心含 Kyoto（京都）、Songdo（松島國際都市）、Sukothai（素可泰，泰國北部）、Borobudur（婆羅浮圖）。

2. 環亞太地區的政治首都

　　無單一正式之政治首都。曼谷(Bangkok)，曾是已失能之東南亞公約組織(SEATO)的首都。東南亞國協(ASEAN)，目前的經濟、社會、文化的聯盟，總部在雅加達。亞太經濟合作會議(Asia-Pacific Economic Cooperation Forum/APEC)的首都在新加坡。然 ASEAN 和 APEC 均非亞太之共同終點站。

　　對亞太政經影響最大之首都為：東京，新加坡。東京代表著該地區領先之經濟、政治和軍事力量。新加坡是亞太領先之國際貿易中心，位於歐洲和東亞之間世界主要航道輻湊之處。它是主要的國際金融中心，與東京並駕齊驅，也是許多世界級多國公司的區域總部。

3. 環亞太地區的精華地帶

　　精華地帶(Ecumene)意指：人口最密集，交通及通訊網絡，經濟活動聚集

的連續地區。連續(contiguity)可包含狹窄的海域和陸地，及水域傾向的區域，海水在此為連結者(connectors)而非障礙。國家精華鍊彼此連結而成為區域精華地帶。

(1)最重要者為日本東海岸 Honshu（本州），Tokyo-Yokohama（東京-橫濱），往南經 Nagoya（名古屋），Osaka（大阪），Kobe（神戶），到南端的 Hiroshima（廣島），Shimonoseki（下關）。接著藉鐵路隧道和橋樑往南穿過峽窄的下關海峽(Shimonoseki Strait)到 Kitakyushu（北九州），沿 Kyushu（九州）西北海岸抵 Fukuoka（福岡）和 Nagasaki（長崎），進入中北部和東北海岸。

這個精華地區是環亞太的經濟發電廠。人口一億，占日本 1 億 2 千 7 百萬人口的 80%，有日本龐大之電子、冶金工業、汽車、造船、化學和紡織業，還有商業金融，服務業。此處之日本經濟僅次於美國。人口密度從 Kanto Plain (關東平原 Tokyo-Yokohama 一帶)的每平方哩 10,000 人到 Nagoya 的每平方哩 3,000 人。

(2)南韓與日本在釜山(Pusan/Busan)連結，往日本之門戶。經濟核心地區經東海岸之第三大城大邱(Taigu/Daegu)，再往首都首爾(Seoul)。首爾，位於漢江(Han)平原，人口 1 千 3 百萬，占全國總人口 20%以上。外圍各中心人口一千萬，含仁川(Inchon)，水原(Suwon)。兩城人口 250 萬，有地鐵通首爾。首爾距兩韓邊界之非軍事區(DMZ)僅 25 哩，為前沿城市(frontier city)。首爾在歷史上為全朝鮮半島的中繼站，北通平壤，東北往元山市(Wonsan)，南達釜山。

南韓精華地帶北緣距北韓經濟核心地區 Pyongyang-Nampo(平壤-南浦)僅 60 哩。若政治統一，首爾可成為東北亞之軸，連結日、韓、中國東北、華北。俄南方海洋領土(South Maritime Territory)之海參崴與烏蘇里江上游河谷可為重要外圍。

南韓大多數之製造業均在其精華地帶，有人口三百萬，占全國總人口四千八百萬的 60%。且人口在持續增加中，但因半島東半部多山，不適人居。

(3)臺灣是最重要的次核心地區。新竹科學園區（簡稱：竹科）為世界第三大高科技核心，有東方矽谷(Silicon Valley East)之稱，占臺灣製造業出口的 1/3 和世界電腦生產的大部分。

臺灣與中國的精華地帶若融合一體會有深刻的地緣政治後果。當臺灣的經

濟成功更多地和中國的精華地帶綁在一起，臺灣做為大陸門戶的角色就更多。儘管兩國政治分歧嚴重，經濟融合的現實將使和平統一比預期更快。儘管中國偶爾對臺灣的侵略行動，以及臺灣本土領袖仍然堅持獨立。

4. 有效的國家和區域領土

這個區域各國的領土均不連續，無法劃分有效區域領土，且其他國家精華地帶有限。

只有澳大利亞有廣闊的 ENT。這些可開發之土地沿著精華地帶邊界，從布里斯本(Brisbane)西往阿德雷德(Adelaide)和 Murray River Valley，形成一個弧形。此外，精華地帶還包括澳洲西南內陸的伯斯(Perth)，以及東北部亞熱帶的牧場和商業化耕作的地區昆士蘭(Queensland 海岸部分)。雖然排亞法(Asian Exclusion Laws)已取消，合法移民每年仍限制在 8 千人以下，無助於舒緩亞太地區的人口壓力。日本的 ENT 有 Hokkaido（北海道）和 Shikoku（四國）的西部和南部。菲律賓的民答那峨(Mindanao)和呂宋(Luzon)南方的一些小島有發展潛力。泰國南部和東北部的半乾燥熱帶希樹草原有開發可能。馬來西亞西北部的檳城(George Town)周圍和東北部海岸有一些空間可擴充。

印尼的 ENT 在蘇門答臘南部、西-中部和東北海岸。但由於政治動盪和社會動亂，而無法開發。

紐西蘭人口集中在北島(North Island)的城市。南島(South Island)的東部平原和兩島的大部分地區均為 ENT。

新加坡沒有 ENT，精華地帶已完全填滿。南韓、臺灣的 ENT 很少，其他部分多為山地。

5. 空曠地區

環亞太許多空曠地區在山區或叢林，住民少，常有游擊隊、原住民。有大量林產。

澳大利亞 1/3 大陸地塊為沙漠，尤其是西部和中央部分，面積約三百萬平方哩。澳洲人口一千九百萬，沿東部和西南部海岸居住，多雨熱帶的北部海岸

無人居住。

空曠內陸富金、銅、鉬(molybdenum)、石油、天然氣，西北金伯利臺地(Kimberley Plateau)有世界最大鑽石礦。內陸最大戰略價值是太空火箭研究和恆星(stellar)觀測；Woomera 在南澳沙漠邊緣，為主要火箭測試場。

西澳及昆士蘭，有數個火箭彈著距離地面追蹤站。在沙漠海岸邊緣，伯斯(Perth)以北二百英里的 Geraldton，有美、澳、加、英、紐共用的地面監測站，監測北韓及巴基斯坦。

美、澳在澳洲中部愛麗絲泉(Alice Springs)市的松樹谷(Pine Gap)鎮共用電子偵察設施備監測美國太空衛星和美國國家飛彈防禦 (national missile defense/NMD)系統。澳大利亞工黨反對此事，怕影響澳洲與中國及其他亞太國家之關係。

6. 邊界

大多數重要的邊界爭執均非區域內的，而是本區域國家間的問題。它們都是戰略邊界，實際影響亞太與其鄰近地緣戰略範域之關係。亞太國家成員間之邊界爭執只有戰術的與地方性的影響。

(1)日俄爭北方四島：Etorofu(擇捉)，Kunashiri(國後)，Habomai(齒舞)，Shikotan(色丹)，Kuril Islands(以上合稱千島群島)。涉及心臟地帶俄羅斯與海洋範域之邊界的定義，以及兩國間之邊界。

(2)南北韓、臺陸之間不是邊界爭執，而是領土主權之爭。這是東亞與海洋戰略範域邊界之爭。北韓還爭板門店(Panmunjon)外海五個小島的所有權。

(3)日中、日臺的釣魚臺(Senkaku)爭執，對地緣政治的影響不大。

(4)東亞及環亞太各國的主要爭執如下：

(A)中國、越南、馬來西亞、菲律賓：南沙(Spratly)與西沙(Paracel)之爭。
　　南沙群島在南海南端，越、馬、菲之間，海南島東南方 650 哩。法、
　　日均曾佔領，1946 起，國民黨留有駐軍。

南沙群島，菲律賓稱為 Kalayaan Islands，有近兩百個島嶼、珊瑚礁、沙洲，跨越新加坡與日本的海上通道，並保衛從南方進入南海的入口。

中國、菲律賓、臺灣、越南、馬來西亞、汶萊均聲索此處，其主張均基於

歷史和戰略的理由。爭執於 1967 益加激烈，當時在南沙群島和菲律賓的巴拉望(Palawan)島之間發現了石油，1979 菲律賓政府將石油開採權給予某財團。此後，又發現天然氣蘊藏量甚至可能超過石油儲量。

①各方重疊之主張導致中菲，菲越，中越之間的海軍衝突，最嚴重者發生於 1988，中國海軍擊沈了數艘越南船艦。

②中菲之爭因中國在菲律賓巴拉望(Palawan)島以西的美濟礁(Mischief Reef)興建設施而引起，剛好位於菲律賓的二百海里專屬經濟區之內。中國宣稱是捕魚的避難所，菲律賓堅稱是軍事設施。

西沙群島，也有爭執，該群島位於海南島西南 175 哩，越南海岸外 230 哩，有 130 個光禿禿的珊瑚礁和暗礁。在西貢宣稱有意探勘石油之後，中共軍隊於 1974 奪佔西沙群島。

臺灣基於其為中國之合法政府，亦對這些島礁聲索，增加了爭執的戰略層面。中華民國實際控制的太平島，面積 0.43 平方公里，距高雄港約 1,600 公里。太平島在南沙群島北部中央，鄭和群礁西北角。

(B) 汶萊(Brunei)也在南沙群島以南的南通礁(Luisa Reef)（暗礁，沙州）附近設立專屬漁區。

(C) 日韓之爭：日本與南韓爭無人居住的 Tok Do islets(Liancourt Rocks)暗礁，位於 Honshu 西南部和韓國中東部沿海。

(D) 另一爭執為沙巴(Sabah)沿海之兩珊瑚小島，馬來西亞已開發為休閒活動地，印尼則聲索之。雙方同意交國際仲裁。馬來西亞和新加坡也爭該兩個小島。

馬來西亞與印尼的爭執已獲解決，因印尼參加 ASEAN 後，印尼承認沙巴併入馬來西亞聯邦。

(E) 印尼的亞齊、Irian Jaya、南摩鹿加仍為重要問題，問題不是劃界，而是它們都要獨立。若此三省獨立，則省界將成為國界，最困難者為如何劃分南北摩鹿加之間的分界線。

(F) 泰國與緬甸之緊張在於泰國企圖封閉邊界，以對抗非法毒品從緬甸東部製毒工廠流入。泰國與寮、柬間之未定界亦時有一些小摩擦。

第四節　結論

1. 環亞太需要一個堅強的區域政、經、軍架構

　　環亞太是一個地緣政治上不太成熟的區域，在尚未成為一個整合的地緣政治力量以前，它需要建立一個比較堅強的區域政治、經濟和軍事架構，以減少依賴美國的軍事戰略保護傘。

　　目前，把該區域綁在一起的架構，不是太狹窄就是太廣泛。ASEAN 排除了南韓、日本、臺灣、澳大利亞和紐西蘭，這些經濟最先進的部分。因此，比較窮的東南亞國家要暫且依賴富裕的鄰國之幫助。它們缺少在區域聯合體內已發展好的附屬結構如 EU，以形成共同的政策。

　　ASEAN 的十個成員國(緬甸、泰國、中南半島三國、馬來西亞、新加坡、菲律賓、印尼、汶萊)已發展了自由貿易區。越、柬、寮位於東亞地緣戰略軌道，但是它們戰略利益和它們的環亞太鄰居大不相同。緬甸困在東亞和南亞之間，有同樣問題。

　　APEC 於 1898 由美國帶頭設立，它是一個太廣泛的架構，以致無法配合亞太的直接經濟需求。其目的在自由化跨亞太的貿易，除了 ASEAN 國家，還有日本、南韓、澳大利亞和紐西蘭，還包括中國、俄羅斯、美國、加拿大、墨西哥、秘魯和智利，它們都有很不一樣的戰略利益。雖然 APEC 有重要的目的，可以把環亞太連繫到整個太平洋世界，包括西半球部分地區和歐亞太平洋北部；它仍然不是一個合適的論壇，用來處理區域議題，如：區域內移民、短期勞工交流、毒品及其他物品走私，及縮小經濟差距。ASEAN 也無法處理這些問題，除非它能擴大到地緣政治區域全體。

　　另一個是 ASEAN+3，即 ASEAN 加日本、南韓、中國。此一經濟的區域主義聚焦於通貨交易和監控資本流動。著重日本、南韓、中國的雙邊最惠國安排。該經濟集團在規模與經濟力方面，有與 EU 和 NAFTA 競爭的潛力。然而，由於東亞大陸和環亞太之間，在地緣戰略和意識形態的本質性差異，它無法呈現後兩者所具有的整合的地緣政治特徵。

2. 與美國的雙邊安排

　　區域地緣政治統一是政治、社會、軍事/戰略和經濟連繫結合的副產品。在環亞太，這種連繫仍在萌芽階段。相反地，雙邊安排，特別是區域國家成員與美國之間的安排是區域的特色。尤其是在軍事方面，美國的軍事盾牌保護了南韓、日本、臺灣、泰國、澳大利亞和紐西蘭。一個共同的區域性戰略架構將強化亞太的地緣政治統一。建立此一架構的第一步首先是由六國創設亞太快速反應區域防衛部隊。在避免地區性衝突或減少戰爭影響上，此一武力可以扮演重要角色。

　　此一塑造和維持和平的區域性途徑，政治上會比個別國家或國際組織更有效率。更且，區域性軍事總指揮部將有助於建立國家間的信任感和合作精神，消除長久以來因邊界問題或支持分離主義團體之彼此猜疑。這種區域性防衛力量不會消除來自中國或俄羅斯的壓力，美國戰略海空軍的武力保護仍有需要。然而，它可實質減少美軍駐在南韓(37,000)和日本(45,000)的數量，亦即全部美軍前進佈署(forward-deployed)在亞洲和太平洋部隊的將近80%。

　　亞太安全合作有賴日本之承擔及鄰國之接受。日本有人主張要成為聯合國安理會第六個常任理事國，這促使中俄更緊密，以防日本干預環亞太之再現。還有人主張加強日本自衛隊(Self-Defense Force, SDF)之角色，以減少駐沖繩(Okinawa)美軍。沖繩在南韓與臺灣中間，是日本戰略要地。美國在1972歸還沖繩給日本，但保留20%人口稠密的沖繩南部做為軍事設施之用，包括：兩個大規模空軍基地，一個直昇機基地，和可供海軍陸戰隊一個師使用的設施。

　　日本是環亞太的政經核心，其鄰國之繁榮有賴日本之繁榮。美日經濟之差異，主要在於美國仍然保有強大的農業部門，而日本仰賴糧食進口。雖然中國已是日本第二大貿易夥伴，東京在地緣政治上仍屬海洋範域。和它的環亞太鄰國一樣，仍需美國軍事保護以保證日本和區域的獨立，並趨向海洋範域以尋求最大的市佔率。

　　日本更獨立的國際政治經濟方針，不會在地緣政治上削弱海洋範域。相反地，就像海洋歐洲日增的獨立姿態，華盛頓不與盟友商量的傾向就會被抑制。

　　地緣政治的區域是動態的，其性質與傾向可隨地理與經濟風貌之變化而改變，也可當形成這些風貌之政治/意識形態，宗教和社會力量改變時而跟著改

變。隨著時間的流動，一個區域的邊緣部分可能脫離而加入另一區域。目前，朝鮮半島和臺灣海峽的中點是環亞太和東亞範域緊張的邊界。雖然臺、中均接受一中原則，但雙方仍有岐見。

南北韓屬不同地緣戰略範域，且經濟與意識形態鴻溝太大。目前，北韓金正恩之態度似為：阻美攻朝，和美固權，並待機征服南韓。

3. 美國的印太戰略

印太戰略是美國總統川普(Donald Trump)2017 在越南峴港(Da Nang)出席 APEC 峰會時提出的，全名為《自由開放的印太戰略》(Free and Open Indo-Pacific Strategy/FOIPS)，致力促進印太地區國家的政治自由，在航運、基礎建設、投資、貿易領域開放。2018.5 美國太平洋司令部(United State Pacific Command)更名為美國印太司令部(United States Indo- Pacific Command)。12 月，美國政府和國會正式通過《2018 年亞洲再保證倡議法》(Asia Reassurance Initiative Act of 2018)。該法旨在制定美國在印太地區的長期戰略願景，並強化美國在該地區的領導地位。這是美國長期以來的政策和行動，其影響為：①孤立中國，②建構對中國的包圍圈，③將 60%的軍力部署在西太平洋。

第九章　地緣戰略的不穩定之弧：南亞

　　南亞位在歐亞心臟地帶、海洋範域、東亞地緣戰略範域匯聚之處，圍繞這些陸塊有北印度洋，波斯灣/阿拉伯海和東地中海/紅海。此地區包含兩個地緣政治區域：①南亞，獨立且隔絕於三個地緣政治範域之外。②中東破碎地帶。

　　此兩地區地理上由巴基斯坦(Pakistan)連結。巴基斯坦因與阿富汗(Afghanistan)之關連而捲入中東事務。

　　南亞有三大宗教：印度教（Hinduism）、佛教(Buddhism)、伊斯蘭教(Islam)。印度的區域主導力使印度教成為主要宗教力量。以色列，黎巴嫩的黎巴嫩山(Mountain Lebanon)部分，南蘇丹(South Sudan)等三地除外，中東全為伊斯蘭教。最主要的宗教差異(schism)是遜尼-什葉(Sunni-Shia)，尤其是伊斯蘭原教旨主義(Islamic fundamentalism)和世俗主義(secularism)之衝突。

　　遜尼-什葉(Sunni-Shia/Shiite)在爭什麼？

　　(1)領導權的問題。Sunni 主張 Caliph(先知穆罕默德(Prophet Muhammad)的繼承人)應由選舉產生。Shia 主張應直接傳給家人，由先知指定或神示。「Shia」意指一群人或家族。

　　(2)住地不同。Sunni 占全世界 Muslims 的 85%，居於 Saudi Arabia, Egypt, Yemen, Pakistan, Indonesia, Turkey, Algeria。Shia 居於 Yemen, Bahrain, Syria, Lebanon.

　　(3)宗教實踐不同。祈禱和婚禮儀式不同。Sunni 反對伊瑪目（聖者）(Imams)之特權，主張領袖不是天生的，而要贏得人民之信任。

　　兩者都遵奉可蘭經(Quran)和先知的話語和習慣，但宗教生活細節不同，如：禁食和朝聖等。

　　南亞、印度次大陸、其他亞洲地區此三大部分形成一個「地緣戰略不穩定之弧」。幾乎每一個國家都與鄰國陷入衝突或被內戰撕裂。印度，巴基斯坦，伊朗，以色列擁有核子武器或核子能力造成了危險情勢，再加上恐怖主義，使

弧形內外威脅益增。

　　雖然南亞從來不是一個完全統一的地緣政治區域，但它是一個獨特的地理區域，有許多文化和人文的相似性，卻又與亞洲其他部分隔絕。印度次大陸地勢高出於鄰國，又被沙漠、高山、和季節雨森林隔離，故最佳的連絡方式是經由印度洋。人口密集在 Brahmaputra 河（源自東北角不丹，從孟加拉入孟加拉灣），恆河(Ganges)，Indus 河谷，以及德干高原(Deccan)的東、西海岸周邊。德干高原在印度次大陸南部，其中心雨量非常稀少。北方的興都斯坦平原(Hindustan Plain)跨越印度旁遮普（Punjab）和孟加拉(Bengal)，使兩國地緣政治命運糾纏不已。

　　南亞的地緣政治特性深受其農耕為主之內向型經濟，以及地理上的孤立所影響。該地區大部分人口均能自給自足，只有孟加拉(Bangladesh)除外，它是世界上最窮的國家之一。因受洪水、旱澇、季節雨風暴之害，其糧食需依賴進口。

　　南亞與外界的交換，平均少於 5%。兩個例外是：①斯里蘭卡(Sri Lanka)，出口為紡織品、衣服、茶、寶石、橡膠，進口為機械、運輸裝備、石油、糖。和②馬爾他/馬爾代夫(Maldives)，經濟以觀光旅遊、海運業、漁業為主。

　　中國和印度不可能聯合，中國同質性很高，空間屬大陸內部。印度種族、語言、宗教複雜，戰略取向在印度洋，其水手或商人，或前往東南亞，或前往非洲東岸和南岸。兩大文明的精華地帶地理上相距太遠，無從發生重大互動或軍事上主宰對方。西藏和喀什米爾(Kashmir)是中國的前哨，但是太遙遠以致不能嚴重威脅北印度。印度在中國歷史上被西藏與喜瑪拉雅山(Himalayas)緩衝區隔離，直到中國佔有喀什米爾，新疆才與巴基斯坦連接。

　　蘇聯，中國，美國都曾經影響印度，或軍事支持巴基斯坦，但都不會在本質上改變南亞的地緣政治地位。除非南亞克服內部分歧，其獨立性仍將是孤立的，它在全球舞臺的角色仍將有限。

第一節　區域的地緣政治傾向

1. 印度與巴基斯坦

　　印度於 1947 年獨立。尼赫魯(Jawahalal Nehru)嘗言：「印度很龐大，快樂自存。攻擊或入侵印度……無利可圖。」印度的主要關切為喀什米爾，水權，東巴基斯坦。

　　英國留下 1 億 2 千萬穆斯林(Muslims)，占總人口 12%，聚集在孟買(Mumbai)，班加羅爾(Bangalore)，威脅印度團結。印度人口總計 13 億 4 千萬，(2017.11 統計)。

　　美國國務卿杜勒斯(J. F. Dulles)的大錯：為反映印度的中立主義，拉巴基斯坦結軍事同盟，1955 年建中央公約組織(Central Treaty Organization，CENTO)，又組東南亞條約組織(SEATO)，使巴基斯坦捲入東西方戰略角力。杜勒斯認為不結盟是不道德的，而不在乎印度是世界最大民主國家。並轉與巴基斯坦結盟，但巴基斯坦腐敗、軍事獨裁、不穩定。美國支持巴基斯坦，印中有邊境爭執，新德里(New Delhi)遂軍、經、政轉向莫斯科以支持其在喀什米爾之立場。1959 年中國佔領印度東北邊境哨所，1962 年爆發中印戰爭，俄調停未果，保持中立，此為中蘇分裂遠因。因中共擔心蘇印結盟，側翼包圍中國。

　　1963 年中巴邊境紛歧，巴基斯坦割讓 2,050 平方哩的喀什米爾領土給中國，中共供應武器，修建 750 哩全天候的 Karakoram Peace Highway，自拉瓦平地(Rawalpindi)(巴)至喀什(Kashi/Kashgar)(中)，1978 年才完工。這是從地中海到中國的古絲路唯一有鋪路的一段。

　　1971 年前，孟加拉叛亂，中共支持巴基斯坦，蘇俄支持印度挺孟加拉，美國中立。估一百萬孟加拉人死，幾百萬人逃印度。北京提供巴基斯坦核武，美國譴責，亦軍援巴基斯坦以挺阿富汗叛軍抗蘇。

　　1979 年蘇俄侵入阿富汗挺馬克思主義政府，打擊叛軍；美要巴基斯坦轉交武器給叛軍 Mujahedeen，並提供訓練。1980 年代美國年供 6 億給巴基斯坦，僅次於以、埃。因此，印度更加親蘇。1989 年蘇俄撤軍，印度獲美國青睞，因：①印度有市場潛力，年經濟成長力 6%。②印度有龐大的科技腦力。③印

度為第三世界領袖，可作為第三世界與 WTO 間的橋樑。④印度為世界最大的民主國家。1980 年代末期蘇聯崩潰，使美巴軍事同盟失去戰略理由。再因巴基斯坦支持塔立班(Taliban)和賓拉登(Osama bin Laden)在阿富汗的恐怖組織基地，使美巴關係惡化。沒料到當年支持阿富汗的 Mujahedeen 對抗蘇軍及其盟友，卻使原教旨主義的 Sunni Taliban 坐大。由於塔立班和巴什圖族(Pashtun)有很深的連繫，所以現有兩千萬巴什圖族住在巴基斯坦西部邊境，從白夏瓦(Peshawar)綿延到奎達(Quetta)。巴基斯坦現在已成許多伊斯蘭原教旨主義游擊隊的避風港，也成為猷凱達組織(al Qaeda)的避難所。

儘管印度懷疑美國的意圖，美印關係仍日益接近。美國應承認印度有主宰印度洋的戰略重要性。

2. 斯里蘭卡(Sri Lanka)

斯里蘭卡(原名：錫蘭 Ceylon)，1948 獨立。斯里蘭卡在 1986 爆發內戰，錫蘭人(Singhalese)的政府和爭取獨立的 Tamil Eelam 「Liberation Tigers」之間的戰爭延續到 2002 年才停火。六萬人死亡，一百萬泰米爾人(Tamils)流離失所。當時的印度總理英吉拉甘地(Indira Gandhi)曾下令秘密武裝和訓練 Tamil 叛軍。

泰米爾人主要住在島上的北、東部，占總人口的 25%，大多屬印度教(Hindu)。而僧伽羅(Sinhalese)人總人口的 3/4，住島上西南部，為佛教徒。

新德里的動機是要藉允許泰米爾民兵在印度設基地，來爭取國內南方泰米爾納德(Tamil Nadu)邦五千五百萬泰米爾人的政治支持。新德里可望繼續支持斯里蘭卡政府，但也要小心翼翼地促進和平。(2017-12-09《聯合報》)

2012 年中共在斯里蘭卡投資 15 億建港。斯里蘭卡向中國招商局集團移交漢班托塔(Hambantota)港的資產和經營管理權。招商局以 10.2 億取得 7 成股權，租用港口及周邊土地 60.7 平方哩，租期 99 年，影響力遠及中東和非洲。該港可為大陸船艦提供新路線和停靠點，是世界第一大海灣孟加拉灣的門戶，有 10 萬噸級和 2 萬噸級的泊位，為「珍珠鍊」中繼點之一。旁邊有 Mattala International Airport/Hambantota 國際機場，可能轉手印度，可阻中共海軍在此建基地。

3. 緬甸

緬甸(Myanmar 原名 Burma)，首都：仰光(Yangon/Rangoon)。緬甸於十九世紀為英屬印度所控制，1935 年，緬甸被頒發新憲法，脫離英屬印度，1948獨立。二戰期間，日本佔領，獲短暫自由。

戰後，緬甸在地緣政治上被中國和印度撕裂。印度的戰略利益在於緬甸的位置，可監控孟加拉灣(Bay of Bengal)，以及下緬甸(Lower Burma)的石油與天然氣蘊藏。新德里的另一戰略考量為，其阿薩姆(Assam)邦，那加蘭(Nagaland)邦和阿魯納恰爾(Arunachal Pradesh)邦與上緬甸(Upper Burma)的西北部毗連，曝露在中國軍事威脅下，若印緬聯盟，緬甸可為印度防範中國的緩衝區。

北京在上緬甸的利益為該地區毗連雲南省和西藏。若緬甸拉進北京的軌道，就可以加大對寮國和泰國北部的影響力，因為這兩處毗連緬甸的東北和東部邊界。

在緬甸聯邦(Union of Burma)成立後不久，其政府即欲鬆綁在英國總督(British Raj)時期和印度的連繫。為抵消印度的壓力，仰光政府開始向中共接近，試圖趕走國民黨越界進入緬甸的軍隊。國民黨軍隊於 1953 離開緬甸，卻是因為聯合國之令，與北京無關。

緬中印關係

緬甸為了在中印間保持平衡，奴溫(U Nu)的社會主義政府採取不結盟立場，並倒向第三世界，和印度尼赫魯的政策一致。為保持不結盟精神，和促進與中國的關係，仰光拒絕加入東南亞條約組織(SEATO)。

1960 年，中緬簽署中緬友好互不侵犯條約，中國放棄對緬甸索取北部克欽邦(Kachin state)和東北部(Nam Wan 和佤邦 Wa states)的領土。緬甸給中國五個小村莊作為回報。以此，北京事實上 (de facto 不是法理上 de jure)接受 1955英中邊界聯合委員會劃分的麥克馬洪線(McMahon Line)。

1962 年緬共兩派互鬥，中共支持多數派白旗(White Flag)緬共，提供武器，甚至派遣自願江衛兵相助，儘管叛亂團體奪佔了 1/3 的領土，還是沒能推翻政府，中共滲透緬甸的努力白費。

1980 年代緬共解體，叛亂運動與政府達成協議，1989 年 Burma 改名為

Myanmar，與中國改善關係。北京成為仰光政府的軍火主要供應者，緬甸也對中國的消費品開放市場。緬甸的軍事執政團也允許中國通過北部的金三角(Golden Triangle)運送海洛因到香港再到世界各地。

印度與緬甸的主要問題是仰光提供援助給印度的那加人(Naga)叛軍，那加蘭邦(Nagaland) 為印度東北小邦，夾在緬甸和孟加拉之間，1970s 被逐，躲在緬甸的那加山區，利用邊境與印度對抗。後因緬甸的那加人反仰光政權，緬印雙方乃共同巡邏邊界，對抗毒品貿易。

印緬兩國的主要摩擦是印度堅定支持緬甸的民主運動，2016 民主運動領袖翁山蘇姬（Aung San Suu Kyi）勝選，成為實際的國家領導人(State Counsellor of Myanmar)，因丈夫為英國人（已逝），依憲法規定不得成為總統，乃為她另創一職位，實權超過總統。

4. 馬爾地夫和狄亞哥加西亞

馬爾地夫（Maldives Republic），位於南印度洋，人口 30 萬，以光觀、捕魚、椰子產品、船運、成衣為生。1970 年英國從最南端的海軍基地撤退以前，馬爾代夫享有戰略優勢，之後由南方 800 哩的狄亞哥加西亞(Diego Garcia）取代。該島為查戈斯群島(Chagos Archipelago)的主島，由 60 餘個一系列極小的珊瑚環礁(coral atolls)組成，1965 年越戰高峰時，脫離英國殖民地。

狄亞哥加西亞位居印度洋中心，在馬爾地夫正南方約 500 公里處，或模里西斯(Mauritius)東北 1,200 哩處，是理想的戰略「浮動」基地，由於遙遠而孤立，可免受攻擊。美國向英國租借，作為長程戰略轟炸機基地和海軍加油站。作為海洋範域全球安全網之一部分，狄亞哥加西亞在越戰，波斯灣戰爭和阿富汗反恐戰爭中，多次證明了它的價值。

一個複雜的政治因素是，新獨立的模里西斯一直在聲索查戈斯島鍊(Chagos chain)，而美國在興建基地時，搬到模里西斯的狄亞哥加西亞原住島民，又提起訴訟，要求搬回狄亞哥加西亞，或搬去查戈斯島鍊的其他部分。

第二節　地緣政治特徵

1. 歷史核心

(1)印度次大陸西北的 Rajputana 地區，現為拉賈斯坦(Rajasthan)邦。為千年古都。

(2)德里(Delhi)為南亞的歷史核心，曾經是蒙兀兒(Mughal)帝國與英帝國的首都，次大陸的神經中樞。做為通往全印度各部分的十字路口，有其戰略重要性。德里現址在恆河(Ganges)主要支流 Jumna 河旁，印度斯坦平原(Hindustan Plain)〔恆河谷地和上印度(upper Indus)〕兩大區段(sections)會合之處。12 世紀時為土耳其-阿富汗(Turko-Afghan)首都。17 世紀，蒙兀兒建城舊德里(Old Delhi)(1658)做為首都。英國總督(British Raj)統治全印度時亦立為首都，直到被加爾各答(Calcutta)取代。

2. 首都

(1)印度的現代首都為新德里(New Delhi)。17-18 世紀，英屬東印度公司(British East India Company) 有三大「總督府(presidencies)」：孟買(Bombay/Mumbai)，馬德拉斯/清奈(Madras/Chennai)，加爾各答(Calcutta)。加爾各答在孟加拉灣(Bay of Bengal)，恆河與 Brahmaputra 河的合流點，英國佔領孟加拉地區，以之做為商業與統治的主要中心，並驅逐競爭者法屬東印度公司。

- (A) 1833 年英屬印度首都正式遷往加爾各答。1912 遷回舊德里(Old Delhi)，以抵抗俄國來自中亞的威脅。加爾各答是南亞最大的城市和港口，麻製品和製粉(milling)，紡織，茶葉出口是加爾各答\的強項。船隻可從 Jumna River(恆河的一個主要支流)的通航起點德里順流直下加爾各答，這裡是整個恆河平原(Gangetic Plain)的匯聚處。
- (B) 新德里，印度現在的首都，1931 建竣。市容輝煌燦爛，其建築表現出英屬印度的莊嚴壯觀。已從行政中心發展成商業和現代工業之重鎮。

(C) 西姆拉(Shimla)，位於新德里以北 200 哩，喜瑪拉雅山脈(Himalaya)海拔 7,000 英尺處，政府避暑之用。

(2)斯里蘭卡／原名：錫蘭(Ceylon/Sri Lanka)：1798 英國奪自荷蘭。1802 定都古城 Colombo。

(3)緬甸／緬瑪（Burma/Myanmar）：首都奈彼多(Naypyidaw)，2005.11 遷都，該地區中文名平蠻(Pyinmana)。曼德勒(Mandalay)曾為緬甸王國(1860-1885)之首都，1923 時仰光(Rangoon/Yangon)曾被選為首都以取代曼德勒。1937 英國終於承認印緬文化截然不同，而將兩者分開。

(4)尼泊爾 Nepal：首都加德滿都(Kathmandu)，印度影響力大。

(5)不丹(Bhutan)：首都亭布(Thimphu)。印度管外交。

(6)錫金(Sikkim)：1950 成為印度保護國。1975 印度正式兼併為第 22 省。

(7)巴基斯坦(Pakistan)：首都伊斯蘭馬巴德(Islamabad) 為前線(frontier)首都，在喜瑪拉雅山麓，旁遮普邦(Punjab)西邊，旁遮普邦占全國人口之半，距印屬喀什米爾僅 40 哩。也與印度-阿富汗邊界和東邊的開伯爾山口(Khyber Pass)僅距 90 哩。有公路和鐵路通往印度與阿富汗。1959-1970 首都喀拉蚩(Karachi)遷往伊斯蘭馬巴德期間，拉瓦平第(Rawapindi)為臨時首都。拉瓦平第為軍事總部，為該國之政軍重心。其戰略重要性為確保西北邊疆省(North-West Frontier Province)的安全及鎮壓巴什圖(Pashtun)分離主義。

3. 精華地帶

南亞缺少區域精華地帶，印度本身亦無人口或經濟的核心地區。它反而有三個各自分開又廣闊的精華地帶：

(1)以加爾各答為核心的西孟加拉邦。加爾各答是印度的第二大城和第二大港，人口超過一億。

(2)孟買向東延伸直抵德干高原西側之孟買-浦那(Mumbai-Pune)地區。孟買為西海岸唯一深水港，印度最大城，金融中心，銀行業、製片業、媒體工業。

(3)從邦加羅爾(Bangalore)東向至清奈(Chennai/Madras)海岸。邦加羅爾為高科技中心，有印度矽谷(Silicon Valley of India)之稱，是印度的科學首都

(Science Capital)。清奈為泰米爾那德邦(Tamil Nadu)的省會，港口在孟加拉灣。

(4)海德拉巴(Hyderabad)是現代工業走廊，海德拉巴為最新軟體中心。在孟買以東，邦加羅爾以北，距孟加拉灣海岸 300 哩，農產有稻米、蔗糖、棉花、棕櫚油產品。

(5)印度主要連繫在南亞之外，重要貿易夥伴為美、德、日，本國市場才是成長引擎，而非國際貿易。

(6)印度和孟加拉之間的國際邊界區隔了印度教的西孟加拉(Hindu West Bengal)和回教的東孟加拉(Muslin East Bengal)。達卡(Dhaka)：孟加拉首都，孟加拉人口近一億，世界最大的黃麻產地。

(7)斯里蘭卡經濟依賴農產品出口。

(8)尼泊爾、不丹均無人口或經濟之核心地區。

(9)緬甸精華地帶有限，軍人政府阻礙開放。

4. 有效區域/國家領土

稀少。大多為山地或沙漠，或乾燥的平原。尤其是孟加拉，季節雨、颶風、滿潮帶來洪水為患，整個國家均人口過剩及貧窮，人口密度為每平方哩 2,250 人。

5. 空曠地帶

南亞有四個空曠地帶：

(1)印度西部拉賈斯坦邦(Lajasthan)的塔爾沙漠（Thar desert）延伸至巴基斯坦東南，塔爾沙漠（8,400 平方哩）：印度第一、二次核子試爆場地(1947, 1998)；

(2)Rann of Cutch 是廣大的鹽分荒地和沼澤，在印度塔爾沙漠南部古吉拉特邦(Gujarat)的大部分地區，有 Rann of Cutch Lake。這裡唯一的經濟資源是鹽，但只能在乾季蒸餾；

(3)巴基斯坦西南巴魯奇斯坦(Baluchistan)的 Khara 和 Makran 沙漠；巴魯

奇斯坦的 Khara 沙漠是巴基斯坦的核試場(1998)。兩沙漠均在印巴邊界，邊界爭端為 1965 年的印巴戰爭起因之一。1968 年國際仲裁使印度獲得 Rann 沙漠95%以上。

(4)喜瑪拉雅山脈。喜瑪拉雅山脈從北到南 1,500 哩，主要的地緣政治功能為印度與中國的邊界屏障。喜瑪拉雅山脈的主要隘口有：①喀喇崑崙隘口(Karakoram) (西緣)，中國控制，供巴基斯坦入新疆；②迪普(Diphu)隘口(東緣)，印度控制，防阻中國入阿薩姆邦。

6. 邊界

邊界爭端最嚴重、範圍最廣者為印度與巴基斯坦的喀什米爾之爭，打了三次戰，還幾乎引起核武對抗。巴基斯坦一直想「解放」印度掌握的賈姆穆(Jammu)和喀什米爾，該地為印度唯一最多穆斯林的邦。中國佔有喀什米爾東部小片區域的拉達克(Ladakh)。

印巴之爭牽涉情緒與意識型態，難解。1962 年中巴邊境協議，中國獲得2,050 平方公里的阿薩得喀什米爾(Azad Kashmir)，此處曾為中印之爭的所在，有公路連接巴基斯坦和新疆。印度視其為戰略挫敗。

印巴兩處爭執：一為印度河盆地各河流，一為西南端之 Sir Creek。巴基斯坦要面對河口的右岸（多出的 250 平方公里並可能有油氣），印度要河流中線。

第三節　結論

南亞是獨特的地緣政治地區，因其自然、文化、社會差異、政治、宗教均與周圍的範域隔離。分裂之深使區域合作架構難產。1951 年的可倫坡合作區域發展計畫(Colombo Plan for Cooperative Regional Development)對南亞的經濟無啥影響。1985 年的南亞區域合作協會(South Asian Association for Regional Cooperation/SAARC)和它所創立的南亞最惠國貿易協會(South Asia Preferential Trade Association)收效甚微。

　　美國阻止印度發展核武，卻自己與俄羅斯核子競賽，完全不顧印度需要核武對抗中共，更甚於對抗巴基斯坦。

　　高科技，尤其是軟體，使印度經濟快速成長。雖不能解決大量失業問題，但有助於物質和社會的基礎建設。

　　巴基斯坦和阿富汗可能成為破碎地帶，內部分裂又箝制在伊朗、印度、中國、俄羅斯之間。巴基斯坦現在控制的喀什米爾加阿薩得喀什米爾可成為準獨立國家(quasi-independent state)再加上印度掌握的賈姆穆和喀什米爾可成為共居型國家(condominium)由印巴共管。最終成為獨立國家。

　　印度因其高科技工業和可能會超過中國的人口，而可成為印度洋地緣戰略範域的核心。

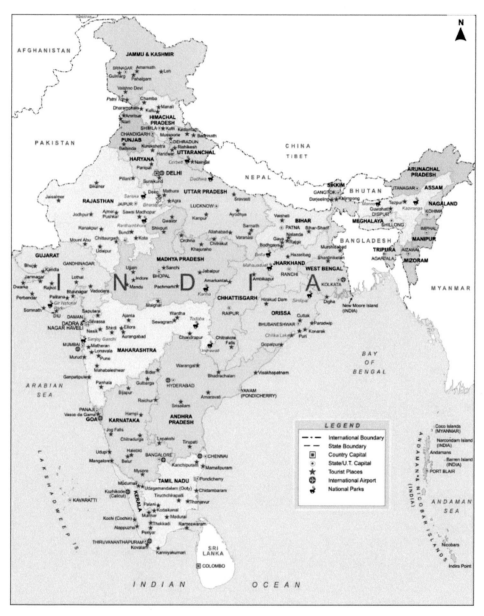

印度

巴基斯坦

阿富汗

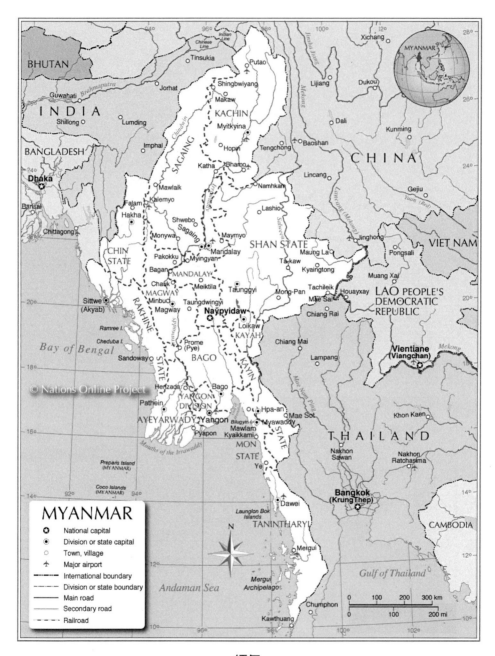

緬甸

進入 Kashimir 的唯一公路

Karakoram Pass(Himalayas 西緣)

第十章　地緣戰略的不穩定之弧：中東破碎地帶

　　內部衝突加上大國滲透使中東比南亞更碎裂不穩定。遜尼(Sunni)與什葉(Shia)穆斯林(Muslims)；基督徒(Christians)與猶太人(Jews)；阿拉伯人(Arabs)，土耳其人(Turks)，波斯人(Persians)；亞塞拜疆人(Azeris)，庫德族(Kurds)，(Druze)（敘利亞的黎巴嫩山中信仰回教又在教義中帶有一點基督教的德魯茲人）；阿拉威人(Alawites)與摩洛奈人(Moronites)；住在尼羅河流域的黑人(Nicotic blacks)與蘇丹阿拉伯人(Sudanese Arabs)；貝多因人(Bedouins)與農民(farmers)；宗教基本教義派者(religious fundamentalists)與世俗派(secularists)均為中東風貌之一部分。差異所引起的民族、宗教、種族衝突進一步被爭吵稀少的水資源和可耕地所激化，石油和天然氣的爭奪更是火上加油。

　　位在三大洲的交會處，久已具有水路轉運之全球戰略之重要性。外部強權被吸引，強化了內部分裂，使其成為破碎地帶。歐洲帝國統治使中東分成各種勢力範圍。

第一節　現代殖民滲透

　　整個 19 和 20 世紀，西歐強權和俄羅斯都在謀取該區域之基地和影響力。它們最主要的目標是獲取通往印度的海上航道。1869 蘇伊士運河(Suez Canal)開通，英國得以擴大對南亞與東亞之貿易，主宰了世界貿易。

　　(1)塞浦勒斯(Cyprus)在 1882 英國佔領埃及和掌控運河時，為英國的前進基地。1879 年英國-埃及蘇丹共居(condominium)時，英國得以監視紅海西岸，輔助東岸的亞丁(Aden)基地。亞丁控制出印度洋的曼德海峽(Strait of Bab el-

Mandeb)。統治蘇丹也能控制上尼羅河，強化英國對埃及的掌握。

　　(2)英國的另一個目的是要消滅阿拉伯海和印度洋的海盜，及阻止來自東非行經該海域的奴隸貿易。英國的被保護國巴林(Bahrain, 1867)，Trucial States(休戰的國家／今阿聯，1897)，科威特(Kuwait,1899)成為達成此目的之據點。

　　(3)阿富汗(Afghanistan)是通往印度的陸上門戶。俄羅斯與波斯(Persia)及阿富汗作戰，迫其關閉開伯爾山口(Khyber Pass)和其他邊境地區，包括英屬印度。之後，阿富汗和俄羅斯、波斯及英國簽訂正式之邊界協定。

　　(4)其他歐洲強權亦積極介入該地區。法國派兵至黎巴嫩的基督山(Christian Mount)，阻止該地區之天主教徒被德魯茲(Druze)人屠殺。此後，該地成為法國在黎凡特(Levant)地區的立足點，最後巴黎控制了全部黎巴嫩和敘利亞。法國也奪得亞丁灣岸的吉布地(Djibouti)，將其發展為一個港口，在商業上和戰略上和英國的亞丁競爭。

　　(5)義大利奪得紅海西南之厄利垂亞(Eritrea)其港口阿薩布(Assab)和馬薩瓦(Massawa)，控制內陸之依索比亞(Ethiopia)。

　　(6)俄羅斯在 19 世紀時，對該地區之滲透限於裡海(Caspian Sea)周邊。裡海東岸取自鄂圖曼帝國(Ottoman Empire)和波斯，鄂圖曼並將裡海西岸之北亞塞拜疆割給沙俄。

　　(7)19 世紀初，英國由於擔心德俄對該地區之圖謀，乃藉陸路路線以加強在波斯灣之地位。土耳其和德國協議(1896)將德國擁有之自安那托利(Anatolia)東南科尼亞(Konya)通往巴格達(Baghdad)和巴斯拉(Basra)的安那托利鐵路(Anatolian Railway)延伸至公海。俄羅斯也索討波斯灣沿岸土地。倫敦往印度之交通線受到威脅，英法均反對德國路線，該線直到 1911 年才恢復建造，一次戰後才完工。

　　到了 20 世紀，利用及保衛該地區之石油才是英國的考慮重點。1908 才在庫茲斯坦(Khuzestan)(波斯灣西南阿拉伯人聚居之省份)發現世界最富的油田。

　　俄羅斯裡海的基地滲透波斯，1907 年劃出勢力範圍，擬從波斯北部西伸，經德黑蘭(Tehran)至東部毗鄰土庫曼(Turkmenistan)的馬什哈德(Mashad)，再往德黑蘭南方到伊斯法罕(Esfahan)。此與英國勢力範圍重疊。

　　英伊石油公司在阿巴丹(Abadan)建世界最大煉油廠，WWI 時對盟國極為

重要。

　　第一、二次大戰期間，歐洲殖民強權瓜分中東，英國有巴勒斯坦(Palestine)，外約旦(Trans-Jordan)，伊拉克(Iraq)，南葉門(Southern Yemen/亞丁保護國 the Aden Protectorate)，埃及(Egypt)，蘇丹(Sudan)；法國據黎巴嫩(Lebanon)，敘利亞(Syria)；義大利於 1912 年征服利比亞(Libya)。

　　此時，凱末爾(Kemal Ataturk)領導土耳其(Turkey)西化、世俗化、自給自足。同時，波斯的巴勒維(Pahlavi)王朝亦力圖擺脫英、俄的控制。

　　歐洲強權打造了中東穩定並限縮了蘇俄影響力之散佈，直到冷戰時期中東才分裂成破碎地帶。

第二節　大國競逐：冷戰時期

　　西方與蘇俄之冷戰起於蘇俄欲奪取伊朗之北部(1945-46)，當時莫斯科支持伊朗北部亞塞拜疆和庫德斯坦(Kurdistan)之共產黨共和國。火種源於俄軍佔領亞塞拜疆以供應盟軍軍資，由此通往波斯灣。戰爭結束時，蘇俄要求割讓伊朗北部，供其探油，德黑蘭推阻，蘇俄擔心巴庫(Baku)油田老化。故垂涎從伊拉克北 Zagoros 山沿岸至卡達(Qatar)和阿拉伯聯合大公國(United Arab Emirates, UAE 簡稱阿聯)等地區之石油蘊藏，又早已覬覦波斯-阿拉伯灣的走廊地帶多年。

　　(1)1950 年代，蘇俄第一次企圖奪取伊朗，被美國阻止。

　　(2)蘇俄第二次企圖控制海峽，土耳其反擊俄國威脅、轉向西方，1952 成為 NATO 成員。

　　1945 年法國放棄託管黎凡特(Levant：黎巴嫩，巴勒斯坦，敘利亞)、1946 英國放棄託管巴勒斯坦。1948 年第一次以阿戰爭爆發，以色列贏得戰爭(War of Independence)。美國取代戰爭疲乏的英法進入中東。

　　1955 年第二次以阿（埃及+伊拉克）戰爭。以色列目的：近接運河，以及，打破阿拉伯國家之封鎖阿卡巴灣(Gulf of Aqaba)南端的蒂朗海峽(Straits of Tiran)，這是以色列接近伊朗石油供應和遠東貿易之備用通道。

　　阿富汗戰爭(1979-1989)使蘇聯陷入泥淖，終至崩潰。伊朗革命(1979)，

Ayatollah Ruhollah Khomeini 推翻了 Shah 的專制政權。年底，革命狂熱及於顛峰，美國大使館發生人質事件，美國外交官被困 444 天。

1973 年 10 月埃及聯合敘利亞突襲以色列，南北夾擊，十月戰爭又名贖罪日戰爭爆發。埃及軍隊被殲，沙達特(Anwar Sadat)結論：埃及無望軍事擊敗以色列，戰前驅逐俄國人員。1978 年卡特(James Earl Carter)總統斡旋簽訂大衛營協定(The Camp David accord)，1981 年沙達特被刺。繼任者穆巴拉克(Hosni Mubarak)大力發展與美國的關係，獲美國大筆援助。

第三節　地理環境

中東有五海環繞：裡海、黑海、東地中海、紅海/亞丁灣、阿拉伯海/波斯灣。這些水域不僅界定中東的範圍，也對域外強權有戰略重要性，它們都想完全控制中東。中東可分成三個東西延伸的結構地帶：北方高地地帶(Northern Highland Zone)，中間地帶(Intermediate Zone)，南部沙漠地區(Southern Desert)。每一個地帶均有其獨特的物理與資源特徵，影響其經濟、文化、與政治發展。

1. 北方高地地帶

此地帶由高山、皺褶、多地震山脈所組成，為阿爾卑斯-喜馬拉亞(Alpine-Himalaya)系統及環內陸高臺地。伊朗、土耳其大部分及阿富汗全境屬之。還有伊拉克東北高地，庫德族居之。外部有狹窄之愛琴海(Aegean)和地中海沿岸，以及米索不達米亞平原(Mesopotamian plains)西南。

該地帶面積廣表，近 1 千 5 百萬平方哩，人口共計 1 億 5 千萬，土耳其和伊朗各約 6 千 5 百萬人，阿富汗超過 2 千萬人。但各國均有大量少數民族。

(1) 庫德族祖居地在安那托利(Anatolia)東南山區和臺地，有 1 千萬人，伊拉克東北和伊朗西北各有 5 百萬人。19 世紀即亟欲獨立，屢遭鎮壓。波斯灣戰爭時，美國鼓動叛亂，海珊(Saddam Hussein)無情摧毀，庫德族 30 萬人被殺，美國袖手旁觀。

(2)另一少數民族為伊朗西北之亞塞拜疆人(Azeris)，有 1 千萬人。1946 年蘇聯鼓勵叛亂，被伊朗軍隊迅速摧毀。

(3) 阿富汗分成山嶺高地、內陸狹谷、沙漠地區。種族語言文化複雜。巴什圖族(Pashtuns/Pathans)人口最多，占總數 40%，住東部沿巴基斯坦邊境，和南部。塔吉克人(Tajiks)占總人口的 25%，住西部和東北部。什葉派 Hazaras 約占總人口的 20%，住中央山區；烏茲別克(Uzbek)少數民族住北部。阿富汗人多數為遜尼穆斯林，極端遜尼基本教義派者塔利班(Taliban)多為巴什圖族。蘇俄戰敗後，其他少數民族組成的 Mujahedeen 武裝力量控制了政府。

山脈和沙漠的分割使族群分裂加劇。巴什圖族的核心區是喀布爾河河谷，圍繞喀布爾市(Kabul)，是通往開伯爾山口(Khyber Pass)和南亞的門戶。

崁大哈(Qandahar)的巴什圖族集中在東南部，是 Helmand 河的中段，該河源自興都庫什(Hindu Kush)向西南流入伊朗。另一個被分開的是 Rejistanm 地區雨量稀少之西南沙漠的遊牧民族 Baluchis 人。

(4)阿富汗西部的塔吉克人集居在 Hari Rud 河谷的赫拉特(Herat)大綠洲。

(5)北邊是烏茲別克人的祖居地，集居在阿姆河(Amu Darya River)的支流 Balkh River 上的馬札里沙里夫(Mazar-e-Sharif)。該地區由阿姆河形成與烏茲別克和部分土庫曼的邊界。

阿富汗的政治組織深植於凶狠的獨立部落領袖和軍閥制度。這種制度不僅被天性自然所強化，也被交通和通訊的落後阻隔了國家內部各方的連繫。塔利班取得政權後，給伊斯蘭激進份子提供庇護和訓練基地，最著名的是賓拉登(Osama bin Laden)的蓋達(al Qaeda)組織。該組織致力於輸出恐怖到全世界，以促進原教旨主義。

使問題更複雜的是阿富汗長年旱災和饑荒，幾百萬村民離鄉避戰或逃荒。多達五百萬人越境進入巴基斯坦或伊朗。美國於 2001 年 10 月猛烈轟炸阿富汗，難民潮再起，使巴基斯坦和伊朗成為難民大本營。

什葉派伊朗和遜尼派塔利班長期以來即關係緊張，1998 年伊朗外交官在阿富汗北方大城馬札里沙里夫(Mazar-e-Sharif)被謀殺，兩國幾乎開戰。

阿富汗的鐵類與非鐵金屬對土耳其和伊朗的工業化極重要，凱末爾能採取自己自足國有化政策基此，再加上南部發現石油（石化與化肥），經濟更擴張。

　　第二次世界大戰後，土耳其放棄中立政策、民主化，與西方結盟、鬆綁私營企業、美國大量援助，加上馬歇爾計畫、吸引外資、擴大工業化已使土耳其進入國際交換經濟。

　　伊朗也有各種礦產，如：鐵、煤、銅、鉻、鋅，和各類製造業，然其工業化熱情不如土耳其，因伊朗有石油和天然氣資源。出口90%以上是石油，故經濟受世界石油市場價格之波動而起伏不定。

　　冷戰期間，土耳其和伊朗是西方在中東的支柱。1979 年伊朗人質事件後，美國不理性地反伊朗，兩伊戰爭中支持伊拉克；伊拉克用美國援助的武器攻佔科威特。

　　在伊朗退出美國的戰略名單後，僅餘土耳其是西方盟國的基石。美國在土耳其的空軍和飛彈基地在波斯灣戰爭中起了重大作用，這些基地也在美國執行對伊朗的禁飛區(no-fly zone)時，助益良多。也在反恐戰爭中扮演了重要角色。土耳其在蘇聯瓦解後不再需要北約，但因人權、庫德族、經濟政策差異等問題，而被歐盟排拒，可能在地緣政治上轉向中立。

2. 中間地帶

　　黎凡特，古稱肥沃月灣(Fertile Crescent)的美索不達米亞，以及波斯灣/阿拉伯灣南北岸；是一個整體。構造上，全區均為阿拉伯地殼構造的板塊，東地中海海岸除外。大部分中間地帶均在東地中海或波斯灣/阿拉伯灣影響之下。低海岸山脈和毗連的臺地，讓黎巴嫩，敘利亞，以色列可以輕鬆接近乾燥的東半部的約旦(Jordan)、伊拉克、科威特、沙烏地阿拉伯(Saudi Arabia)東部、巴林(Bahrain)、卡達(Qatar)、阿拉伯聯合大公國。大量石油蘊藏在波斯灣岸，斷斷續續從伊朗西南部的 Khuzestan 一直到伊拉克南部、科威特、沙烏地阿拉伯、卡達、阿聯、阿曼(Oman)。美索不達米亞北部，即伊拉克北部、敘利亞東北部和土耳其東南方的南部邊沿也有相當多的石油。波斯灣-米索不達米亞擁有世界 3/2 石油蘊藏量和相當大量的天然氣儲藏。天然氣大部分在沙烏地阿拉伯和伊拉克及伊朗。沙烏地阿拉伯不僅擁有世界最大的陸上油田(Ghawar)，也擁有世界最大的外海油田(Safania)。科威特的 Burgan 油田僅次於 Ghawar。中東油田未來的角色可能更大。

黎凡特各國位置良好，可做為通往伊拉克和波斯灣北部的門戶。

中東石油豐富，但水資源匱乏。這是中東衝突不斷的主因，也刺激了廢水回收和海水淡化的科技創新。以色列已將廢水回收用於農業，海水淡化工廠也已在波斯灣沿岸興建。土耳其也賣水給以色列，佔全年需求的 5%，那已經是很重要的數量了。

1967 年 6 月以色列對埃及和敘利亞發動戰爭的主因是，敘利亞打算在約旦河的源頭建運河，把水分流出去，引起 1964 年和 1967 年的以色列軍事行動。敘利亞的農業擴展需要政治和資金，但是敘利亞的石油收入都用在購買軍火和發展軍事工業了。所以結束以色列和阿拉伯人的衝突，對大家都有利。最棘手的是以巴衝突，使整個地區成為破碎地帶。

3. 南部沙漠地帶

結構上，該地帶橫跨利比亞，埃及，蘇丹(Sudan)，到阿拉伯半島。年降雨量不到 10 吋。人口集中在尼羅河(Nile)沿岸，紅海部分海岸，地中海東南岸，及內陸綠洲。

埃及、利比亞、蘇丹北部是撒哈拉沙漠(Sahara)的延伸。撒哈拉沙漠沙漠與美國國土面積相當，東至紅海，西至大西洋，南鄰非洲中部。

(1)蘇丹的首都卡土穆(Khartoum，阿拉伯語 al-Khatum)是北方沙漠和南方雨量極少之大草原的分界線，北緯 12°。卡土穆一詞意思是大象鼻子。景觀在此變成永久的和季節性的洪水泛濫的沼澤地，這是一個亞熱帶的地區，降雨量較高，由於 Nile 常年氾濫，覆蓋著濃厚之水棲植物。

蘇丹從 1955 年獨立一開始就陷入與南方穆斯林政權的戰爭，衝突更因卡土穆政府實行穆斯林法律而激化。況且，它又毗連著非洲之角的次撒哈拉擠壓地帶，如厄利垂亞(Eritrea)，衣索匹亞(Ethiopia)西南，和索馬利亞(Somalia)。

(2)沙烏地阿拉伯位於沙漠地帶，是一個古代結晶岩臺地，部分為沙漠，部分為稀雨帶。在 Nejd 稀草地的北邊是 Nafud 沙漠。然後是東南角的 Rub al Khali 沙漠，是世界最大的沙漠之一和無人地區，以「空曠地區(Empty Quarter)」著稱。

沙烏地阿拉伯橫跨南部沙漠與中間地帶兩區，石油資源在東北波斯灣沿

岸，主要人口集中在麥加(Makka/Macca)，人口超過一百萬，為第一聖城；和麥地那(Medina)，人口七十五萬，為第二聖城，古代綠洲。兩城均靠近南部沙漠地區的海岸。

紅海北岸的希賈茲(Hejaz)背倚高地，陡坡直降。該區域內之吉達(Jidda)，人口 260 萬，為歷史悠久的主要海港和貿易中心。是前往麥加和麥地那朝聖的必經之處西南沿紅海有夏季季節風，水利良好，人口密集，傳統產物有咖啡、穀類、水果。

希賈茲(Hejaz)曾是精華地區，近年政經重要性被利雅德(Liyadh)至波斯灣中心之新精華地帶超越。但吉達、麥加，及延布(Yanbu：波斯灣油管的終點和石化等工業中心)繼續迅速成長。

東方省(Eastern Province)的 1/3 人口（五百萬）為什葉派，伊朗革命後，與利雅德之 Wahhabi Sunni 政權不和。另，國內有五百萬外勞，佔總人口 2 千 1 百萬的 1/4，潛在有高度之不穩定性。

沙烏地阿拉伯地緣政治特質的撕裂在國內有壓力的時候就會發生政治分裂。到目前為止，它是依靠石油財富、鎮壓、和美國的軍事支持，以及與國內基本教義派領袖結盟，以強化王國的團結。

(3)埃及的石油位於蘇伊士灣(Gulf of Suez)油田和尼羅河三角洲(Nile Delta)西面的油田。以埃和平之紅利為以色列可向埃及買能源，以色列從水下油管輸入埃及的天然氣，以之取代進口石油，為以色列發電廠之主要燃料。以色列也從土耳其買水，也強化了其與東地中海的連繫。

石油和石油產品是埃及出口的最大宗，但農產品也是經濟的主力，其經濟基礎尚包括：觀光、化學、紡織、水泥、鋼鐵和糧食。埃及人口逾 6 千 5 百萬，擠在 4%的領土。故亟需外援以穩定財政和蘇伊士運河的收入，因此需與海洋世界，沙烏地阿拉伯及海灣國家維持堅固密切的關係。

第四節　地緣政治特徵

該區域缺少歷史或政治核心以做為統一的力量，各國的精華地帶和有效國家領土大多相距甚遠，以致妨礙次區域的統一。是故，缺少重要的區域性地緣

政治特徵，是中東破碎地帶地緣政治不成熟的主因。

1. 歷史核心

中東缺少單一的區域歷史核心，因不同帝國時期統治著不同地區。

2. 區域政治首都

(1)地理上有限的海灣合作委員會(Gulf Co-operation Council)：Saudi Arabia, Kuwait, Bahrain, Qatar, the United Arab Emirates, Oman。總部在利雅德，功能之一是避免戰爭，但無法避免與外人之戰爭。

(2)阿拉伯聯盟(the League of Arab States/the Arab League)，1945 成立，含索馬利亞，敘利亞。開羅(Cairo)曾是聯盟總部，但因內部衝突而被暫停會藉(1979-89)，總部遷往突尼西亞(Tunisia)的首都 Tunis。非阿拉伯之中東國家如土耳其、伊朗、以色列被排除。內部衝突，功能不彰。

1989 年由埃及、伊拉克、約旦、葉門組成的阿拉伯合作委員會(Arab Cooperation Council)隔年即破裂，因伊拉克侵略科威特，才剛合併的南北葉門也因內戰而撕裂，僅阿聯(UAE)國於 1971-1972 年成功整合。

第五節　精華地帶

中東有三個跨國界的精華地帶：

(1)最大的是波斯灣沿科威特至伊拉克第二大城巴斯拉(Basra)到伊朗的阿巴丹(Abadan)。

(2)第二個跨國界的精華地帶是敘利亞和土耳其交會的 Bay of Iskendrun。敘利亞的最大港口拉塔基亞(Latakia)和敘利亞第二大城及製造業中心 Halab，毗連著土耳其的哈塔伊(Hatay)省，有大都會中心阿達納(Adana)。

土耳其的經濟和人口核心地區在內陸的安卡拉(Ankara)，沿愛琴海岸的伊士麥(Izmir)，再從伊斯坦堡(Istanbul)至博斯普魯斯(Bosporus)海峽與馬爾馬拉

海(Sea of Marmara)沿岸。敘利亞的精華地帶以大馬士革(Damascus)為中心，北邊的荷姆斯(Homs)是其外圍。該區域是港口、公路、鐵路的輻湊，然而，土耳其和敘利亞的戰爭和彼此之敵對限制了區域的發展。

(3)第三個跨國界的精華地帶是連接沙烏地阿拉伯和巴林(Bahrain)，跨越中間地帶和南部沙漠地帶。它從內陸的利雅德延伸 240 哩抵達曼(Al-Dammam)和朱拜(Al-Jubail)的波斯灣岸各中心，並由此抵達巴林。

利雅德(Riyadh)，沙烏地阿拉伯首都，和成長最快速的都會中心，占全國總人口 2 千 3 百萬的 20%，十年後預計占總人口的 30%。做為全國的政治、文化、金融、交通中心，利雅德對沙烏地阿拉伯之建設具有特殊的地緣政治角色。它位在半島的心臟地帶，從未淪陷給土耳其人(Ottomans)，而一直在沙漠部落的控制之下。從利雅德的綠州基地出發，沙烏地的統治者強力推行沙漠的文化，嚴厲的 Wahhabite 宗教體系，以及社會傳統，使貝多因人(Bedouin)的生活方式，首先適應定居的綠州世界，然後適應現任的城市生活。

波斯灣地區(Gulf region)有重要的工業中心達曼，加上鄰近城鎮，人口超過二百萬。達曼是深水港，利雅德出發的鐵路東站終點。鄰近的達蘭(Dhahran)是國際航空樞紐，有美國空軍基地，煉油中心。

北邊的朱拜是沙烏地阿拉伯最大且有規劃的兩個工業城市之一，也是主要煉油中心。

巴林：中東最重要的金融與財務中心。有英國在麥納麥(Manamah)港開發的主要的海軍基地和加油站，在冷戰、波斯灣戰爭、和反恐戰爭期間均曾扮演重要的戰略角色。

巴格達(Baghdad)，伊拉克首都和最大城市，占全國總人口二千二百萬的20%，全國大部分製造業在此。往南約一百哩是人口最密集的米索不達米亞平原和卡爾巴拉(Karbala)、納傑夫(An-Najaf)兩座城市。

伊朗北部的德黑蘭(Tehran)有全國人口 6 千 5 百萬的 10%和全國工業產出的一半，是主要的經濟與人口的核心地區。另外，在西北邊的大不里士(Tabriz)是伊朗亞塞拜疆人的首府，周圍群集了重要的城市。西南有油藏豐富的胡齊斯坦(Khuzestan)；在國土中心位置有製造業大城尹斯法罕(Esfahan)。

埃及的經濟與人口核心地區，首先從尼羅河三角洲往上游延伸，穿過開羅(Cairo)到法雅姆(El Faiyum)；亦可循三角洲海岸，從蘇伊士運河入口的塞德港

(Port Said)到亞歷山大港(Alexandria)。亞歷山大港是埃及古老的大都會，人口超過 350 萬的第一大港，且主要工業中心。其有石油產品、紡織、食品、消費品，並為海軍母港。首都開羅為第一大城，人口七百萬，大都會地區總人口逾一千五百萬。做為首都，開羅為高度集中之政治系統，財務與工業中心，旅遊業焦點，和埃及最重要經濟來源之一。

以色列：精華地帶占海岸平原的 2/3，綿延 8 哩，從南邊的阿什杜德(Ashdod)港經特拉維夫(Tel Aviv)至大海法(Greater Haifa)。寬僅 6-15 哩，受限於 1967 年前，綠線(Green Line)分隔以色列和約旦所據有的西岸(West Bank)。精華地帶人口密度每平方哩逾二千人，其三百五十萬人占全國總人口六百多萬人的 60%。人口密度每平方哩七百人，僅次於荷蘭和比利時。

精華地帶有製造業和服務業，含鑽石切割、軍事工業、製藥業、金融業、旅遊業、高科技。高科技是成長最速的經濟部門，著重在電話，軟體，電子通信，生物科技，醫療科技，航空電子工學。電話軟硬體研發帶動高科技工業，占全國總出口 60%，是以色列經濟之最大部門。

第六節　有效區域／國家領土

中東沒有統一的區域精華地帶，也沒有有效的區域領土。唯一的 ENTs 是上美索不達米亞(Upper Mesopotamia)的草地，是伊拉克與敘利亞的會合處，古代稱為肥沃月灣(Fertile Crescent)。然而兩國的深仇使兩國無法在精華地帶合作。

第七節　空曠地帶

廣袤不毛的空曠地帶阻隔了各國。僅伊朗，土耳其，敘利亞，伊拉克不被空曠地帶所阻。然而庫德斯坦橫阻其中，範圍從東土耳其和北敘利亞經北伊拉克直到西北伊朗。

第八節　邊界

邊界和主權之爭使中東成為破碎地帶。最激烈的是兩伊爭阿拉伯河(Shatt al Arab)的控制權，科威特和沙烏地阿拉伯爭小島，和以巴爭西岸及加薩走廊。

1. 伊朗與伊拉克爭阿拉伯河(Shatt al Arab), 19795-1987

Tigris 和 Euphrates 匯合成阿拉伯河(Shatt al Arab)後流入波斯灣，兩伊爭阿拉伯河的控制權已有多年。1975 年兩伊協議以最深之河道為界，於是伊朗可在河口處進抵阿巴丹(Abadan)，德黑蘭則同意不再支持伊拉克之庫德族叛軍。

1979 年初，伊朗發生伊斯蘭革命。同年，伊拉克的海珊(Saddam Hussein)奪權，廢棄條約，宣稱伊拉克主權及於阿拉伯河兩岸。他以為伊朗在動亂中，應無力反抗。其實不然，兩年內，伊拉克被逐出東岸，戰爭陷入僵局。兩伊戰爭打了八年(1980.9-1988.8)，一百多萬人喪生。雙方在 2000 年 9 月 30 日協議恢復1975 年的原狀。

2. 伊拉克侵略科威特，1990

起因是科威特拒絕取消伊拉克在兩伊戰爭時積欠的 300 億美元債務，根源是英國在 1920 年代創立科威特時，把海灣一塊地巴斯拉(Basra)劃給科威特，1936 年科威特在巴斯拉發現石油，伊拉克宣稱那塊地為其所有。英國所劃的邊界也包含兩個島嶼，可通往巴斯拉。於是伊拉克更堅決要求巴斯拉。兩伊戰爭期間，伊拉克宣稱科威特用斜鑽法偷油，陳兵邊界。1990 年伊拉克侵略科威特，被美國領導的 25 國（含蘇聯）聯軍擊敗。

3. 阿拉伯與以色列衝突

以色列和巴勒斯坦衝突的根源是：猶太人認為聖經上已由神應許把巴勒斯坦賜給他們。他們相信今天的巴勒斯坦就是古代的以色列。然而，巴勒斯坦的阿拉伯人不認同以色列的說法。雙方需達成領土妥協以做為解決衝突的基礎。

第九節　阿拉伯國家間不斷變換的同盟

阿拉伯國家間不斷變換的同盟是地緣政治的常數。意識型態、經濟、個性、成功的政變、大國利益和支持都在敵友間轉換著。

只要阿拉伯國家仍是威權政體，其外交政策之轉變仍有賴個人或少數人的興致，民主與議會制應該不會改變同盟變換的模式，然而政策的公開辯論至少可以因全盤的考量，而帶來轉變的機會。

中東的不穩定和不可測也反映在石油與天然氣管線的生產及安排，和政治與戰爭對管線使用上的影響。

第十節　結論

中東絕非唯一經歷過大變動和不穩定的地緣政治區域。然而它的獨特在於權力平衡和地緣政治傾向的拉鋸。這種不穩定在於該區域內國家間和它們對強權的依賴。

影響區域變化的主要外力很多，中東作為地緣政治場所的多樣性，和多枝節的區域權力結構，使它無法建立穩定的區域或次區域的地緣政治單元。中東是一個競爭國和利益團體的什錦鍋。

區域內國家間的政治連繫十分脆弱。對華盛頓而言，波斯灣在戰略上仍然很重要。美軍需要波斯灣的安全來保障海洋範域的石油供應。不穩定如中東，地緣政治的預測是危險的。

伊朗可以成為強大的，獨立的地緣政治次區域的核心，對其鄰國有相當影

響力。如果中東的西半部被吸入海洋歐洲的軌道，伊朗也維持其獨特之地緣政治立場，則其餘國家將繼續構成一個破碎地帶，雖然會比現在的要小很多。

　　可以確定的是中東破碎地帶將繼續衝突與變換聯盟。不能預測的是變動有多快和區域的邊界會如何？

第十一章　南半球與次撒哈拉非洲：邊緣地帶的 1/4 範圍

　　地緣政治上，「南半球大陸」包含非洲次撒哈拉和南美洲（從亞馬遜盆地(Amazon basin)和哥倫比亞往南的科迪勒拉山脈(Cordillera)，這兩個大陸塊及毗連的海域，占全球面積的 1/4，世界人口的 15%。從地緣戰略上來講，兩大陸塊構成邊緣地帶的 1/4 範圍「Quarter-Sphere of Marginality」。它們在世界三大地緣戰略範域的戰略關係裡扮演了最微小的角色。雖然從冷戰結束以來，南半球大陸塊就被美國和歐盟所主宰，海洋範域對它們的戰略影響仍然是輕微的。軍事技術和全球經濟的劇變使該區域邊緣化。可移動的海基海軍和空軍武力、長程飛機和飛彈、涵蓋全球的偵查衛星，剝奪了它們在世界地緣戰略競爭中在這 1/4 範圍裡陸海基地的角色和意義。

　　國際貿易模式的改變和運河的重大改進也使它邊緣化。從波斯灣到東地中海的陸路運量擴大了，蘇伊士運河浚深了，1975 年重開蘇伊士運河後，碼頭設施也擴充了。這一切都減少了繞道好望角(Cape of Good Hope)路線的重要性。[1]

　　經濟上，後工業時代不再需要南半球的原物料。目前，礦石和消費品生產過剩，世界其他部分的競爭，取代了它們的商品，也改變了消費者的胃口。關稅，配額，補貼也阻礙了與開發中國家的貿易。戰爭，內部衝突，威權統治，政治動盪，使投資人裹足。結果，資本不流動，科技不能移轉，工業不能專殊化。少數例外是南非(South Africa)，巴西(Brazil)，阿根廷(Argentina)和智利(Chile)。

---

[1]　蘇伊士運河於 1854.11 由法國駐開羅領事 Ferdinand Lesseps 取得第一張建造與運作執照。蘇伊士運河於 2014.8 再度拓寬，2015.8 竣工。耗資 8.4 億美元。運河長 193.3 公里，每天有 47 艘船通過，可節省航程 8000 公里。1967 Six Day War 和 1973 Yom Kippur War 均使運河被封鎖或受創。1967 埃及封鎖運河時，有 15 艘貨輪被困 8 年。

大部分低度開發國家都在 1/4 範圍裡，它們的世界貿易額約僅占 4%。次撒哈拉非洲，貧窮，疾病，缺少教育，饑荒，高死亡率，戰爭，引起富裕國家的注意和同情，但絕無戰略或經濟考量。

第一節　殖民地／帝國主義背景

兩個背景：

(1)歐洲滲透非洲：15 世紀歐洲人發現非洲次撒哈拉非洲，於是有「穀粒與胡椒海岸(Grain and Pepper Coast)」、「象牙海岸(Ivory Coast)」、「黃金海岸（Gold Coast）」、「奴隸海岸(Slave Coast)」、「銅礦帶(Copperbelt)」〔北羅德西亞/贊比亞非洲次撒哈拉亞，東南剛果/卡淡加 Northern Rhodesia/Zambia，southeastern Congo(Katanga) 之合稱〕。歐洲干涉的藉口是：白人的負擔(white man's burden)，文明化土人(civilized the natives)，阻止奴隸貿易是基督教國家的責任。然而主要的動機是經濟剝削。

(2)泛美主義(pan-Americanism)：美國總統門羅(James Monroe)在 1823 年提出門羅主義（Monroe doctrine），主張：一個孤立的西半球不受世界其他部分之衝突的影響。目的是要保存拉丁美洲(Latin America)做為美國的戰略儲備。

美國從經濟觀點看南美洲，其經濟重要性在亞馬遜盆地。1839 年固特異（Charles Goodyear)發明橡膠碳化(vulcanization)的方法，使巴西獨占橡膠貿易。十九世紀末，亞馬遜和非洲的橡膠繁榮沒落，馬來亞(Malaya)和蘇門答臘（Sumatra）取而代之。

南美洲經濟史一直是迅速剝削和消耗。今日快速致富之途徑是從哥倫比亞(Columbia)的可可(coca)葉提煉古柯鹼(cocaine)，和種咖啡。

發生在南半球的海洋強權和共產黨強權之間的冷戰鬥爭，代表了泛區域概念的延伸。當馬克思主義政權在莫三鼻給(Mozambique)、安哥拉(Angola)、幾內亞(Guinea)、比寧(Benin)、衣索匹亞(Ethiopia)、剛果人民共和國(People's Republic of the Congo Brazzaville)建立起來時 非洲就成了破碎地帶。中國也滲透到這個區域，幫坦贊尼亞(Tanzania)建造坦贊 (Tazara/Tan-Zam) 鐵路。美、蘇、中鬥爭使非洲成為破碎地帶。

　　南美洲雖有動盪，但未成為破碎地帶，因蘇聯距離太遠而無法抵消美國的力量。泛區域主義在地緣政治上是個假理論，以南大西洋為中心促進統一的南半球也是個假理論。兩個大陸沒有什麼共同之處，它們很少互相貿易和文化接觸，也沒有軍事同盟。反而，各自與美國和歐洲有強力的連繫。太平洋對南美洲西部愈來愈重要，印度洋對東非亦然。

第二節　第一部分：南美

1. 地理環境

　　(1) 美國和中部美洲(Middle America)，尤其是墨西哥(Mexico)，其政治及文化的連繫力量，遠超過一條河流 Rio Grande 的阻礙。即不能簡單地把 Rio Grande 視為盎格魯美洲(Anglo-America)和拉丁美洲的界線。

　　(2) 亞馬遜河(Amazon)分隔東、北部美洲和南部美洲，即東部安底斯-哥倫比亞科迪勒拉山脈(Andes-Columbian Cordilleras)和東北部的委內瑞拉-圭亞那高原 (Venezuela-Giana Highlands)。

　　南美洲是大西洋和太平洋兩洋之間的一個三角形。安底斯山脈(Andes mountains)和亞馬遜盆地這兩個物理特徵巨大而深刻地影響了政治地圖。安底斯山脈及其毗連之森林與沙漠，區隔了西部和東部的南美洲。巴拿馬運河更強化了這個區隔，使南美洲西北部易於與加勒比海(Caribbean)和北大西洋溝通，南美洲的其他部分則缺少此一優勢。

　　(1)南部與中部美洲，以及西部與東部南美洲，均為熱帶雨林、氣候與散居之亞馬遜流域居民(Amazonas)所區隔。河流的運輸價值有限，慢而且船期不定，更少河流往北流。

　　(2)另外一些分裂南美洲的因素是語言、文化、種族之差異，這些差異更可以追溯到：航行的方向，地方的資源，歐洲人之間的競爭，以及西班牙和葡萄牙的區域之分。西班牙的總督管區(viceroyalties)制度把西班牙的轄區分成幾個半獨立的政治單位：秘魯(Peru)，New Granada(Columbia, Venezuela, Panama)，加爾卡斯(Charcas, 其核心為玻利維亞(Bolivia)，因交通系統之故，

這些區分加深了彼此的孤立。最後，因這些國家的商品均類似，不但限制了區域內的貿易，反而激化了外貿的競爭。

(3)安底斯山脈分成北中南三段，南部無人地帶的叢山峻嶺是障礙，北部亦然，中段較寬大可居住，安底斯山脈東坡的雨林亦是阻礙。

(4)南美洲之地緣政治結構的一個重要層面是人口分佈：西班牙人找礦產，故定居西部山區，且東部已有印地安人(Indians)，又可提供勞力。歐洲人原擬引進印地安人到太平洋海岸開發海港，但土著不適應多雨氣候，又受熱病之害，且不堪勞力壓榨，亟思逃亡。故歐洲人從非洲輸入奴隸，或從東印度群島(East Indies)引進契約勞工。

故南美洲西部人口集中在高地，波哥大盆地（Bogota Basin），基多盆地(Basin of Quito)，秘魯高原(Peruvian Highlands)，和玻利維亞臺地(Bolivian Plateau)。住高山的另一好處是氣候涼爽。

南美洲東部土地肥沃，水源充分。人口 215 萬，集中在巴西，烏拉圭(Uruguay)，巴拉圭(Paraguay)，阿根廷。西部人口一百萬，分佈在哥倫比亞(Colombia)，厄瓜多爾(Ecuador)，秘魯(Peru)，玻利維亞(Bolivia)，智利。

2.地緣政治特徵

南美洲的地緣政治特徵尚未成熟，雖然各國已經獨立了很長一段時間。例如，它缺少歷史的或當代的首都，使它可在區域性的可及之處團結東部或西部，更不用說整個南美洲大陸了。

(1)精華地帶

在南美洲西部。哥倫比亞，厄瓜多爾，秘魯，智利的精華地帶均侷限於彼此相距數百哩的山區盆地。秘魯的精華地帶以利馬(Lima)為中心向海岸延伸，距智利的核心地區一千五百哩，該地區再向南延伸至聖地牙哥(Santiago)和康塞普西翁(Concepcion)。

在大西洋一側，各國精華地帶彼此接近，但阿根廷除外。

巴西的歷史核心和第一個精華地帶在東北，適合種甘蔗。開發地區從薩爾瓦多市(Salvador) (巴西的第一個首都，在臨大西洋的巴伊亞(Bahia)省)；現在

的首都在 Cerrado 省的巴西利亞(Brasilia)，延伸至大西洋岸的雷西非市
(Recife)。由於非洲奴隸，甘蔗種植興盛。但因土地疲乏，海外競爭，廢奴，
區域經濟已沒落。現因貧困缺水已無昔日榮景，墾殖與經濟活動又南移至現在
的精華地帶。

此精華地帶從里約熱內盧（Rio de Janeiro）到聖保羅(Sao Paulo)，再到南
方海岸的 Santa Catarina 省和 Rio Grande do Sul 省。里約熱內盧(Rio de Janeiro)
現因水力發電和礦產(黃金，鑽石，豐富的鐵礦蘊藏量)而資金流入，開始工業
化，新的精華地帶崛起。它附近五十哩的 Volta Redonda，二戰後已發展成世
界最大的鋼鐵複合體之一，產量占巴西的一半。

從里約熱內盧往南，是聖保羅(Sao Paulo)的腹地咖啡園，巴西下一個經濟
繁榮之地。咖啡給了聖保羅工業成長的資金。1960 前，聖保羅即已成為巴西
的精華地帶，至今依然。它是南美的主要金融中心，也是南美最大，最富裕，
最都市化的地區，有人口一千萬，郊區人口八百萬。工業基礎廣泛，包括：電
子，電信設備，製藥，化學，食品，紡織。

(2)有效的國家領土

巴西內陸 Cerrado 省的熱帶希樹草原(savannah) 和南邊的草地或可連接烏
拉圭和阿根廷的南美大草原（Pampas），而吸引人口以促進經濟發展，但這
只是長期的展望。同樣有展望的是東巴拉圭和東玻利維亞廣闊肥沃，未耕種的
土地，若往海洋的鐵公路，空中交通改善，則可加速開發。

(3)邊境與領土爭端

糾紛很多，最有名的是福克蘭戰爭，阿根廷在 1982 年進攻英國佔領的福
克蘭島(Falkland Islands/Islas Malvinas)，被擊敗，但阿根廷一直未放棄主張。
兩國也在爭南極的重疊領土主權。

3. 分離與吸引的地緣政治力量

(1)分離的力量

南美有各種離心力：地形、經濟、社會、政治；歷史，文化，領土與邊緣
爭端，導致地緣政治的破碎。巴西人口占該區域之58%，但無法取得主導的區

域性角色，是區域團結的重大阻力。

　　各種在國家與區域層次上的種族與民族的分裂，更惡化了南美洲的破碎。存續或保護大農場產業的法律，古羅馬稱為大地主領地(latifundia)有助於把人民留在原地。

　　另外一個地緣政治不成熟的原因則是走走停停的國家經濟發展，與國際政治的關注。南美的發展常常因政治危機和天災人禍而停擺。

(2)吸引的力量

　　主要的吸引力有：①拉丁文化。②南美東半部的主導力可磁吸西半部。③東西海岸國家的經濟互補性。④空中航線使山脈和熱帶雨林不再是障礙。⑤河川水路可互相聯結。⑥跨美洲高速公路。⑦陸上天然氣管線。⑧水壩的水力發電使電力可跨國境傳輸。

(3)區域經濟組織

　　南美洲有兩個主要的區域經濟組織：

　　(1)南錐共同市場(Mercosur)(Mercado Comun del Sur/ the South Cone Common Market)：成員國有巴西，阿根廷，烏拉圭，巴拉圭；準會員(associate members)有智利和玻利維亞，1991 年根據 Treaty of Asuncion 而成立。會員間自由貿易，外部對會員關稅減讓。受到 Mercosur 市場規模的吸引，巴西的外資流入是十年前的十倍。集團內四國間的貿易額，在十年內增加三倍。正式會員總人口是 2 億 1 千 5 百萬，GDP 為 1.5 兆美元，是世界第三大貿易集團和市場。

　　此外，Mercosur 要求入會國家必須是民主國家，此一政策防止了巴拉圭的政變。美國想主導成立美洲自由貿易區(Free Trade Area of Americas)，拉攏智利和巴西，未成功。

　　(2)安底斯集團(Andean Group) 1969 年創立，有：玻利維亞，智利，哥倫比亞，厄瓜多爾，秘魯，委內瑞拉。共同目的在控制外資，因其代表經濟上掙扎、不穩定的國家，故較不重要。唯一例外是智利，其國民所得是南美最高。

4. 南美大陸統一的展望

巴西是南美洲大陸統一的鑰匙。它的人口有 1 億 7 千 3 百萬，佔南美洲總人口三億一千五百萬的 55%；面積有三百三十萬平方英里，占南美洲總面積六百四十萬平方哩的 52%；GDP 是$1.05 兆，占南美洲總額的 70%。除了智利和厄瓜多爾，它與每一個國家接壤，是南美洲的巨人，地理位置影響和壓迫其他國家。

巴西經濟發展的利基是龐大的市場，利於投資，和豐富的天然資源，有：鋁礬土、金、鐵、錳、鎳、磷酸鹽、鈾、木材和水力發電。石油開發迅猛，已占全國所需的 3/4。農業強勁，農產品出口占總出口量 1/3。內陸由於氣候穩定，已成大豆、高品質棉花、牛肉的主要生產中心。

由於有效國家領土內廉價的船運和低廉的生產成本，巴西的全球市占率將持續提升。聖保羅州是世界最大的咖啡產地，加上各種各樣的農產品，巴西的農業前景十分光明。

巴西的工業經濟也很有力，各式各樣產品齊全，民用飛機製造與加拿大競爭世界第三。巴西也可與美國和歐盟合作發展航太工業，如製造太空船、火箭，做為發射基地。

然而，受限於國內問題，廣泛的貧窮、通貨膨脹、黑棕白種族分裂和非白人的失業及教育程度低落，尤其在西北部，使其統一南美的步伐蹣跚。另一問題是有些國家仍在威權統治之下，民主猶待鞏固。更尖銳的問題是毒品貿易，尤其是哥倫比亞，其叛軍販毒、徵稅、綁架，勒索，其古柯鹼(cocain)產量已佔世界的 80%，海洛因(heroin)佔美國消費量的 2/3。美國耗費鉅資，斬除毒品，成效可疑。

秘魯，厄瓜多爾，玻利維亞，政局亂，治理爛。從治理的觀點來看，南美洲仍在差異爭吵的階段。若政治經濟恢復穩定，巴西和阿根廷仍將扮演區域地緣政治發展的重要角色。

第三節　第二部分：次撒哈拉非洲

　　自從歐洲殖民體系崩潰以來，次撒哈拉非洲就陷入去發展(de-development)狀態。這個世界上最窮的區域，是地緣政治上原子化的區域，被目前 24 個民族國家之間和內部的衝突所撕裂。這些國家本質上是承襲殖民時代的各種領土架構，有越來越多的人同意，這些領土架構是有瑕疵的，因為部落和宗教團體對領土主權的爭逐不斷。

　　減少衝突的一個方法是產生大量的小型，但同質性更高的國家。另一種相反的想法是認為大一點的國家才是非洲危機的解決之道。另一種答案是非洲團結組織的立場，認為所有的會員國都應尊重獨立時即已存在的邊界，企圖重劃邊界只會招致更多的衝突和暴力。

1. 後殖民的政治架構

(1)獨立失敗的例子

　　①奈及利亞(Nigeria)東南，石油豐富的伊波族(Ibo)，1967 年獨立建國，名：比亞弗拉(Biafra)，1970 年滅亡。三年戰爭，300 多萬人餓死。②薩伊(Zaire)(令名剛果民主共和國 Democratic Republic of Congo, DRC)，1960 年獨立。東南部富含礦產的卡淡加省(Katanga)要求脫離，內戰多年，在比利時軍隊和美國中央情報局幫助下，Joseph Mobutu 上校最終擊敗叛軍並於 1966 年奪得政權，實行獨裁。③烏干達(Uganda)於 1967 年獨立，南方的 Buganda 要求脫離。叛亂被擊潰。④安哥拉(Angola)1975 年獨立時，其內飛地卡賓達(Cabinda)，富產石油，要求脫離，未成。

(2)特例

　　1975 年安哥拉的馬克思主義政府與叛軍 UNITA(National Union for the Total Independence of Angola)衝突，叛軍據有富含鑽石的高原基地，再加美國和南非的軍事支持，使它成為「國中國」。

(3)脫離/整合成功的例子

①1989 年西南非(納米比亞)(Southwest Africa(Namibia))脫離南非而獨立。歷經一、二次大戰，南非均拒絕其獨立。1970 年代一游擊隊組織持續反抗南非，終致脫離，建立納米比亞。②非洲之角的厄利垂亞，說阿拉伯語，捕魚及貿易為生，與高地農業居民不同。1880 年代義大利征服厄利垂亞，1935-36 義大利征服衣索比亞(Ethiopia)後，將兩地合併。1960 年代起，厄利垂亞反抗衣索比亞。30 年後，1993 年獨立成共和國，死一百多萬人。1998-2000，兩國為邊界爭執又打戰。③索馬利亞在十九世紀時分別為英、法、義佔領。英國在亞丁灣(Gulf of Aden)建巴貝拉(Berbera)港，對抗法國之吉布地 (Djibouti)港，義大利隨後建摩加迪休(Mogadishu)港。1960 年英義殖民地合併，建立索馬利亞共和國(Republic of Somalia)。1977 年法屬索馬利蘭(Somaliland)獨立建吉布地共和國。隨即陷入內戰，成為擠壓地帶。

經由聯邦或合併以創造非洲大國的企圖均未成功。現存兩個最重要的區域性集團是西非國家經濟共同體(Economic Community of West African States, ECOWAS)和南非洲發展共同體(Southern African Development Community, SADC)。然而，它們對促進區域經濟整合少有進度，部分原因是各國的保護主義政策。

2. 地理背景

非洲人口散佈廣闊，這有幾個原因：①可耕地散佈各部分。②有限的海岸延伸地。③次撒哈拉非洲無單一之地區是人口和經濟集中處。④次撒哈拉非洲最大國家奈及利亞有人口 1 億 2 千 5 百萬，占非洲人口的 1/5。但奈及利亞已被地區和派系撕裂。⑤非洲人種最多的是黑人，其他種族加總不到 5%。然而，非洲有一千多個語族(ethnolinguistic groups)。

次撒哈拉非洲面積有 780 萬平方哩，但無法吸納迅速增加的人口。熱帶雨林，貧瘠乾燥的熱帶稀樹草原(savannah)土壤和沙漠阻礙農耕和墾殖。高原使海岸難以接近，平坦突出的海岸平原太狹小，也沒有良好天然的港口。一些海岸地區也因為抓奴隸而人口減少。缺少大量的海岸人口，現代都市經濟無法發展。重要的例外是：奈及利亞河口，幾內亞灣(Gulf of Guinea)沿岸，下剛果，

南非東岸及西南岸,坦桑尼亞海岸,馬達加斯加(Madagascar)東部。尼日河三角洲(Niger Delta)及新幾內亞灣(Gulf of Guinea)石油與天然氣蘊藏豐富,但能源收入均為貪腐政權浪費了,而未用於發展。

(1)運輸

多數鐵路並未成為國家建設和經濟發展的先鋒與工具,反而是離心的力量。在非洲,鐵路的角色僅限於運輸礦產和商品去海港,而非服務人民和經濟活動。

①金薩夏東南的卡淡加(Katanga)往沙巴(Shaba)地區的鐵路走剛果民主共和國西南到安哥拉大西洋岸的本吉拉(Benguela),而不是到剛果民主共和國首都金薩夏(Kinshasa)。②另一條鐵路從(沙巴 Shaba)地區經贊比亞到莫三比克(Mozambique)印度洋岸的馬布托(Maputo)港。③另一條重要的鐵路是坦贊(Tazara Tan-Zam)鐵路。1970年代中國派15,000工人建成,目的在影響東部非洲。該線長一萬一千哩,連接內陸的贊比亞(Zambia)到坦贊尼亞的達沙蘭/三蘭港(Dar es Salaam)港。該鐵路的重要性是,贊比亞的銅礦可從莫三比克的馬布托港或南非的港口出海。近幾年,該鐵路已有公司和輸油管並行。該鐵路雖然對贊比亞的經濟很有助益,但是沒有擴增該國之經濟,也沒有成為贊比亞或坦桑尼亞的經濟活動和人口流動的骨幹走廊。

運輸仍然是非洲經濟發展的致命傷。鐵路運費比其他開發中世界高出許多,比拉丁美洲多50%,比亞洲多兩倍。公路系統問題更大,由於維護不當,加上氣候、植物、地形等不利因素而惡化。

(2)經濟

次撒哈拉非洲許多國家人均所得一天不到一美元,更糟的是國際債務為年出口的四倍。2000時,工業國家同意舒困的國家有十八個在次撒哈拉非洲,另四個在拉丁美洲。此外,該區域還受到資本流通不足(不到全世界的2%),和愛茲疾病(HIV-AIDS),各種疾病,內部衝突和戰爭之害。

各種產品、商品的出口雖能換成現金,但不足以支持人口的增加。加上國際價格的波動和高關稅,也造成經濟不穩定。腐敗也使得出口收入落入政經精英的口袋。季節性的旱澇欠收和植物病蟲害,迫使農民離鄉背井,城市貧民窟犯罪盛行。

3. 地緣政治特徵

　　次撒哈拉非洲是世界地緣政治體系裡最不成熟的區域，也不會很快出現有凝聚力的地緣政治結構以克服區域的原子化。

(1)歷史區域核心

　　迦納（Ghana）的 Kwame Nkrumah 得到美、蘇之助，曾經號召第三世界團結，然於 1966 年被推翻。從此落入貧窮、政治動盪、軍事統治達 25 年之久。

　　多哥(Togo)的首都洛梅(Lome)是西非國家經濟共同體(Economic Community of West African States/ECOWAS)的創建之處，但未能號召區域統一。坦贊尼亞的總統 Julius Nyerere 曾於 1967 年發表阿魯沙宣言(Arusha Declaration)，號召非洲社會主義，平等主義，勤勞自立。頗有影響力，坦贊尼亞的阿魯沙(Arusha)一度是東非共同體(East African Community)的總部所在，但因區域內衝突而解散。

(2)政治首都

　　奈及利亞聯邦的首都阿布賈(Abuja)，是在 1991 年取代拉各斯(Lagos)而為政府所在，奈及利亞曾是西非最大最有力量的國家。拉各斯是最大的都市中心，但因無止盡的種族衝突，已成國家不團結的地理象徵。

　　南非的普勒托利亞(Pretoria)有可能成為南部非洲的政治首都，但是它比較像是代表殖民時代的過去，而不是未來的非洲團結。它的殖民地建築風格，容易引起黑色非洲人的政治疑慮。

(3)精華地帶

　　非洲唯一發展良好的國家精華地帶在南非，它的經濟與人口中心在大約翰尼斯堡(greater Johannesburg)，北上往贊比亞，南下到伊利沙白港(Port Elizabeth)。

　　南部非洲的區域核心也可延伸至莫三比克的馬布托開發走廊(Maputo Development Corridor)。還有一個比較小的跨國精華地帶是銅礦帶，從贊比亞東北到剛果東南方，金薩夏以東的沙巴(Shaba)。

(4)有效區域領土

非洲有兩個廣袤的草原地區：南部非洲的熱帶稀樹草原(savannah)，從南非東北 Transvaal 地區直抵津巴威(Zimbabwe)和贊比亞；以及西非的沙黑爾(Sahel)狹長地帶。然而兩者之合併，障礙重重。降雨稀少，人畜疾病多，距海太遠。沙黑爾 (Sahel) 面積遼闊，從塞內加爾 (Senegal) 經茅利塔尼亞(Mauritania)，馬利(Mali)，布吉納法索(Burkina Faso)，北奈及利亞，抵蘇丹和衣索匹亞。旱澇饑荒使該地區去人口化(depopulation)，反而不能成為有效的國家和區域領土。

(5)邊界

邊界反映了此區域地緣政治的不成熟。有些邊界從未清楚劃定，而仍爭執不休。有些邊界雖已劃定，雙方或多方仍在聲索並衝突激烈。這些邊界跨越種族部落，語言，宗教團體，使一些留在邊界一邊的少數族群亟思跨越邊界，與同胞團圓。

許多邊界衝突離不開天然資源，近海通道，人民團聚等問題；也被某些國家的內部衝突和政治動盪所糾纏。易滲透、不受控制的邊界使游擊隊可不斷侵襲，或捲入外國勢力。

1993 年衣索匹亞同意厄利垂亞獨立，厄利垂亞給衣索匹亞一個自由港阿薩布（Assab），有公路連接衣索匹亞。不久，兩國陷入戰爭。衣索匹亞將出海口改從吉布地到索馬利亞的小港口巴貝拉(Berbera)，進出口須經 487 哩老舊的鐵路，崎嶇的山路，通往海拔八千英尺的首都。巴貝拉沒有鐵路，最簡便之交通為經由衣索匹亞東部的商品中心哈勒爾(Harar)。

(6)內陸封閉地區

非洲共有十五個內陸封閉的國家，它們是馬利，布吉納法索，尼日(Niger)，查德(Chad)，中非共和國(Central African Republic)，烏干達(Uganda)，盧安達(Rwanda)，蒲隆地(Burundi)，贊比亞，津巴威，波札那(Botswana)，賴索托(Lesotho)和衣索匹亞。

內陸封閉的國家必須依賴高成本，緩慢，不可靠的水、陸通道通往公海。內陸封閉的國家經濟無法專殊化是其弱點。

沒有安全的通往海洋的道路，使內陸封閉的國家其主權經常受到傷害，也

常受到鄰國的軍、經壓力。為此，南部非洲發展共同體(Southern African Development Community/SADC)的成立不僅為贊比亞、津巴威、馬拉威(Malawi)、波札納(Botswana)、史瓦濟蘭(Swaziland)、和賴索托等國家提供了共同的低關稅，也提供了更便宜有效的通海運輸。

西部非洲的國家因靠近大西洋，較能得到歐洲殖民強權的開發，也被基督教化。但歐洲人則對北部草原地帶和內陸較少興趣，經濟上遂任其衰弱，而內陸人口均為穆斯林，這又助長了非洲的分裂。近幾十年，沿海石油與天然氣蘊藏的發現，更擴大了沿海與內陸的差距。

4.區域權力中心之展望

次撒哈拉非洲沒有主要的。第一層級的國家可統御非洲，最多只有區域性第二層級的強權可主宰次區域。

次撒哈拉非洲可分為五個次區域：東部，西部，中部，南部，非洲之角。只有西部和南部非洲，有潛力在區域性強權的領導下成為有凝聚力的地緣政治單位。

中部非洲，剛果，非洲之角已成擠壓地帶。只有西部非洲的奈及利亞和南部非洲的南非在軍事和經濟上，比它們的鄰國強大。但是它們都有內部的弱點，尚待在成功扮演區域強權之角色之前加以克服。

(1)南部非洲

南非不僅在南部非洲，也是在整個非洲大陸經濟力最強的國家。它的經濟是南部非洲發展共同體其他十三個國家總和的三倍，也占全部次撒哈拉非洲的GNP（Gross National Product）的 40%。但是南非不太願意管閒事，唯一的例外是 1998 年賴索托政變時，出兵恢復民選的政府。干預的原因是戰略性的，因為賴索托完全位於南非領土之內。但近年來南非已願意擔任調人或派遣維和部隊。

乍看之下，南非比奈及利亞更近似區域強權。它的國民所得是奈及利亞的五倍，製造業部門為其七倍。是非洲國家中最獨特者，屬中等收入之已開發國家。天賦有豐富之天然資源，如：黃金、鑽石、鉻、白金、煤、鐵、鈾、銅，

此外，農業基礎廣泛，有：玉米、麥、蔗糖、水果、蔬菜、牛肉、豬肉、乳品、魚產品。

南非不僅工業製造和服務業極強，武器製造和運輸及金融網絡也很優秀。更且，種族隔離政策已和平解除。Mandela（曼德拉）的繼任者 Thabo Mbeki（姆貝基）(1999)也將持續和解。

南非還是有一些問題，白人僅占全國四千五百萬人的15%，卻持續掌控經濟。黑人（75%）和其他人種(10%)之所得差距仍極大，而 10%的人口掌握了一半的財富。其他嚴重問題是：失業率(30%)，貧窮，犯罪，愛滋病(HIV-AIDS)(世界最高之人口感染)。因製造業太先進，就業人口僅占 15%，黑人多數就業機會有限；而農業90%可耕地需灌溉，時常旱澇減少了就業機會。年輕黑人日益激進，種族衝突之可能性還在。

南非的高度發展使其不必汲汲於區域內貿易。該國對外貿易幾全部與海洋歐洲，美國與日本。歐盟為南非之最大貿易夥伴，占其貿易總額的37%。鄰國擔心若南部非洲發展共同體(SADC)促使關稅降低，則南非的製造業將壓垮它們萌芽中的工業。它們也覺得南非的武力會增加對他們的政治與經濟壓力。這些諸多顧慮，加上南非的種族與經濟失衡，以及它不願過度投入南部非洲發展共同體的 安全事務，南非要全力成為區域強權，尚需時日。

南非之外，西部非洲還有兩個最大的國家：安哥拉和莫三比克。兩國均為內戰與赤貧所撕裂。安哥拉最有可能強化經濟，而成為區域強權。它有豐富的天然資源，它的出口主力為石油和天然氣，以及鑽石、木材和食品。事實上，它是次撒哈拉非洲的第二大石油出產國。

兩國自 1975 脫離葡萄牙獨立以來，即遭受內戰之苦。儘管內戰與蹂躪，安哥拉仍扮演區域干預者的角色。它不僅參加南部非洲發展共同體與剛果民主共和國(Democratic Republic of the Congo)(SADC-Congo/DRC)的軍事行動，還出兵剛果共和國(Republic of the Congo/Brazzaville)，干預其內戰，原因有二：①剛果民主共和國(DRC)馬克思主義政權以安哥拉為師。②安哥拉的飛地卡賓達(Cabinda)在剛果民主共和國(DRC)境內。除了助其免於分離主義運動之害，也助其免於兩個剛果之威脅。卡賓達的石油產量佔安哥拉石油產量的 2/3。莫三比克因資源有限，持續貧窮與內戰，前景渺茫。

(2)西部非洲

　　奈及利亞是非洲人口最多的國家(1 億 2 千 5 百萬)，並有豐富的石油資源，它積極干預其他西非國家的事情。做為區域性的軍事巨人，在西非國家經濟共同體(ECOWAS)的架構下，它曾組織並領導對賴比瑞亞和獅子山國的軍事干預。在甘比亞和查德駐有軍事顧問，並運用貿易當武器，使比寧(Benin)和尼日順服。

　　儘管它展現了一個區域強權的作為，奈及利亞的國內景況卻是一團糟，腐敗、管理不善、種族與宗教衝突，政權不穩。國庫收入被軍事統治者掠奪或揮霍一空，乾旱使成千上萬流民逃往南方城市，更惡化了內部衝突。它做為區域強權的角色是有限的，它的區域政策也難以預測。

　　只有三個國家由亂而治，迦納(Ghana)，比寧(Benin)，加彭(Gabon)。迦納克服了不團結和經濟蕭條，造就了經濟穩定，擴大了市場經濟，和西方的聯繫也穩固了。比寧在轉向民選政府和多黨制後，已成為開放的社會，外海發現石油更促進了經濟發展。加彭是本區 GDP 最高的國家，由於石油出口對經濟的支撐，其國內政治相對穩定。

5.擠壓地帶

　　次撒哈拉非洲有兩個擠壓地帶：①次撒哈拉非洲-中部非洲和②非洲之角。南部非洲和東部非洲的干預使西部非洲從冷戰時代的破碎地帶成為擠壓地帶。

　　剛果的中心位置通常對國家有戰略利益，但是對剛果卻是缺陷。政府不能形成有凝聚力的統一，因為它有三個地形的障礙，東、西、南均為不可逾越的內陸所阻隔。這使它成為外力的犧牲品，特別是東邊和南邊武裝精良的國家，它們都覬覦剛果豐富的資源。

　　非洲之角也因強權在中東的鬥爭而從破碎轉變成擠壓地帶。內亂外患不斷，中央政府的權威蕩然無存。從此，索馬利亞(Somalia)被認定為失敗的國家(failed state)。1991 年索馬利亞北方的叛軍宣佈脫離，建國 Somaliland，首都博薩索(Bossasso)在北邊的亞丁灣畔。距吉布地不遠處是前蘇聯海軍與飛彈基地的柏培拉(Berbera)，和鄰近的吉布地及對岸的亞丁一起控制了紅海南邊的門

戶,是另一個有地緣戰略重要性的地方。

在非洲之角的東北海岸是邦特蘭(Puntland),地名來自古埃及人,中心地帶為博薩索港及其商業中心,亞丁灣由此進入印度洋,並在此交易糧食和乳香。

第四節　結論

在可預見的未來,兩個南半球註定要成為「地緣戰略邊緣的 1/4 角落」。華府捲入哥倫比亞的原因是,藉由攔截古柯鹼和海洛因的生產與走私,快速解決國內的吸毒問題。而非什麼長期戰略或人道考量。

美國在南美洲西部的戰略利益是打擊毒品貿易,在安哥拉和奈及利亞的戰略利益是石油資源。然而,兩者均提升到需要軍事干預的程度。

科威特之戰略價值不僅在於它自己的石油蘊藏,更在於它是進入中東灣區石油儲存處的門戶。無論現在或未來,海洋範域對中東的石油資源的戰略利害關係無疑地要比西非大得多。

地緣政治結構不是不變的。在前蘇聯崩潰,中國崛起為世界強權時,二戰產生的結構劇烈地改變了一次。我們可以預期,在遙遠的未來,次撒哈拉非洲部分地區,可因鄰近區域的地緣政治發展而發生地緣政治的改變。

東非沿海和外海國家,特別是坦桑尼亞,贊吉巴(Zanzibar),馬達加斯加,塞席爾(Seychelles),葛摩(Comoros),馬爾地夫(Maldives),模里西斯(Mauritius) 有可能被拉進新的印度洋地緣戰略範域。非洲之角則將留在中東事務的陰影下。

次撒哈拉非洲的西半部也可能從地緣戰略的邊緣變成與海洋範域相連的新地緣政治區域,但這要看奈及利亞和南非是否堅強團結,把地緣政治區域緊密連結在一起,而成為東非和印度洋範域。

哥倫比亞,厄瓜多爾,秘魯三國因亞馬遜流域和安底斯山脈之障礙,而不太可能融入海洋範域的主流團體,它們仍將被孤立與邊緣化。

非洲

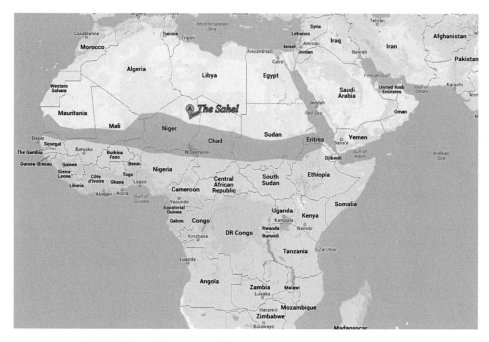

Sahel(阿拉伯文)：從 Senegal 經 Mauritania, Mali, Burkina Faso, Niger,

北抵 Nigeria, 及 Sudan, Ethiopia。

savannah (阿拉伯文)熱帶稀樹草原

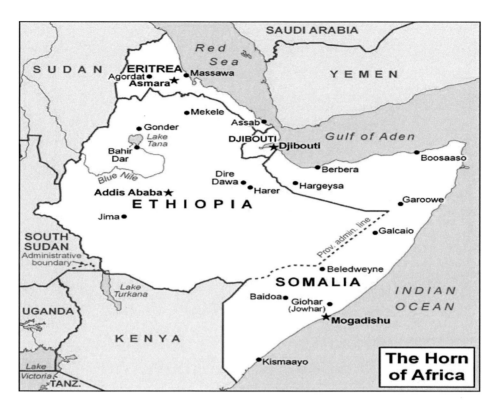

　　印、日共享吉布地（Djibouti）分享軍事資源與能力，提供對方後勤支援。日本已將唯一海外基地永久化。(《自由時報》2018/10/18,A6.)

第十二章　北極

一、自然地理

北極或稱北極地區，是指環繞地球北極點周圍的地區，即北極圈(66°34'N)以北之地區、總面積約 2,100 萬平方公里，通過挪威海(Norwegian Sea)、格陵蘭海(Greenland Sea 在格陵蘭東方)、巴芬灣(Baffin Bay 在格陵蘭西邊)連接大西洋；白令海峽(Bering Strait)通太平洋。因為是永久凍土帶，不生長樹木。該地區特點為：永晝 3-9 月，和永夜 9-3 月。

二、戰略地位

近幾年因地球暖化北極融冰之故，北極出現了新的航道，此前歐洲需通過蘇伊士運河走太平洋的航線，若經由北極過白令海峽，則可縮短 5,500 公里，亦即新的北極航道將可節省 22%或 10 天的航程，減少 30 萬元的燃油與保險成本。

不僅如此，北極地下還蘊藏有能源等各種各樣的大量礦物，在融冰之後就增加了開採的可能性，十分誘人。

更重要的是美俄等大國在北極的軍事存在。尤其是俄羅斯，早已宣佈北極是自己的勢力範圍，更在北極海底用深水機器人插了一面鈦合金的國旗宣示主權。而且，也重啟了蘇聯時代在北極圈附近的軍事基地和雷達站。目前，更興建新的軍事基地和佈署軍隊及戰機，還不斷進行軍事演習，讓俄軍習慣在北極地區作戰。美國雖無積極的軍事行動，但也在阿拉斯加佈署了 F-22 戰鬥機，以防範俄羅斯，並在空中加油機的支持下，擴大在北極上空的巡航範圍，且可壓制俄羅斯的空軍。

中國國務院則在 2018 年 1 月發表了《中國的北極政策》白皮書。表明中

國將積極參與北極地區的活動，推動北極科學考察和研究。主張透過合作，在北極國家管轄區內開展北極科考活動，堅持各國在北冰洋公海享有科研自由。

北極理事會(Arctic Council)公布《2009 北極海運報告書》預估 2030 年起可能因大範圍融冰而出現西北、東北兩條北極航道，蘇伊士運河在歐亞海運長達一個半世紀的獨佔地位即將結束。

新航路加上潛在的天然資源，將促成「環北極經濟圈」的興起，範圍涵蓋北美、北歐和俄羅斯，形成另一個全球海運中心，將大幅改變世界與東亞的地緣政治局勢。

對此，最緊張的莫過於新加坡。北極航道一旦開通，亞太國家為避開麻六甲、中東的風險，有可能選擇走北極航道前往歐洲。所以，新加坡已努力轉型，發展航空、觀光、金融業以分散海運業所占的 GDP 的比重。

對臺灣而言，北極航道有可能使臺灣成為東南亞、紐澳、與歐洲三區之間的轉運樞紐之一。臺灣的地緣戰略地位也將因臺灣海峽的通行船隻倍數成長而上升，臺灣經濟、國家安全與航運業的一個新機運正在展開。

三、國際組織

有關北極地區最重要的一個國際組織是 1996 年成立的北極理事會，該會致力於北極地區的環境、社會與經濟的可持續發展。是一個高層次的國際論壇，關注鄰近北極的政府和原住民所面臨的問題。創始會員國有加拿大、丹麥、芬蘭、冰島、挪威、俄羅斯、瑞典、美國，它們都有部分領土位於北極圈內。另外，八個各自代表不同利益團體的北極原住民在北極理事會中有永久議席。2013 年 5 月中國、義大利、韓國、日本、印度、新加坡被批准為北極理事會的正式觀察員。

第十三章　地緣政治學的新方向

第一節　批判的地緣政治學

　　批判的地緣政治學(critical geopolitics)或稱後現代地緣政治學(postmodern geopolitics)，是西方一些政治學者引進後結構主義來批判傳統的地緣政治研究所使用的名詞。其中最著名的是阿格紐(John Agnew)和杜阿泰(Gerold Ó Tuathail)，國內在這方面的權威是國防大學政戰學院的莫大華教授。批判的地緣政治學質疑傳統地緣政治學的本體論和知識論的假設[1]，解構傳統地緣政治學對世界政治的觀點，挑戰傳統以國家為中心的政治實踐。認為地緣政治是關於空間與政治的論述(discourse)、再呈現(represent)與實踐(practice)的複合體。因此，批判的地緣政治學擴展與深化了地緣政治研究。[2]

　　阿格紐將傳統的地緣政治研究分為三個時期：文明化的地緣政治(civilizational geopolitics)，自然化的地緣政治(naturalized geopolitics)，冷戰時期意識型態壁壘分明的的地緣政治(ideological geopolitics)；和冷戰後異軍突起的批判的地緣政治學。[3] 其實，早在 19 世紀末即有學者批判地緣政治的資產階級意識型態性質、是一種偽科學。[4] 國際關係理論的第三次大辯論更促成了批判的地緣政治學的興起，其中的建構主義(constructivism)更是功不可沒。

　　莫大華在介紹後現代地緣政治學的興起時，指出目前的政治地理（地緣政

---

[1]　後設理論(Meta-theory)：「高一個層次的」理論，如：宗教、建構主義依先驗知識主動建構。本體論：形上學的一個分支，討論事物的本質(essence)，分：一元論(monism)、二元論(dualism)、多元論(pluralism)。又分唯物論(materialism)、唯心論(spiritualism)。認識論或知識論(epistemology)：探討事實是什麼、知識的產生、如何驗證、知識的起源(有 rationalism, empiricism, criticism)等。

[2]　莫大華，「批判性地緣政治戰略之研究」，問題與研究，民 99.6. 47:2, p.59.

[3]　Agnew, John, Stuart Corbridge, *Mastering Space: Hegemony, territory and international political economy*(London: Routledge, 1995.), p.119.

[4]　O Tuathail, Gerold, *Critical Geopolitics*(London: Routledge, 1996, pp.141-168.

治）有三股思潮：①選舉地緣政治學(electoral geopolitics)，以空間分析選舉結果。②經濟地緣政治學(economic geopolitics)，從政治經濟之角度理解全球政治之主宰性，和世界主要城市的新地緣政治秩序。③後現代地緣政治學則是由呈現之方式傳達權力和國家認同，如特定場所的儀式和記憶裝置。[5] 按出現時間的先後也可以分為：傳統（古典）、現代與批判（後現代）的地緣政治學等三類。後現代批判前兩者的觀點。但無論何者，其本質均在分析權力與地理的關係，主要在爭奪和宣示對地理空間的佔據與控制。但批判（後現代）的地緣政治學認為地緣政治是更廣泛的文化現象，應以國家的空間實務(practice)來理解，亦或研究國家的地緣政治想像(imagination)，國家的基礎神話和國家特殊人士的傳說(exceptionalist lore)。批判（後現代）的地緣政治學試圖探索「地緣政治的文法」(grammar of geopolitics)、「地緣政治想像」或「地緣政治想密碼或故事情節」(geopolitical code or storyline)，亦即國家或人民對本國或他國、甚至整個國際的地緣政治或地理的認知過程，進而影響該國之外交政策與對國際事務之回應。他們藉由探索一個國家的新聞媒體報導、戲劇、文學 或通俗電影的敘述所再呈現的地緣政治印象。所以，要理解國家的地緣政治想像就必須先理解國家內部人民的認同論述。[6]

傳統與批判的地緣政治學的基本論點

杜阿泰將傳統迄今的地緣政治學分為四個類型，它們的特點和基本論點如下：

表 13-1　杜阿泰的地緣政治類型

地緣政治類型	研究目標	研究問題	研究範例
1. 形式的地緣政治	地緣政治思想與地緣政治政治傳統	知識份子、研究機構與其政治系統及文化系絡	麥金德的地緣政治理論與帝國主義的系絡

[5] *Op.cit.*, p.61.
[6] 莫大華，前引書，頁 62.

地緣政治類型	研究目標	研究問題	研究範例
2.實務的地緣政治	國家統治的每日實務	外交政策概念化的實務及其地緣政治推論	巴爾幹主義及其對美國波士尼亞政策的影響
3.通俗的地緣政治	通俗文化、大眾媒體與地緣理解	國家認同與人民對地理位置印象的印象的建構	大眾媒體投射波士尼亞印象至西方國家人民客廳的角色
4.結構的地緣政治	當前的地緣政治情況	全球程序、趨勢與矛盾	全球化、資訊與風險社會如何制約或轉型地緣政治實務？

資料來源：Gerold Ó Tuathail, Understanding Critical Geopolitics: Geopolitics and Risk Society, p.111. [7]

　　杜阿泰和 Simon Dalby 更進一步將它們的相關性做成下圖，使我們得以更清楚地明瞭它們的演進脈絡：

---

[7]　莫大華，前引書，頁 64.

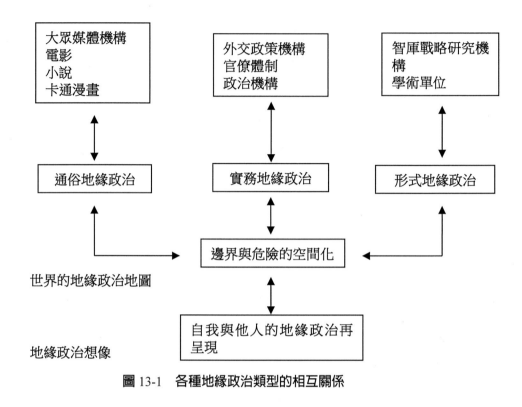

圖 13-1　各種地緣政治類型的相互關係

資料來源：Gerold Ó Tuathail and Simon Dalby, Introduction: Rethinking Geopolitics: Toward a Critical Geopolitics, in Gerold Ó Tuathail and Simon Dalby, *Rethinking Geopolitics* (London: Routledge, 1998), p.5. [8]

　　批判的地緣政治學藉由後現代主義主張的「閱讀」(reading)與「書寫」(writing) 文本(test) 重新閱讀(re-reading)傳統的地緣政治著作，企圖理解地緣政治文本所呈現地理與政治意涵。即使麥金德的「心臟地帶」(heartland)也不再是冷戰時代的樣子，因它當時的時空背景，是為英國帝國主義而服務的。

　　新（激進）舊（保守）地緣政治之差異在於地緣政治因素之角色。舊（保守）地緣政治認為地緣因素是國際政治的首要決定因素，新（激進）地緣政治認為地緣因素只是許多可能的條件因素之一。更重要的是，新（激進）地緣政治更重視地緣因素在國家安全與外交政策實務上的認知與論述過程。

---

[8]　莫大華，前引書，頁 65.

　　批判的地緣政治學嘗試發現外交政策決策與行動背後的地緣政治假設，拒絕既有體制權力與知識的論述機制，進而建立其格局(constellation)。杜阿泰指出後現代的地緣政治境況(condition)是：公司與市場的全球化、新資訊與通訊科技的擴散，以及國家權力無法控制大規模毀滅武器擴散所造成的風險社會。這種境況對國家與世界秩序、全球治理與安全都產生衝擊。所以，批判的地緣政治學認為後冷戰時期的新世界秩序面臨了意識型態、政治、經濟與文化的去領土/域化(deterritorialization)和再領土/域化(reterritorialization) 的挑戰。

　　在這個挑戰過程中，領土喪失其在日常生活中的重要性與力量，其穩定性也受到質疑。新的資訊文明將取代既有之政治，領土與社群認同等意涵，例如歐盟的發展改變了傳統有關「領土-國家-權力」之間的關係。

　　因此，論及批判的地緣政治學對兩岸關係有何啟示時，莫大華指出「臺灣」是個社會建構的空間，而非客觀存在的空間。亦即，臺灣是一個內在結構的過程，無需其他國家的承認而持續存在，這種觀點挑戰主流與官方的地緣政治論述。它跳脫海陸對抗的論述，創新了臺灣的地理想像。雖然批判的地緣政治學目前仍是學術研究多於實務，但是它提供了新的理論視野，可提供另類的思考方向與啟示。

第二節　高維戰略

　　從空間的觀點出發，前空軍副總司令傅慰孤指出現代戰爭程序如下：

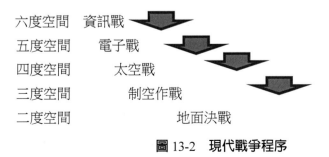

六度空間　資訊戰

五度空間　電子戰

四度空間　太空戰

三度空間　　制空作戰

二度空間　　　地面決戰

圖 13-2　現代戰爭程序

　　重點是掌握資訊就能先發制人，欺敵擾敵，離岸決勝境。其概念可參見下
圖：

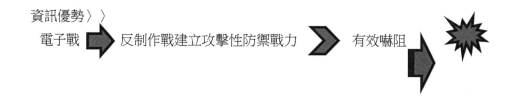

資訊優勢〉〉
電子戰　➡　反制作戰建立攻擊性防禦戰力　》　有效嚇阻　➡

圖 13-3　高維國防戰略

　　未來防禦作戰作法：①毀敵於地面，②提高作戰層次(資訊戰)。
　　提升作戰層次之發展方向：①成立攻擊性資訊戰專責部隊，②用電腦病毒
及篡改程式之手段攻擊敵方指揮中心。[9]
　　另一種觀點也與資訊和空間有關，那就是巴奈特(Thomas Barnett)的新地緣
政治觀。巴奈特是美國海軍戰爭學院的教授兼研究員，曾擔任多項戰略研究職
務。根據他那 435 頁的皇皇巨著：*Pentagon's New Map* (2004)[10]，他以一個國家
一般民眾全球化的程度為準，來衡量他們與全世界的聯繫是否密切，從而是否
能迅速地理解、判斷和反應外界發生的事情。在該書封裡的世界地圖，他把世
界分成兩部分，一部分是「未整合入全球化」的地區，另一部分則是「已全球
化」的地區。除了反恐戰爭之外，美國做為全球保鑣，還有許多政經事務與危
機待處理，包括中東、兩韓、美中與兩岸關係。

---

[9]　傅慰孤著，亓樂義執筆，高維戰略　看臺澎防衛作戰新思維，臺北市：全球防衛雜誌社，民國九十
　　五年五月。頁 48-49, 55, 103。

[10]　Thomas Barnett, *Pentagon's New Map. War and Peace in the Twenty-First Century* (New York: G.P.
　　Putnam's Sons, 2004.)

第三節　政治地理學

　　2000 年 9 月 25 日雪梨(Sydney)奧運閉幕那一週時,澳洲原住民黑人弗里曼(Cathy Freeman)贏得女子 400 米決賽金牌。也是 1988 年以來,澳洲在奧運拿到的第一面金牌,和 1896 年有現代奧林匹克以來,澳洲贏得的第一百面獎牌。她坐在跑道上,從跑道旁接過一面旗幟,然後赤著腳站起來,卻是正面為澳洲國旗而反面為紅、黑、金圖案的原住民旗。她從前在類似場合也曾因揮舞原住民旗而被懲戒。然而,這次並未被反對。這次,她把奧林匹克競技場變成了初次展示種族與國家認同的舞臺。Freeman 的舉動讓人們再次注意到在英國殖民下的澳洲如何殘酷地鎮壓原住民,那是英帝國地緣戰略的一部分。更且,征服原住民有賴於政治地理學知識的應用,而得以控制空間。殖民當局劃定新的行政區域,不顧任何既存的對土地的認知,除去原住民的地名和部落故鄉,把原住民放逐到空間上被控制的「保留區」(reservations)。

　　對主辦城市而言,獎賞是被承認為「全球城市」。在雪梨,當所有的競賽設施如競技場、選手村等都會成為「權力的地標」(landscape of power),成為政客,商業領袖,運動官員的權力象徵。同時,奧運又成了抵抗和反全球化抗議書示威的場所。他們主張空間並違抗主辦城市的空間秩序。[11]

　　所以,「政治地理學」基本上是探討權力與空間的關係,包含了三個部分,即:第一部分~國家和領土,探討政治地理學的傳統概念。第二部分~政治、權力和場所,場所是核心的地理概念。國家認同與特殊的場所及領土相連繫。第三部分~人民、政策和地理,人們作為公民去進行民主參與的政治過程以及如何進行是被地理因素所形塑,又創造新的地理。因此,①權力、政治、政策和,②空間、場所、領土 六個變項構成一個三角柱的關係。[12]

---

[11] Martin Jones, Rhys Jones, Michael Woods, *An Introduction to Political Geography. Space, Place and Politics* (New York: Routledge, 2004.), p.1.

[12] *Ibid.*, pp.2-167.

1.政治地理學的定義

定義 1.政治的領土單位，邊界，次級行政單位。

定義 2.政治過程，強調：地緣政治的影響和結果，空間分析技術之應用。

定義 3.政治和地理的互動，可以用一個△立體三角形△來表示它們的關係。

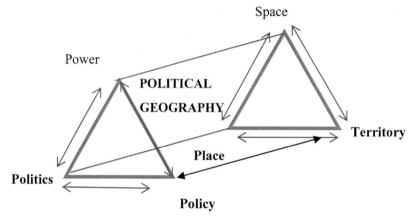

△頂(左)：權力(上)◇政治(左)◇政策(右)權力(power)是維繫後兩者的必需品。政治(politics)是一整套過程，涵蓋了達成、運作和抗拒權力的各種活動，從國家的各種功能，到選舉到戰爭到辦公室裡的謠言，都在其中。政策(policy)是意欲達成的結果，是權力讓一個人得以獲取某個東西，也是政治使人得以在某個位置上得以成就某事。「就像金錢使經濟世界運轉，權力就是政治的中介。」(Jessop, 1990a:332)

　　△底(右)：空間(space)(上) ◇場所(place)(左)◇領土(territory)(右)政治地理學是上述這些實務的互動，也是空間、場所與領土的一個次三角關係。空間〔或空間模式(space patterns)或空間關係(spatial relations)〕是地理的核心產品。場所/地點(位置)/是空間裡一個特定的點。領土代表一個更正式的意圖，試圖定義並界定(delimit)空間的一部分，用特定的認知和特徵來銘記之。這六個實體都有內在的聯繫，但研究其一時，無需明言全部。

　　在政策實行中的空間差異是政治地理學所關切的事項，領土認同對投票行為的影響亦然。政治地理學因此涵蓋了數不清的互動成份，所以政治地理學只有前沿地帶而沒有邊界。[13]

---

[13] *Ibid.*, p. 3.

2. 政治地理學簡史與方法論

一、興盛時期：十九世紀末至 WWII。

二、德國：Friedrich Ratzel, Mackinder, Haushofer 為領土擴張辯護。*Geopolitik*

三、邊緣化時期：1940s 至 1970s(The era of marginalization)如：種族人口，邊界，物理的地緣政治特徵，地方政府的結構，描繪溝通網絡的模式。Richard Hartshorne(1954)以及社會與政治模型，自然資源，人口分佈，新世界秩序所面臨的「主要問題」等。Isaiah Bowman(early 1920s)另有 East(1937)認為地緣政治學適合研究政治分殊的地理結果，國家對可見景觀的修正，國家間的活動是可一起觀察與經驗的事。總之，地緣政治學是從地理上分析政治領土的人文與物理的脈絡。

四、復興時期：從 1970s 末起(The era of revival)三方面的興趣：選舉地理學，地理對投票的影響，選舉區的地理分析。選舉地理學：政治世界的其他部分也被視為各種系統並加以分析，包括 國家，地方政府，政策制定，公共支出。主題或概念，而非地區，直到 1980 政治地理學的主流才認真採取政治經濟學的研究途徑。

世界體系的研究途徑首先被華勒斯坦(Wallerstein)發展運用，他本人受到歷史分析的唯物主義學派所影響，他的夥伴有布勞岱爾(Braudell)和波蘭尼(Polany)，該研究途徑亦受到新馬克思主義發展研究學派之影響。華勒斯坦指出：任何規模的變化都只能在「世界體系」的脈絡裡被理解。現代世界體系在規模上是全球性的，但是只有在最近的一系列的歷史的體系之中和之間的改變才是理解當代社會、經濟與政治之鑰匙。然而，世界體系的研究途徑尚未被政治地理學家廣為採納。

兩個概念的發展使人文地理化被視為一個整體：

一、八Ｏ年代末和九Ｏ年代「文化的轉變」(cultural turn)促進了對文化的新的理解，經由論述，人們重視不斷思辯的認同與經驗。因而，權力與抵抗的問題被定位為文化地理學的核心。

二、治理性(governmentality) 意即政府使社會可以被治理。治理性本質上是使用特殊的知識裝備，近年來已被用於國家與公民權力的研究。傅柯即稱：

它是研究權力如何被運用，以及如何在社會中流動。

在任何的權力運作中，空間是基本的。Panapticon(監獄)的設計與研究就是空間的安排與設計。

在方法論方面還有其他領域對政治地理學的影響：

(1)來自後結構主義者和後殖民主義者的一些想法所影響了的是引入新的概念和方法論，他們使用論述分析來「解構」文本、地圖、政策文件和地標(landscapes)。

例如 Simon Dalby 和 Geroid O' Tuathail：把知識視為論述，批判的地緣政治學質疑、解構並挑戰政治地理學的假設。例如：地理隱喻的使用，在建構戰略時常用的「心臟地帶」和「圍堵」的概念。重要的是探究經由文化媒體如電影，文學，新聞報導，卡通所建構的通俗的政治地理知識。

(2)對政治地理學的第二個影響來自女性主義地理學的發展，地方性的教育，健康與育嬰問題，家計與志工部門。

另外，England：她透過對加拿大外勞規模之政治重要性的討論，嚴肅論述了「女性主義的政治地理學形成了『公』『私』部門的政治，權力，空間，規模」。

3. 政治地理學的未來

三種可能的路徑：

一、聚焦(concentration)：回歸傳統集中力量在傳統的關鍵概念，如：國家或領土，轉回次學門最本質的定義，並鞏固和鄰近學門如：文化地理學、經濟地理學、的界限。

二、擴張(expansion)：擴大借助政治地理學研究的彈性與多樣性，積極尋找新的研究課題，使其成為「政治地理學後學門」的一部分。

三、從事新課題(engagement)：實用交往交流和相關課題結合形成新的知識連繫，如和平與衝突研究。

關鍵點為政治地理是持續的動態。

第十四章　結論

　　不是所有的實際戰鬥都是獨特的。許多鬥技場都需要隨地形、氣候、戰力、和周邊國家的地緣政治利益而大幅調整。獨特的是地理的限制是捉摸不定的。

　　在反恐戰爭中，美國發現基本的全球地緣政治結構仍然沒觸動，變動的是結構各部分的關係之性質。關於建立反恐聯盟的談判，其影響遠超過打擊恐怖主義。有些國家藉此機會追求自己的目標，反恐戰爭反映了不同的國家利益，和國際社會各成員的地緣政治環境。這些反映的地理模式密切吻合當前的地緣政治地圖。

　　當前動態的世界地緣政治結構將會改變，有些不可預料，有些可以預期。海洋範域可擴張成歐洲地中海(Euromediterranea)，[1]包含土耳其、黎凡特、和東北非洲。創造此一區域，對美國有深遠的地緣政治意涵，美國可將重擔卸給海洋歐洲。新區域可鏈接許多不可測的事情。如果歐洲地中海擁有與其經濟相當的軍力，則可取代美國在西半球的領導，或至少可分擔外交和經濟重擔。

　　互賴的世界體系將需要聯合國進行重大的制度性變革，安理會可擴大納入日本，德國，印度，巴西。它們都是現今或潛在的強權，由於國家數目增加，目前為 200，有可能增加到 270，聯合國架構的調整可讓更多的區域強權有更大的聲音。

　　既得利益者無疑會反對重組聯合國，或質疑會造成無效率或變得無關緊要，但國際體系的許多地緣空間層級裡的節點(Nodes)可輕易克制這種動盪。也就是建立更多種密集的網絡來抵擋動盪造成的衝擊。

　　日益複雜的地緣政治世界，全球主義影響力的瀰漫，使權力益加擴散，層次更脆弱，沒有單一的國家或範域有主宰力。21 世紀將是「全球世紀」(Global Century)，而非美國或歐洲世紀。

---

[1]　Cohen, Saul Bernard, *Geopolitics of the World System* (New York: Rowman&Littlefield Publishers, Inc., 2003), p.401.

參考書目（含專書及論文）

一、英、俄文部分

(英、俄文部分依作者姓名氏之英文字母順序，中文部分依出版後先順序)

Agnew, John A., *Geopolitics: re-visioning world politics*(New York: Routledge, 1998, 2003)

Agnew, John, Katharyne Miychell, Gerard Toal(Gearoid O Tuathail), eds., *A Companion to Political Geography*(MA: Blackwell Publishing, 2003)

Agnew, John, *Making Political Geography*(London: Arnold, 2002.)

Agnew, John, "The New Global Economy: Time-Space Compress, Geopolitics, and Global Uneven Development." *Journal of World-Systems Research*, VII, 2, Fall 2001, 133-154.

Agnew, John, "Western Geopolitical Thought in the Twentieth Century (New York: St. Martin's, 1985).

Agnew, John, Stuart Corbridge, *Mastering Space: Hegemony, territory and international political economy*(London: Routledge, 1995.)

Barnett, Thomas P.M., *The Pentagon's New Map. War and Peace in the Twenty-First Century*(New York: G.P. Putnam's Sons, 2004.)

Baldwin, Natylie, *Ukraine: Zbig's Grand Chessboard & How the West Was Checkmated* (2015)

Billon, Philippe Le, ed., *The Geopolitics of Resource Wars. Resource Dependence, Governance and Violence*(London: Frank Cass, 2005.)

Blouet, Brian W., *Geopolitics and Globalization in the Twentieth Century*(London: Reaktion Books, 2001.)

Bowman, Isaiah, *The New World—Problems in Political Geography*. 1921.

Brzezinski, Zbigniew, *The Grand Chessboard. American Primacy and Its*

Geostrategic Imperatives(New York: BasicBooks, 1997.)

Brzezinski, Zbigniew, "A Geostrategy for Eurasia", *Foreign Affairs*, Volume 76
No.5, September/October 1997. Pp. 50-64.

Buckholts, Paul, *Political Geography*(New York: The Ronald Press Company,
1948.)

Clover, Charles, "Dreams of Eurasian Heartland: The Reemergence of Geopolitics."
Foreign Affairs, Vol.78, No. (1999).

Cohen, Saul Bernard, *Geopolitics of the World System* (New York:
Rowman&Littlefield Publishers, Inc., 2003.)

Conant, Melvin A. & Fern Racine Gold, *The Geopolitics of Energy*(Boulder,
Colorado: Westview, 1978.)

Cox, Revin R., Murray Low, Jennifer Robinson, eds., *The SAGE Handbook
ofPoliticalGeography*(Los Angeles: SAGE Publications, 2008)

Crow, Dennis, ed., *Geography and identity: living and exploring geopolitics of
identity*(Washington D. C.: Maisonneuve Press, 1996.)

Diez, Thomas, "Europe's Others and the Return of Geopolitics," *Cambridge Review
of International Affairs*, 17:2 (2004)

Dodds, Klaus, "Cold War Geopolitics," in John Agnew, KatharyneMiychell, Gerard
Toal(Gearoid O Tuathail), eds., *A Companion to Political Geography*.(2003)
pp.204-218.

Douhet, Giulio, *Command of the Air*. New York: Coward McCann, 1942.
Translation

Eichengreen, Barry, "Geography as Destiny". *Foreign Affairs*. Vol 77 No.2.,
Mar/Apr 1998,   pp.128-133.

Fifield, Russell H., and G. EtzelPearcy, *Geopolitics in Principle and
Practice*(Boston: The Athenaum Press, 1944.)

Friedman, George, *The Next Decade*(2010)

"Georgia and Russia. The Mouse that Roared." "The Balkans. Troubling times." *The
Economist*, October 7th 2006. p.62

Gezzini, Stefano, "Self-fulling Geopolitics? " *DIIS Working Paper*. 2003: 23

Gearold O'Tuathail, Simon Dalby, and Paul Routledge, *The Geopolitics Readers* (London: Routledge, 1998)

Gerold O Tuathail, "Understanding Critical Geopolitics: Geopolitics and Risk Society,"

Gray, Colin S. and Geoffrey Sloan eds., *Geopolitics, Geography and Strategy*(London: Frank Cass, 1999)

Gray, Colin S., *The Geopolitics of Super Power*(Kentucky: The University Press of Kentucky, 1988.)

Gyorgy, Andrew, *Geopolitics. The New German Science*(Berkeley: University of California Press, 1944.)

Hardt, Michael and Antonio Negri, *Empire* (Cambridge, Mass.: Harvard University Press, 2000).

Hu, Shaohua (胡少華), "Assessing Russia's Role in Cross-Taiwan Strait Relations". *Issues & Studies*, 43, *no*.4 (December 2007): 39-76.

Jones, Martin, Rhys Jones, Michael Wood, *An Introduction to Political Geography. Space, Place and Politics*(New York: Routledge, 2004.)

Kaplan, Robert D., "The Revenge of Geography". *Foreign Policy*. May/June 2009.

Kaplan, Robert D., *Asia's Cauldon: The South China Sea and the End of a Stable Pacific* (New York: Random House, 2014)

Kelly, Phil, "A Critique of Critical Geopolitics," *Geopolitics*, 11:1 (2000), p.29.

Kliot, Nurit & David Newman, *Geopolitics at the End of the Twentieth Century. The Changing World Political Map*(London: Frank Cass, 2000)

Levy, Jacques "Geopolitics as a Social Movement: A Comment," *Geopolitics*, 9:2 (2004)

Lim, Robyn, *The Geopolitics of East Asia. The Search for Equilibrium.* New York: Routledge, 2005.

Lugar, Richard G., Chairman and Victoria Nuland, Project Director, *Russia, Its Neighbors, and Enlarging NATO.* Report of an Independent Task Force Sponsored by the Council on Foreign Relations. New York: Council on Foreign Relations, Inc., 1997.

Mackinder, Halford J., "The Geographical Pivot of History," London, 1904. A lecture to the Royal Geographical Society.

Mamadouh, V.D., "Geopolitics in the Ninetieth: One Flag, Many Flags," *GeoJournal*, Vol.46, No.4 (1998)

Mellor, Roy E.H., *Nation, State, and Territory.A Political Geography*(New York: Routledge, 1989.)

Morehouse, Barbara J., Vera Pavlakovich-Kochi and Doris Wastl-Walter, *Challenged Borderlands. Transcending Political and Cultural Boundaries.* 2004.

Newman, David, "Citizenship, Identity and Location: the Changing Discourse of Israeli Geopolitics." In Klaus Dodds and David Atkinson, eds., *Geopolitical Traditions: A Century of Geopolitical Thought* (London: Routlege, 2000), pp.302-331.

O'Sullivan, Patrick, *Geopolitics*(New York: St. Martin's Press, 1986.)

O Tuathail, Gerold, Simon Dalby and Paul Routledge ed., *The Geopolitics Readers.* 2nd edition (London: Routledge, 2006).

O Tuathail, Gerold, "The Postmodern Geopolitical Condition: State, Statecraft, and Security at the Millennium." *Annual of the Association of American Geographers*, 90:1 (2000)

O Tuathail, Gerold, "Postmorden Geopolitics?: The Modern Geopolitics Imagination and Beyond." In Gerold O Tuathail and Simon Dalby. eds., *Rethinking   Geopolitics*(London: Routledge, 1998).

O Tuathail, Gerold, *Critical Geopolitics* (London:Routledge, 1996).

Parker, Geoffrey, Geopolitics: Past, Present and Future (London: Pinter, 1998).

Pearcy, G. Etzel, Russell H. Fifield and Associates, *Political Geography* (New York: Thomas Y. Crowell Company, 1951)

Pounds, Norman J.G., *Political Geography* (New York: McGraw-Hill Book Company, Inc., 1963.)

Pourchot, Georgeta, *Eurasia Rising. Democracy and Independence in the Post-Soviet Space*(Westport, Connecticut: Prager Security International, 2008)

178ps.

Rashid, Salim, ed., *"The Clash of Civilizations?" Asian Responses.* Karachi: Oxford University Press, 1997.

Ratzel, Friedrich, "Die Gesetze des Ramlichen Wachstums der Staaten," *Petermanns Mittilungen* 42 (1896); 97-107. Translated by Ronald Bolinvunder the title "The Laws of the Spatial Growth of States," in the *Structure of Political Geography*, ed. RogerKaspersonvnd Julian Minghi, 17-28 (Chicago: Aldine, 1969).

Reuber, Paul, "Conflict studies and critical geopolitics—theoretical concepts and recent research in political geography," *GeoJournal* 50:37-43, 2000.

Robison, Bridget, "Putting Bosnia in Its Place: Critical Geopolitics and the Representation of Bosnia in the British Print Media," *Geopolitics,* 9:2/1 (2004)

Sempa, Francis P., "Spykman's World" http://www.unc.edu/depts/diplomat/item/2006/0406/semp/sempa_spykman.html

Semple, Ellen Churchill, *Influences of Geographic Environment. On the Basis of Ratzel's System of Anthropo-Geography*(New York: Russell & Russell, 1911, 1968.)

Sheehan, Michael, *The International Politics of Space*(New York: Routledge, 2007) 238ps.

Slater, David, "The Geopolitical Imagination and the Enframing of Development Theory" Translation of the Institute of British Geographers, New Series, *Vol.* 18, *No.*4,(1993), pp. 419-437. *The Netherlands*

Sorokin, K.G., *Geopolitik Sofremennnosti I Geostrategiia Rossii.* M.: Rossiiskaiia polititeskaia e entsiklapediia(POSSPEN), 1996. (俄文) 中譯:當代地緣政治與俄羅斯地緣戰略

Spykman, Nicolas, *America's Strategy in World Politics* (New York: Harcourt, Brace, 1942), 457-72.

Spykman, Nicolas, *The Geography of Peace* (New York: Harcourt, Brace, 1944), 38-43, 51-56.

Stuart Elden, *Terror and Territory. The Spatial Extent of Sovereignty.* (London:

University of Minnesota Press, 2009)

Peter J. Taylor, *Political Geography*, 2d ed. (Harlow, England: Longman Scientific and Technical; New York: Wiley, 1989)

Tracy C. German, *Russia's Chechen War*(London: RoutledgeCurzon, 2003.)

Trenin, Dmitri, *The End of Eurasia: Russia on the border between geopolitics and globalization*(Washington D.C.: Carnegie Endowment for International Peace, 2002.)

Trenin, Dmitri V., *Getting Russia Right*(Washington D.C.: Carnegie Endowment of International Peace, 2007.)

Tsepkalo, Valery V., "The Remaking of Eurasia". *Foreign Affairs*. Vol 77 No.2., Mar/Apr (1998)   pp.107-126.

Wallerstein, Immanuel, Peter J. Taylor, *Political Geography*, 2d ed. (Harlow, England: Longman Scientific and Technical; New York: Wiley, 1989), 2-41; Immanuel Wallerstein, "European Unity and Its Implications for the Interstate System," in *Europe: Dimensions of Peace*, ed. B. Hettne, 27-38 (London: Zed, 1988).   Wallerstein, "The World-System after the Cold War," *Journal of Peace Research* 30, no.1(1993), 1-6.

Walton, C. Dale, *Geopolitics and the Great Powers in the Twenty-first Century.Multipolarity and the revolution in strategic perspective*(New York: Routledge, 2007)

Weisbrode, Kenneth, *Central Eurasia: Prize or Quicksand? Contending views of instability in Karabakh, Ferghana and Afghanistan.* New York: Oxford University Press, 2001.

Wusten, Herman van der, "Geopolitics: Its Different Faces, Its Renewed Popularity." *GeoJournal*, vol, Vol.46, No.4 (1999).

Paul Cloke, Philip Crang, and Mark Goodwin.   *Introducing Human Geographies*(London: Arnold, 1999.)

二、中文部分

(中文部分<含中譯本>按西元出版日期後先為準)

「與美搶北極圈 2019 俄擴大駐軍」www.chinatimes.com　2018/12/19

楊永明，亞洲大崛起：新世紀地緣政治與經濟整合。臺北市：捷徑文化事業出版有限公司，2018.6。

「中國發布白皮書 凸顯北極戰略地位 北極會成為新地中海嗎？」Kknews.cc 2018-01-27

「北極：資源爭奪與軍事角鹿的新戰場」theory.people.com.cn

「美俄爭搶北極資源和戰略地位 中國為何漠然處之？」KKnews.cc　2017-05-15 蔡榮鋒，「北極融冰新加坡最緊張 世界強權競逐偉大新航道 臺灣應把握機會參一腳」，thenewslens.com　2014.11.14

「搶資源 奪戰略位置 俄羅斯拓展北極圈勢力」tw.news.yahoo.com

「氣候變遷群雄逐鹿北極 中國亮牌入局」www.bbc.com

閻亢中，「中國的北極戰略與挑戰」，**中國大陸研究**，57:3 民 103.9，pp. 71-92 https://nccnr.lib.nccu.edu.tw

「北極地區」zh.m.wikipedia.org

施富盛，「列強地緣政治下的烏克蘭困境(The Dilemma of Great Power Politics in Ukraine)」，**全球政治評論**，no.46(2014)，pp.1-6. 臺中市：國立中興大學國際政治研究所。

許湘濤，「建構主義對地緣政治學的影響」。臺中，2010。(未發表)

許湘濤，「中國地緣政治學者觀點中的俄羅斯」。中華民國國際關係學會第二屆年會暨「國際新形勢與兩岸新紀元：機會與挑戰」國際研討會，臺灣，嘉義：國立中正大學，2009.5.1.　13ps.

彼得羅夫著，于寶林等譯，俄羅斯地緣政治：復興還是滅亡。北京：中國社會科學出版社。2008.3.　334ps.

社論：「十三億大陸人民：兩岸關係最具開發空間的變數」。聯合報，20050809，A2..

陸俊元，「從自然主義到結構主義：地緣政治學方法論演變」。北京：人文地理，2007 年 10 月。　22:5(总 97)，pp.107-9。

朱寧，勝算：中日地緣戰略與東亞重塑。杭州：人民出版社，2007.10.

劉強，伊朗國際戰略地位論。北京：世界知識出版社，2007.2。

孟慶義，趙文靜，劉會清，朝鮮半島：問題與出路。北京：人民出版社，2006.12.

傅尉孤、亓樂義，高維戰略：看臺澎防衛作戰新思維(Super Dimensional Strategy)。臺北市：全球防衛雜誌出版社，2006. 119ps.

許勤華，「評批判性地緣政治學」。北京：世界經濟與政治，2006. no.1. 共 9 頁

甘逸驊等，地緣政治與中共外交戰略。臺北：中央歐亞基金會，2006. 413ps.

孫相東，「地緣政治學的性質—思想史上的不同視角」，當代世界與社會主義，2005-12-5，共 13 頁。

孫相東，「地緣政治學」論析，理論學刊，2005 *No*.10. 共 6 頁。

Theotonio dos Santos，謝曙光，高銛主編並譯，霸權與反霸權。全球化的侷限與地區化進程 (*Hegemony and Counter-hegemony. The Globalization Constrains and Processes of Regionalization*)。北京：社會科學文獻出版社。2005.10.

社論：「平衡的體現：臺灣海峽與朝鮮半島之比較」。聯合報，20050806，A2.

韓叶，「試評馬漢的海權論對國家權力的重要性」。中國：黑龍江教育學院學報。May 2005，24:3，pp.6-7。

卓杰、李青、羅雲平，「政治地理學與地緣政治學發展」。2005. 前沿 *no*.6，pp.172-5。

劉超，「評斯皮克曼的邊緣地帶理論」。北京：社會科學論壇。2003:12，Pp.20-24。

李立凡，「析中俄美大三角與中亞的地緣政治戰略──兼論「上海合作組織」的國際地位」。世界經濟研究 2003. no.4. pp.21-25。

吳志中，「地緣政治的理論與兩岸關係」。國際關係學報，第 18 期(2003)，頁 103-127。

劉從德譯，Geoffey Parker 著，地緣政治學：過去、現在和未來。北京：新華出版社，2003。

劉書忠，「淺析美國的歐亞大陸地緣戰略」。德州學院學報，2002.6. 18:2，

Pp.78-80。

張亞中，「中共的強權之路：地緣政治與全球化的挑戰」。臺北：**遠景季刊**，2002.4. 3:2，pp.1-42。

孫壯志，「淺析 21 世紀中亞地區的安全格局」。北京：**東歐中亞研究**，2002. No.3， pp.33-38。

林滿紅，**晚近史學與兩岸思維**，臺北市：麥田，2002。

樓耀亮，**地緣政治與中國國防戰略**。天津人民出版社，2002。

陳霞，「對地緣政治的再審視—如何看待當今地緣政治所面臨的挑戰」。北京：**世界經濟與政治**，2001. No.6，Pp.78-81。

李婧，「淺析美國的歐亞大陸地緣戰略」。北京：**國際關係學院學報**，2001. No.3， pp.9-13。

馬運中、從向群，「論新世紀世界地緣政治的歷史性重組」。**當代亞太**，2001. No.4，Pp.11-18。

Norman Friedman, *Sea Power and Space: From the Dawn of the Missile Age to Net-Centric Warfare*. (in Great Britain), and Naval Institute Press(in the United States and Canada): Chatham Publishing, 2000. 國防部史政編譯局譯印，**海權與外太空**。2001.10(民 90.10.)595.48 6070 2001

馮玉軍，「俄羅斯地緣政治戰略取向」。北京：**現代國際關係**，1999. No.10，pp.27-81。

李江平，「地緣政治學發展沿革初見」。**新疆社會科學論壇**，1999(3)，pp.13-16。

曹志平，「地緣政治與俄羅斯外交」。北京：**東歐中亞研究**。1998:5. pp.54-61。

葛瑞明，「地緣政治思想對俄羅斯外交政策的影響」。北京：**解放軍外語學院學報**，No.95 21:4, 1998.7. pp.108-114, 125.

張蔚斌、馬磊，「地緣政治與智緣政治」。北京：**世界經濟與政治**，1998，no.8，pp.63-67。

冀伯祥，「簡析德國地緣政治學的發展與軍國主義」。**重慶師院學報**出社版。1998. no.4，pp.101-4。

熊偉民，「杜黑和他的制空權理論」。**益陽師專學報**，1997. No.3. vol.18，

pp.54-57。

徐葵，「關於 90 年代中亞地緣政治和經濟形勢的一些看法」。中文期刊？pp.3-7. 1995-2005　TsinfhuaTongfang Optical Co. Ltd.

馮紹雷，「戰後地緣政治與當代中國對外戰略」。**戰略縱橫**，pp.53-60.。1995-2005　TsinfhuaTongfang Optical Co. Ltd.

王逸舟，「地緣政治、國際政治，中國視角」。北京：**中國社會科學院研究生院學報**，1994 年第 3 期。Pp.68-72. 1995-2005 TsinfhuaTongfang Optical Co. Ltd.

劉妙龍、孔愛莉、張偉，「地緣政治歷史、現狀與中國的地緣戰略」。**地理研究**，1994 Sept. 13:3，pp.69-75. 1995-2005 TsinfhuaTongfang Optical Co. Ltd.

〔俄〕拉祖瓦耶夫，鳳嗚譯，「俄羅斯和後蘇聯地緣政治」。譯自**國際生活**，1993.8. 中文期刊？pp.37-42.　1995-2005　TsinfhuaTongfang Optical Co. Ltd.

Edward W. Soja 著，王文斌譯，後現代地理學——重申批判社會理論中的空間。北京：商務印書館。2004.　（譯自 1994 版） Edward W. Soja, *Postmorden Geographies—TheResssertion of Space in Critical Social Theory*.Verso 1989.

徐小傑等譯，Geoffey Parker 著，20 世紀的西方地理政治思想，北京：解放軍出版社，1992 年。

M. J. Armitage & R.A. Mason, 錢武南譯，核子時代之空權。臺北：黎明文化，1983. 362ps,

沈默，地緣政治 （臺北：中央圖書供應社，1967.7）

馬漢，海權論。1890. 范利鴻譯，357ps.　西安：陝西師範大學出版社，2007.6. Alfred Thayer Mahan, *The Influence of Sea Power Upon History, 1660-1783*. (1890)

國家圖書館出版品預行編目(CIP) 資料

地緣政治學/許湘濤著. -- 初版. -- 臺北市：元
華文創股份有限公司, 2022.04
　　面；　公分
　　ISBN 978-957-711-247-7 (平裝)
　　1.CST: 地緣政治
571.15　　　　　　　　　　　　　111001676

地緣政治學

許湘濤　著

發 行 人：賴洋助
出 版 者：元華文創股份有限公司
聯絡地址：100 臺北市中正區重慶南路二段 51 號 5 樓
公司地址：新竹縣竹北市台元一街 8 號 5 樓之 7
電　　話：(02) 2351-1607　　傳　　真：(02) 2351-1549
網　　址：www.eculture.com.tw
E-mail：service@eculture.com.tw
主　　編：李欣芳
責任編輯：立欣
行銷業務：林宜葶
出版年月：2022 年 04 月 初版
定　　價：新臺幣 400 元

ISBN：978-957-711-247-7 (平裝)

總經銷：聯合發行股份有限公司
地　　址：231 新北市新店區寶橋路 235 巷 6 弄 6 號 4F
電　　話：(02)2917-8022　　傳　　真：(02)2915-6275